普通高等教育“十二五”规划教材

# 重大危险源辨识与控制

刘诗飞　姜　威　主编

北　京
冶　金　工　业　出　版　社
2022

## 内 容 提 要

本书以危险和有害因素分析为基础，结合近期国家出台的有关重大危险源的法律、法规和技术标准，系统介绍了重大危险源的渊源、辨识方法、控制技术、危害后果分析估算方法和数值模拟、安全管理等相关知识。

本书可作为高等院校安全工程及相关专业的教材，也可供工业生产过程安全领域的科研人员、政府和企业安全管理人员参考。

**图书在版编目(CIP)数据**

重大危险源辨识与控制/刘诗飞，姜威主编．—北京：冶金工业出版社，2012.8（2022.7 重印）

普通高等教育“十二五”规划教材

ISBN 978-7-5024-5984-0

Ⅰ.①重…　Ⅱ.①刘…　②姜…　Ⅲ.①危险物品管理—中国—高等学校—教材　Ⅳ.①D631.44

中国版本图书馆 CIP 数据核字(2012)第 167502 号

**重大危险源辨识与控制**

| | | | |
|---|---|---|---|
| **出版发行** | 冶金工业出版社 | **电　话** | (010)64027926 |
| **地　址** | 北京市东城区嵩祝院北巷 39 号 | **邮　编** | 100009 |
| **网　址** | www.mip1953.com | **电子信箱** | service@mip1953.com |

责任编辑　郭冬艳　马文欢　杨　敏　美术编辑　彭子赫

版式设计　孙跃红　责任校对　卿文春　责任印制　李玉山

北京印刷集团有限责任公司印刷

2012 年 8 月第 1 版，2022 年 7 月第 6 次印刷

787mm×1092mm　1/16；14.25 印张；342 千字；217 页

**定价 32.00 元**

**投稿电话　(010)64027932　投稿信箱　tougao@cnmip.com.cn**

**营销中心电话　(010)64044283**

**冶金工业出版社天猫旗舰店　yjgycbs.tmall.com**

（本书如有印装质量问题，本社营销中心负责退换）

# 前　　言

事故频发的噩耗总是回响在耳畔，惨烈的哭泣、哀怨的眼神总是那么让我们动容。难道说人类的进步、社会的发展一定要我们付出如此昂贵的代价吗？人类在思考。

面对工业生产过程中的种种危险，预防恶性事故发生的关键在于在繁复的矛盾中突出主要危险，解决关键问题。为此，各级政府、企业家、科技人员均在为保证人民的福祉而孜孜追求，这也是编者编写此书的初衷，也借此告慰那些无辜的生灵，让人类不再哭泣，让警钟永远长鸣，让祥和与美好永远陪伴在我们的身边。

本书由刘诗飞和姜威担任主编，具体编写分工为：河南理工大学的安景旺编写第1章，郑州大学的刘诗飞编写第2章、第3章，郑州大学的蒋苏毓编写第4章，郑州大学的赵雪娥编写第5章，郑州大学的钟委编写第6章，中原工学院的杨春丽编写第7章，中南财经政法大学的姜威编写第8章，全书由刘诗飞负责统稿。

本书编写过程历时一年，各位编者结合各自的专长和分工，对现有的与重大危险源的相关资料和信息进行了归纳整理，力求向读者完整呈现重大危险源的渊源、辨识方法、控制技术、危害后果分析估算方法和数值模拟、安全管理等相关知识。

在本书的编写过程中，参考资料方面除书中所列出的参考文献外，编者还参阅了大量国内外的研究报告、技术标准、相关法律法规、相关软件使用手册以及来自互联网的有关技术资料等，在此对相关著作者表示深深的感谢。同时，也对支持本书编写工作的郑州大学化工与能源学院、河南省正大工业工程技术有限公司表示感谢。

受作者水平所限，书中难免有不妥之处，敬请从事安全工作的同仁们和读者提出宝贵意见。

刘诗飞

2012年5月

# 目　录


1　概论 …… 1

1.1　基本概念 …… 1

1.1.1　危险源 …… 1

1.1.2　事故、生产事故及事故隐患 …… 1

1.1.3　重大事故隐患 …… 1

1.2　重大危险源 …… 2

1.2.1　重大危险源的概念 …… 2

1.2.2　重大危险源辨识的目的和意义 …… 2

1.2.3　我国重大危险源管理发展概况 …… 2

1.3　生产事故分类 …… 3

1.3.1　事故对人的伤害程度分类 …… 4

1.3.2　事故的严重程度分类 …… 4

1.4　典型事故案例 …… 5

1.4.1　鹤管装油槽车火灾事故 …… 5

1.4.2　某石化厂液化气外漏爆燃事故 …… 5

1.4.3　液氯泄漏导致的氯气中毒事故 …… 6

1.4.4　加速器及探伤机辐照事故 …… 6

1.4.5　某油库“9·11”跑油事故 …… 7

思考题 …… 8

2　危险和有害因素辨识基础 …… 9

2.1　危险和有害因素的定义 …… 9

2.2　危险和有害因素产生的原因 …… 9

2.3　危险和有害因素分类 …… 10

2.3.1　按照《生产过程危险和有害因素分类与代码》(GB/T 13861—2009)分类 …… 10

2.3.2　按照《企业职工伤亡事故分类》(GB 6441—86)分类 …… 14

2.4　危险和有害因素的辨识方法 …… 15

2.4.1　危险和有害因素的辨识原则 …… 15

2.4.2　危险和有害因素辨识单元划分原则 …… 16

2.5　固有危险和有害因素辨识 …… 16

2.6　工业生产过程主要危险环境 …… 16

2.6.1 火灾危险环境 …… 16
2.6.2 爆炸危险环境 …… 19
2.6.3 有毒危险作业场所 …… 20
2.6.4 粉尘危险作业场所 …… 21
2.6.5 高温危险作业场所 …… 22
2.6.6 高处及其他危险作业场所 …… 22
思考题 …… 23

**3 重大危险源辨识依据 …… 24**

3.1 国外主要重大危险源辨识标准介绍 …… 24
3.1.1 英国 ACMH 重大危险源辨识标准 …… 24
3.1.2 国外其他重大危险源辨识标准 …… 26
3.2 国内重大危险源辨识依据概况 …… 27
3.2.1 《危险化学品重大危险源辨识》(GB 18218—2009)介绍 …… 27
3.2.2 安监管协调[2004]56 号文介绍 …… 28
3.2.3 其他重大危险源辨识标准介绍 …… 28
3.3 各种重大危险源辨识依据的特征分析 …… 29
3.3.1 各种重大危险源危险物质临界量分析 …… 29
3.3.2 国内重大危险源辨识标准特征分析 …… 29
思考题 …… 30

**4 重大危险源辨识与评价 …… 31**

4.1 概述 …… 31
4.2 重大危险源的评价程序 …… 32
4.2.1 资料准备 …… 32
4.2.2 现场查勘 …… 34
4.3 重大危险源辨识单元划分 …… 39
4.4 重大危险源的辨识方法 …… 40
4.5 重大危险源的分级 …… 40
4.6 重大危险源的评价方法 …… 42
4.7 重大危险源危害后果分析 …… 42
4.7.1 利用数学模型进行危害后果分析 …… 42
4.7.2 个人风险和社会风险分析 …… 42
4.8 重大危险源评价报告编制 …… 44
4.8.1 重大危险源安全评价报告主要内容 …… 44
4.8.2 重大危险源安全状态确认方面的主要内容 …… 45
4.8.3 评价报告提出的安全对策措施的注意事项 …… 45
4.8.4 评价结论注意事项 …… 47
思考题 …… 47

**5　重大事故后果分析** …… 49
5.1　概述 …… 49
5.2　后果分析的一般程序及分析模式 …… 49
5.2.1　后果分析程序 …… 49
5.2.2　后果分析所需参数 …… 50
5.2.3　后果分析模式选择 …… 50
5.3　泄漏 …… 53
5.3.1　泄漏设备及损坏尺寸 …… 53
5.3.2　泄漏量的计算 …… 57
5.4　蒸发与绝热膨胀 …… 60
5.4.1　液体的扩展与蒸发 …… 60
5.4.2　喷射扩散 …… 63
5.4.3　绝热膨胀 …… 64
5.5　气云在大气中的扩散 …… 65
5.5.1　重气扩散 …… 65
5.5.2　非重气扩散 …… 68
5.6　火灾事故后果分析 …… 73
5.6.1　热辐射破坏准则 …… 74
5.6.2　池火 …… 75
5.6.3　喷射火 …… 77
5.6.4　火球 …… 78
5.6.5　闪火 …… 79
5.6.6　热辐射伤害概率模型 …… 79
5.7　爆炸后果分析 …… 80
5.7.1　爆炸伤害准则 …… 80
5.7.2　凝聚相爆炸伤害模型 …… 81
5.7.3　蒸气云爆炸伤害模型——TNT 当量法 …… 82
5.7.4　爆炸伤害概率模型 …… 83
5.7.5　物理爆炸后果分析 …… 83
5.8　中毒 …… 86
5.8.1　描述毒物泄漏后果的概率函数法 …… 86
5.8.2　有毒液化气体容器破裂时的毒害区估算 …… 87
5.9　事故后果分析应用实例 …… 89
5.9.1　泄漏事故后果分析 …… 89
5.9.2　池火灾事故后果分析 …… 90
5.9.3　化学性爆炸事故后果分析 …… 91
5.9.4　物理性爆炸事故后果分析 …… 93
5.9.5　毒物泄漏事故后果分析 …… 94

思考题 …… 94

6 重大事故危害后果数值模拟 …… 96

6.1 数值模拟基础 …… 96
6.1.1 基本控制方程 …… 96
6.1.2 计算区域离散化与网格划分 …… 99
6.1.3 控制方程的离散化 …… 100
6.1.4 初始条件与边界条件 …… 102
6.2 半水煤气泄漏的模拟 …… 104
6.2.1 Fluent 简介 …… 104
6.2.2 应用示例 …… 105
6.3 液氨储罐泄漏的模拟 …… 109
6.3.1 PHAST 简介 …… 109
6.3.2 应用实例 …… 110
6.4 甲醇泄漏火灾模拟 …… 112
6.4.1 FDS 介绍 …… 112
6.4.2 FDS 的使用方法 …… 113
6.4.3 甲醇泄漏火灾模拟 …… 116
思考题 …… 118

7 重大危险源控制技术 …… 119

7.1 重大危险源实时监控预警技术 …… 119
7.1.1 计算机控制系统的组成原理 …… 119
7.1.2 危险源数据采集与计算机巡回检测系统数据采集系统 …… 120
7.1.3 监控预警系统 …… 121
7.2 化工工艺安全控制技术 …… 122
7.2.1 影响化工生产过程安全稳定的因素 …… 122
7.2.2 安全控制措施 …… 124
7.2.3 自动控制与安全联锁 …… 127
7.3 油气罐区与堆场安全控制技术 …… 127
7.3.1 易燃液体罐区布置要求 …… 128
7.3.2 易燃易爆气体罐区安全控制技术 …… 130
7.3.3 堆场布置要求 …… 133
7.4 矿山重大隐患安全控制技术 …… 133
7.4.1 瓦斯爆炸安全控制技术 …… 133
7.4.2 煤尘爆炸安全控制技术 …… 137
7.4.3 矿井水灾安全控制技术 …… 141
7.4.4 矿井火灾安全控制技术 …… 145
7.4.5 煤与瓦斯突出安全控制技术 …… 149

7.5　尾矿库安全控制技术 …… 151
7.5.1　尾矿库设施概述 …… 152
7.5.2　尾矿库安全控制技术 …… 154
思考题 …… 158

**8　重大危险源管理 …… 159**

8.1　日常安全管理 …… 159
8.1.1　重大危险源管理规章制度 …… 159
8.1.2　重大危险源信息系统管理 …… 161
8.1.3　重大危险源的监控和预警系统管理 …… 167
8.1.4　重大危险源安全警示标志管理 …… 171
8.1.5　岗位操作标准化管理 …… 173
8.1.6　重大危险源的定期检查 …… 174
8.1.7　重大危险源定期评价与备案 …… 175
8.2　重大事故应急预案 …… 176
8.2.1　应急预案的作用 …… 176
8.2.2　应急预案的层次与结构 …… 177
8.2.3　应急预案的演练和更新 …… 179
8.3　应急救援装备配备要求 …… 179
8.3.1　通用应急救援装备 …… 179
8.3.2　专用应急救援装备 …… 189
8.3.3　应急救援装备举例 …… 200
思考题 …… 215

**参考文献 …… 216**

# 1 概　　论

**学习要求**

- 掌握工业生产过程安全的基本概念；
- 掌握重大危险源辨识的目的和意义。

## 1.1 基本概念

### 1.1.1 危险源

从广义上说，危险源就是指危险的根源，包括危险载体和事故隐患。从狭义上说，危险源是指可能造成人员伤害、导致职业病、财产损失或环境破坏的根源和状态，即危险源是事故发生的根本原因。

### 1.1.2 事故、生产事故及事故隐患

事故是人们在实现其目的的行动过程中突然发生的、使其有目的的行动暂时或永远终止的一种意外事件。

生产事故是指企业在生产过程中突然发生的，伤害人体、损坏财物、影响生产正常进行的意外事件，包括设备事故、人身伤亡事故（工伤事故）、险肇事故（有时称为未遂事故）三种。

事故隐患是指物的不安全状态、人的不安全行为、不良的环境以及管理上的缺陷。从实质上说这是有危险的、不安全的、有缺陷的“状态”，这种状态可从人或物上表现出来，如人走路不稳、路面太滑都是导致摔倒致伤的隐患；也可表现在管理的程序、内容或方式上，如安全检查不到位、规则制度不健全、人员培训不到位等。

### 1.1.3 重大事故隐患

重大事故隐患是指可能导致重大人身伤亡或者重大经济损失的事故隐患。重大事故隐患根据作业场所、设备及设施的不安全状态，以及人的不安全行为和管理上的缺陷、可能导致事故损失的程度分为两级：

（1）特别重大事故隐患，指可能造成30人以上死亡，或者100人以上重伤（包括急性工业中毒，下同）或可能造成1亿元以上直接经济损失的事故隐患。

（2）重大事故隐患，指可能造成10人以上、30人以下死亡，或50人以上、100人以下重伤，或可能造成5000万元以上直接经济损失的事故隐患。

## 1.2 重大危险源

### 1.2.1 重大危险源的概念

20 世纪 70 年代以来，在工业生产特别是化学品生产、储存、使用、运输过程中，重大火灾、爆炸、泄漏等重大事故频频发生。英国 1974 年 6 月，Flixborough 爆炸事故发生后，为改变事故频发和有效预防重大事故的发生，英国卫生与安全委员会设立了重大危险咨询委员会（简称 ACMH），该委员会负责研究重大危险源的辨识评价技术和控制措施，开始系统地研究重大危险源的控制技术。1976 年，ACMH 首次提出了重大危险源标准，提出了危险物质及其相关事故物质量的标准，1979 年和 1984 年又对该标准进行了修改，在辨识标准中提出了 4 类共 25 种物质（设施）及其临界量。1982 年，欧共体颁布了《工业活动中重大事故危险法令》（82/501/EEC），简称《塞韦索法令》，该法令列出了 180 种物质及其临界量。经过几年的运行，1996 年，欧共体对《塞韦索法令》进行了修订，提出的《塞韦索法令》修正件中新增了 39 种物质和临界量。

与此同时，美国、澳大利亚等国也颁布了重大危险源控制的国家标准。1993 年 6 月，第 80 届国际劳工大会通过了《预防重大工业事故公约》，该公约中也明确了重大危险源的概念。亚太地区的印度、印尼、泰国、马来西亚和巴基斯坦等国逐步建立了国家重大危险源控制系统。

我国重大危险源控制的研究工作开始于 20 世纪 90 年代，并列入了国家“八五”发展规划，1997 年开始在全国的六大城市即北京、上海、天津、青岛、深圳和成都进行重大危险源的普查试点，2000 年颁布了《重大危险源辨识》（GB 18218—2000）的国家标准，为我国重大危险源的辨识提供了基础的法律依据。而后又在此基础上进行了修订，颁布了《危险化学品重大危险源辨识》（GB 18218—2009）的国家标准。

### 1.2.2 重大危险源辨识的目的和意义

现代工业生产中往往存在着各式各样的潜在危险，在不同行业、不同生产规模、不同的原料储存方式的情况下其潜在风险又各不相同。作为政府、企业的管理部门以及安全评价人员应该重点关注的是有关危险源辨识和风险评价的工作，即可能造成群死群伤事故发生的场所、地点和这些场所、地点发生事故的概率。只有对这些可能发生重大危险的场所、地点进行有效的控制才能做到真正意义的本质安全。进行重大危险源辨识最重要的目的和意义就是保证安全管理有序和有效地进行。

### 1.2.3 我国重大危险源管理发展概况

我国重大危险源管理的发展大致如下：

（1）六城市重大危险源普查。1997 年，根据原劳动部劳部发［1997］22 号文“关于在北京等六城市进行重大危险源普查监控系统试点工作的通知”和《重大危险源普查监控系统试点项目实施方案》，在北京、上海、天津、青岛、深圳、成都等六城市开展了重大危险源普查试点工作。

普查工作的范围为储罐区（储罐）、库区（库）、生产场所、企业危险建（构）筑物、压力管道、锅炉、压力容器等7大类。1998年6月，六个试点城市均按要求完成了重大危险源普查、登记和评价分级工作，共计普查出重大危险源10230个。

（2）部分城市工业重大危险源数据库建立。2001年国家科技基础性工作专项资金项目《城市工业重大危险源数据库一期开发研究》，对北京、上海、汕头、南宁、无锡等五城市重大危险源进行了普查，结果普查出8大类重大危险源4519个。建立了部分城市工业重大危险源数据库。

（3）《关于重大危险源申报登记试点工作的指导意见》发布。2003年11月，为进一步加强对重大危险源的监督管理，建立和健全重大危险源监控制度，国家安全生产监督管理局（国家煤矿安全监察局）印发了《关于重大危险源申报登记试点工作的指导意见》的通知，并决定在辽宁、江苏、福建、广西、甘肃、浙江、重庆等省市开展重大危险源申报登记试点工作。此次重大危险源申报登记范围包括储罐区（储罐）、库区（库）、生产场所、压力管道、锅炉、压力容器、煤矿（井工开采）、金属及非金属地下矿山、尾矿库等9大类。开展此项试点工作的主要目标和任务是掌握重大危险源的数量、状况和分布，建立重大危险源申报、登记、评价、分级监察管理体系，指导存在重大危险源的生产经营单位建立和完善重大危险源监控管理系统，在此基础上，建立国家、省、市、区（县）重大危险源监控信息管理系统和重大事故应急救援体系，进一步促进重大危险源监控管理的科学化、制度化和规范化。

在重大危险源监控管理的研究和推广应用过程中，四川化工厂、青岛石油化工厂、南京化学工业集团公司等企业相继建立了企业重大危险源监控系统，北京市、青岛市等地方政府主管部门建立了基于GIS的重大危险源监控信息管理系统，极大地提高了安全生产监督管理的技术含量，为政府安全生产管理决策起到了参谋作用。目前，全国各地都不同程度地在开展重大危险源监控工作。

（4）《危险化学品重大危险源辨识》（GB 18218—2009）发布。2009年中国安全生产科学研究院在GB 18218—2000的基础上，结合国家安全科学和安全管理水平的发展，对构成重大危险源危险物质的临界量进行了修订，在我国第一次提出了危险化学品重大危险源的概念。

（5）《危险化学品重大危险源分级方法》发布。2011年8月，国家安全生产监督管理总局令第40号规定了危险化学品重大危险源的分级方法，为国家对危险化学品重大危险源进行有效分级监管奠定了基础和提供了依据。

## 1.3 生产事故分类

生产事故是指在生产经营活动中发生的造成人身伤亡（包括急性工业中毒）或者直接经济损失的事故。生产事故的分类方法有很多。

一般可以把安全生产事故分为生产安全事故和非生产安全事故。生产安全事故分为伤亡事故、设备安全事故、质量安全事故、环境污染事故、职业危害事故、其他安全事故等；非生产安全事故分为盗窃事故、人为破坏事故、其他事故等。

生产事故按行业分类可分为建筑工程事故、交通事故、工业事故、农业事故、林业事故、渔业事故、商贸服务业事故、教育安全事故、医药卫生安全事故、食品安全事故、电力安全事故、矿业安全事故、信息安全事故、核安全事故等。

生产事故按事故严重程度分类或分级为：

（1）工业生产：一般事故、重大事故、特别重大事故；

（2）道路交通：轻微事故、一般事故、重大事故、特大事故、特别重大事故；

（3）水上交通：小事故、一般事故、大事故、重大事故；

（4）铁路交通：一般事故、险性事故、大事故、重大事故、特别重大事故；

（5）建设工程：一级、二级、三级、四级事故等等。

生产事故按事故性质分类可分为自然灾害、自然事故、技术事故、责任事故。

生产事故按经济损失大小分类可分为：

（1）一般损失事故：经济损失小于1万元的事故；

（2）较大损失事故：经济损失大于1万元（含1万元）但小于10万元的事故；

（3）重大损失事故：经济损失大于10万元（含10万元）但小于100万元的事故；

（4）特大损失事故：经济损失大于100万元（含100万元）的事故。

生产事故按人员伤亡情况分类可分为轻伤事故、重伤事故、死亡事故和重大死亡事故。

### 1.3.1 事故对人的伤害程度分类

事故对人的伤害程度分类如下：

（1）死亡。这里指事故中死亡或自事故发生之日起30日以内（道路交通、火灾事故自发生之日起7日以内）死亡（因医疗事故死亡的除外，但必须得到医疗事故鉴定部门的确认），以及事故发生后下落不明的自事故发生之日起30日以后（道路交通、火灾事故自发生之日起7日以后）统计为死亡。（以上所称的“以内”包括本数，所称的“以后”不包括本数）。

（2）重伤。重伤指造成肢体残缺或视觉、听觉等器官受到严重损伤，一般能引起人体长期存在功能障碍，或劳动能力有重大损失的伤害。具体是指损失工作日等于或超过105日的失能伤害。

（3）轻伤。轻伤是指造成职工肢体伤残，或者某些器官功能性或器质性轻度损伤，表现为劳动能力轻度或暂时丧失的伤害。一般指受伤职工歇工在1个工作日以上，但够不上重伤者，或指对人体的损伤达不到重伤的伤害。具体是指损失工作日低于105日的失能伤害。

### 1.3.2 事故的严重程度分类

事故的严重程度分类如下：

（1）特别重大事故。有以下情形之一的为特别重大事故：

1）造成30人以上死亡的事故；

2）造成100人以上重伤（包括急性工业中毒，下同）的事故；

3）造成1亿元以上直接经济损失的事故。

（2）重大事故。有以下情形之一的为重大事故：

1）造成10人以上30人以下死亡的事故；
2）造成50人以上100人以下重伤的事故；
3）造成5000万元以上1亿元以下直接经济损失的事故。
（3）较大事故。有以下情形之一的为较大事故：
1）造成3人以上10人以下死亡的事故；
2）造成10人以上50人以下重伤的事故；
3）造成1000万元以上5000万元以下直接经济损失的事故。
（4）一般事故。有以下情形之一的为一般事故：
1）造成3人以下死亡的事故；
2）造成10人以下重伤的事故；
3）造成1000万元以下直接经济损失的事故。

## 1.4 典型事故案例

在工业生产活动中，人、物、环境、管理等诸多因素的缺陷，均可能诱发生产事故，以下列举几个事故案例，以唤醒读者的安全意识。

### 1.4.1 鹤管装油槽车火灾事故

某年7月7日某厂所在地天气晴朗，气候干燥，4号油台正在装运汽油。最初装车速度为4.1m/s，当第5号车装满后，关闭了进油阀门，剩下最后的第6号车也装到3/4，此时装油速度已上升到6m/s。突然，一声巨响，火光冲天，燃起熊熊烈火。第6号槽车变成火海，接着引燃了第5号槽车并波及另外2台尚未装油但存有残油的槽车。当时由于操作工被烧伤，装车阀门未及时关闭，致使装油台区形成大火，经过75min才得以扑灭。事故造成5人烧伤。

现场调查发现，鹤管活节套筒的最下一节上部700mm处有火花放电痕迹，与该痕迹相对应的槽车口内侧也有火花放电的痕迹。说明是在以上两处发生火花放电而引起火灾事故的。另外在该套筒的下部也有火花放电的痕迹，这应该是以前曾放过电，或者是与这次同时放电所致。从分析这次事故的原因可以看出，引起静电产生和积累的条件有以下几点：

（1）输油管线内油速快。在同时装2台车时，鹤管内油流速是4.1m/s；在装1台车时，流速高达6m/s。而流速与静电产生的关系是二次方的正比关系。

（2）鹤管套筒上没有设置专门的接地装置。套筒表面结上了一层油膜，造成两套筒之间的绝缘，套筒上积聚了大量电荷无法排出。

（3）大鹤管的管径大，与槽车口的距离比小鹤管相对要小，因此比较容易击穿形成火花放电。

（4）天气干燥，槽车口敞开，油气可充分混合，足可达到其爆炸极限。

### 1.4.2 某石化厂液化气外漏爆燃事故

1988年10月21日晚，某石化厂油品车间球罐区对914号球罐进行开阀脱水操作，由于操作人员未按规程操作，在未关闭球罐脱水包的上游阀时，就打开脱水包的下游阀，在有 0.4MPa 的压力下，边进料边脱水，导致水和液化气一同排出，通过污水池大量外逸。25min 后球罐区门卫发现跑料，立即通知操作工关阀，此时已有 9.7t 液化气跑损。

逸出的液化气随风向在球罐区围墙外的临时工棚内蔓延并在墙外低洼处积聚。22 日凌晨，液化气遇到工棚内的火种，引起爆燃并引发大火，大火燃烧了近 1h 后被扑灭。此次事故有 26 人被烧死，15 人被烧伤，爆燃过火面积达 $625m^2$。

分析认为：

（1）操作工严重违章。操作工违反操作规程，边进料边脱水，致使水和液化气同时排出。脱水作业时，操作人员没有在现场严密监视脱水情况，发现问题没有及时处置，属重大责任事故。

（2）违反液化气罐区周围严禁住人的规定。紧靠球罐墙外 6m 的简易仓库，作为外来施工人员的住房。

（3）安全设施未及时投入使用。该球罐虽是新建的，但安装的可燃气体报警仪未及时投入使用，当液化气跑出时未及时发现。

（4）没有采取紧急排险措施。门卫发现跑料后立即通知了操作人员，但操作人员未能按操作规程的要求采取紧急措施，错过了避免事故发生的时机。

（5）管理不严，纪律松懈。事故后调查得知当班的 7 人中有 2 人睡觉，有 3 人离岗，还有 2 人是刚入厂的实习大学生，虽有巡回检查制度，但没有认真执行。

### 1.4.3 液氯泄漏导致的氯气中毒事故

某年 9 月 7 日 13：55，某电化厂液氯工段正在充装液氯作业时，一只质量 0.5t 的充满液氯的钢瓶突然发生粉碎性爆炸。随着震天巨响，全厂气雾弥漫，大量的液氯汽化，迅速形成巨大的黄绿色气柱形似蘑菇状冲天而起，高达 40 余米。爆炸现场留有直径 6m、深 1.82m 的大坑。该工段 $414m^2$ 的厂房全部倒塌，67 个液氯钢瓶，其中爆炸了 5 只，击穿了 5 只，13 只撞击变形，5t 的液氯储罐被击穿泄漏，厂房内的全部管道被击穿、变形。其间夹杂着瓦砾、钢瓶碎片在空中横飞，数公里外都有震感。

液氯从这些容器内冲出，泄漏的氯气达 10.2t 之多，当时是东南风，风速 3.7m/s，大量的氯气迅速呈 60°扇形向西北方向扩散，中轴线距离为 4600m，波及范围达 $7.35km^2$，共有 32 个居民区和 6 个村受到不同程度的氯气危害，造成大量人员急性中毒。受氯气危害的人数达 1028 人，其中诊断为氯气刺激反应者有 429 人，均在门诊治疗。另有不同程度急性中毒患者 779 人，均住院治疗。

本起事故共死亡 59 人，1028 人氯气中毒。

为了查清事故发生的原因，认真吸取教训，杜绝类似事故重复发生，经过两个多月的调查和模拟试验，终于查清此次爆炸的原因是氯化石蜡倒灌入钢瓶内，引起化学性爆炸。

### 1.4.4 加速器及探伤机辐照事故

案例 1：违章操作加速器致 17 人死亡事故

某年 5 月 13 日，某省肿瘤防治研究所加速器操作员因违章操作直线加速器，致使 22 名肿瘤病人和 2 名其他病人受到超剂量照射，已先后死亡 17 人。

案例 2：误入放射源室被截去前臂事故

某年 6 月 22 日，某省农科院原子能所因辐照室联锁装置失灵，导致 1 人误入放射源室受到急性照射而被截去前臂。

案例 3：放射源从源导管滑脱事故

某年某公司工人用 γ 射线机探伤时，源头与钢丝绳自动脱开，在将源导管与驱动缆绳拆下时，放射源掉出，1 位工人捡起后拿在手中竟不认识是放射源，另一工人发现后，立即抓过来送回装置，这一事故使周围 4 人辐照后受伤。

案例 4：放射源污染殃及后代事故

某机械厂工人将探伤机源罐放在一个小屋内，后来被打翻，放射源露出，一家 3 口人住在屋内，均受到放射源照射。该屋主妇后来生育一畸形女孩。

案例 5：探头误照导致生育功能障碍事故

某年 12 月 3 日凌晨 2：00，某单位一探伤组 6 人调试 2005 型 X 射线探伤机。休息时，一位 30 岁男同志违反规定，背靠在探伤机探头上坐着抽烟。其他人没有检查探伤机附近是否有人就开始调试机器，从 100kV 开始，140kV、160kV、180kV、200kV 逐点上升，每点 5min。此时，另一人发现探头上有人休息，随即停机，致使该工人背部Ⅳ度放射性烧伤，继发慢性溃疡，导致生育功能障碍。

案例 6：开机误照容器内贴片工人事故

某年 11 月 27 日晚，福州某厂探伤室两位探伤工上班，一工人误以为另一工人在容器内贴完后离开容器，便按下探伤机启动开关，结果造成了这位工人被误照射。

案例 7：X 射线探伤使 7 人受照事故

某安装公司进行工业 X 射线探伤时，因无固定作业场所，又不重视防护，致使 7 名非放射性人员受到不同程度 X 射线照射。

### 1.4.5　某油库“9·11”跑油事故

某年 9 月 11 日夜间，苏北地区某油库在内部输转油过程中发生一起跑油事故，共跑出 90 号汽油 73.442t，经全力抢险，回收汽油 46.958t，损失汽油 26.484t。

11 日 18：00，该油库仓储业务股副股长沈某安排将 4 号计量罐（高架罐）90 号汽油通过自流方式倒入 7 号储罐。由于当班计量员不在，无人开启罐根阀，沈某就从计量室窗口挑出罐根阀链条锁钥匙，与泵房工一道开通了 4 号计量罐到 7 号储罐间管线上所有阀门，利用液位差将 4 号计量罐油品输入 7 号储罐，随即下班，夜间没有安排人员值班。12 日清晨 7：00 左右，值班人员发现油罐区排水沟有汽油流向库外小河沟，立即报警。经查原来是由于正在清理罐底的 3 号储罐（空罐）有一条接在放水阀上的临时管线与汽油主管线相连；同时，3 号罐人孔盖也在白天被打开。11 日下班时，3 号罐的放水阀（实际已成油阀）未关闭，人孔盖未盖好。当 4 号计量罐与 7 号储罐沟通后，实际同时也沟通了 4 号计量罐、7 号储罐与 3 号储罐间的管线，由于 3 号罐系空罐且人孔盖处于敞开状态，4 号计量罐与 7 号储罐的油品同时流向了 3 号罐，当液位超过 3 号罐人孔下沿高度时，即开始由人孔向外跑油。

这是一起典型的因“三违”造成的人为责任事故。

## 思考题

1-1 什么是重大事故隐患?

1-2 重大事故的最基本特征是什么?

1-3 什么是重大危险源，为什么要进行重大危险源的辨识?

1-4 控制重大危险源的目的是什么?

1-5 重大危险源临界量的概念是什么?

1-6 什么是危险化学品? 以下几种物质哪些是危险化学品，为什么?

(1) 硫酸;(2) 乙醇;(3) 红丹;(4) 碳酸镁;(5) 氯;(6) 活性炭

# 2 危险和有害因素辨识基础

**学习要求**

➢ 掌握危险和有害因素的基本概念；
➢ 掌握危险和有害因素产生的原因；
➢ 掌握危险和有害因素的分类。

## 2.1 危险和有害因素的定义

安全是人类的源文化之一，从人类狩猎开始，安全一直是人类的第一需要，随着工业生产的产业化、生产装置的集成度越来越高，自动化控制、智能化控制使生产过程的安全性得到了较大的提高。但是，事故还是不断发生，不安全因素仍大量存在着。为了把事故减少到最低限度，达到在生产劳动中保护职工安全与健康的目的是人们追求的目标。危险源辨识是防止发生生产事故的第一步，是企业、政府安全管理和相关人员进行安全工作的基础。

危险因素是指能对人造成伤亡或对物造成突发性损害的因素（强调社会性和瞬间作用）。危害因素又称有害因素，是指影响人的身体健康、导致疾病或者对物造成慢性损坏的因素（强调一定时间的积累作用），主要指客观存在的危险、有害物质或能量超过人们控制范围的设备、设施和场所等。人们通常对两者不加以区分，统称为危险和有害因素（或危险和危害因素、危险有害因素），主要指客观存在的危险危害物质或能量超过可承受值的设备、设施和场所等。

## 2.2 危险和有害因素产生的原因

危险和有害因素是普遍存在的，人们之所以感觉安全是因为这些危险和有害因素均在人们的控制之中。当危险和有害因素失去控制，人们就会感到危险的存在甚至受到伤害。危险和有害因素尽管有各种各样的表现形式，但从本质上讲，之所以能造成有害的后果，都可归结为能量和有害物质的存在。产生危险的实质是能量、危害物质失去控制或两方面因素的综合作用，导致能量的意外释放和有害物质的泄漏、挥发的结果。因此，能量、有害物质失去控制是危险因素产生的根本原因。

能量是物体做功的本领，能量守恒定律的发现告诉我们，尽管物质世界千变万化，它的外在形式均可以以能量的形式表现出来，机械能、光能、电能、化学能、生物能等已给我们的生活带来了幸福和方便，但火灾、爆炸事故、地震等能量的意外释放也给人类造成了伤亡和财产损失。由此可见的能量供体和载体在特定的条件下都可能是危险和有害因素。例如汽车使用汽、柴油进行行驶的过程，锅炉的使用，剧烈放热反应工艺装置，高处作业等均存在能量的使用和相互转换，能量的有序转换会给人类造福，若出现失控将引发灾难。

有害物质是指能损伤人体的生理机能和正常代谢功能、破坏设备和物品的物质。有毒物质、腐蚀性物质、放射性物质、危害粉尘和窒息性气体等都是有害物质。工业上常见的有害物质有铬、汞、氯、氟、酚、氰化物、镉、砷、烟尘、粉煤灰、硫铁矿渣、钢渣、高炉渣、放射性物质及其他众多的有害物质。

## 2.3 危险和有害因素分类

危险和有害因素总体上可分为自然界的危险和有害因素、工业生产过程的危险和有害因素。

自然界的危险和有害因素主要为地震、泥石流、滑坡、海啸、飓风（热带风暴）、暴雨（雪）等，这些危险和有害因素对生产过程的影响多为灾难，在此不再详细讨论。工业生产过程的危险有害因素的分类方式很多，主要的分类标准有《生产过程危险和有害因素分类与代码》（GB/T 13861—2009）和《企业职工伤亡事故分类》（GB 6441—1986）。

### 2.3.1 按照《生产过程危险和有害因素分类与代码》（GB/T 13861—2009）分类

该标准按导致生产过程中危险和有害因素的性质进行分类，生产过程危险和有害因素分为4大类，分别是人的因素、物的因素、环境因素、管理因素。

#### 2.3.1.1 人的因素

企业生产活动的主体是人，人的不安全行为是许多事故发生的根本因素。人的不安全行为是指职工在劳动过程中，违反劳动纪律、操作程序和方法等具有危险性的行为所产生的不良后果。人的不安全行为受以下因素影响：

（1）主观因素影响，包括个体对安全问题的认识和个体的气质、性质和能力的差异，个体操作的系统是否符合个体的特点，个体技能或知识是否达到和疲劳及生理缺陷等等；

（2）客观因素影响，包括人际关系、恋爱婚姻、家庭子女、提薪提职、住房等干扰而造成的挫折。这些因素的影响，易使人产生不安全行为，造成在生产过程中不能妥善处理人与人、人与物、人与环境的关系，直接影响到安全生产。虽然在生产过程中存在着人员失误的因素很多，具有随机性和偶然性，但发生人员失误的规律和失误率通过大量的预测、统计和分析也是可以预测的。各国根据以往的事故分析、统计资料将某些类型的行为各自归纳为不安全行为。总体来讲，不安全行为是由不正确态度、技能或知识不足、健康或生理状态不佳和劳动条件（设施条件、工作环境、劳动强度和工作时间）影响等造成的。

我国《生产过程危险和有害因素分类与代码》（GB/T 13861—2009）将人的因素分为心理、生理性危险和有害因素，以及行为性危险和有害因素。

心理、生理性危险和有害因素包括：负荷超限（体力负荷超限、听力负荷超限、视力负荷超限、其他负荷超限）；健康状况异常；从事禁忌作业；心理异常（情绪异常、冒险心理、过度紧张、其他心理异常)；辨识功能缺陷（感知延迟、辨识错误、其他辨识功能缺陷)；其他心理、生理性危险和有害因素。

行为性危险和有害因素包括：指挥错误（违章指挥、其他错误指挥)；监护失误；其他行为性危险和有害因素（如脱岗、违章串岗等)。

2.3.1.2 物的因素

工业企业生产设施的安全性，物料存放、输送、使用的安全程度对总体安全有着至关重要的作用。

我国《生产过程危险和有害因素分类与代码》（GB/T 13861—2009）将物的因素分为物理性危险和有害因素、化学性危险和有害因素、生物性危险和有害因素。

（1）物理性危险和有害因素。物理性危险和有害因素包括：设备、设施、工具、附件缺陷；防护缺陷；电伤害；噪声；振动危害；电离辐射；非电离辐射；运动物伤害；明火；高温物体；低温物体；信号缺陷；标志缺陷；有害光照；其他物理性危险和有害因素。

1）设备、设施、工具、附件缺陷包括：强度不够；刚度不够；稳定性差（抗倾覆、抗位移能力不够，包括重心过高、底座不稳定、支承不正确等)；密封不良（指密封件、密封介质、设备辅件、加工精度、装配工艺等缺陷以及磨损、变形、气蚀等造成的密封不良)；耐腐蚀性差；应力集中；外形缺陷（指设备、设施表面的尖角利棱和不应有的凹凸部分等)；制动器缺陷；控制器缺陷；设备、设施、工具、附件其他缺陷。

2）防护缺陷包括：无防护；防护装置、设施缺陷（指防护装置、设施本身安全性、可靠性差，包括防护装置、设施、防护用品损坏、失效、失灵等)、防护不当（指防护装置、设施和防护用品不符合要求，使用不当，不包括防护距离不够)；其他防护缺陷。

3）电伤害包括：带电部位裸露（指人员易触及的裸露带电部位)；漏电；静电和杂散电流；电火花；其他电伤害。

4）噪声包括：机械性噪声；电磁性噪声；流体动力性噪声；其他噪声。

5）振动危害包括：机械性振动；电磁性振动；流体力学性振动；其他振动危害。

6）电离辐射包括：X 射线、β 射线、α 粒子、β 粒子、中子、质子、高能电子束辐射等。

7）非电离辐射包括：紫外辐射；激光辐射；微波辐射；超高频辐射；高频电磁场辐射；工频电场辐射。

8）运动物伤害包括：抛射物；飞溅物；坠落物；反弹物；土、岩滑动；料堆（垛）滑动；气流卷动；其他运动物伤害。

9）明火是指有外露火焰或赤热表面的固定地点。

10）高温物体包括：高温气体；高温液体；高温固体；其他高温物质。

11）低温物体包括：低温气体；低温液体；低温固体；其他低温物质。

12）信号缺陷包括：无信号设施（指应设信号设施处无信号，如无紧急撤离信号等)；信号选用不当；信号位置不当；信号不清（指信号量不足，如响度、亮度、对比度、信号维持时间不够等)。

13）标志缺陷包括：无标志；标志不清晰；标志不规范；标志选用不当；标志位置缺陷；其他标志缺陷。

14）有害光照包括直射光、反射光、眩光、频闪效应产生的危害。

物理性危险和有害因素中较为突出的为设备故障和缺陷。设备故障指设备或零部件在使用过程中，由于突发性或渐发性事件使设备丧失规定功能的不正常现象。在工业生产过程中故障具有随机性和突发性，有限度的故障率在工业生产中是允许的。由于故障的发生是一种随机事件，造成故障发生的原因又很复杂，既可能是设计、制造、安装方面的原因，也可能是设备磨损、疲劳、老化的原因，设备的检修保养、人员操作、环境、其他系统的影响也与设备的故障率相关。但故障发生的规律是可知的，通过定期检查、维修保养可使多数故障在预定期间内得到控制（避免或减少）。一般可用概率统计的方法来研究故障率的规律。

设备发生故障并处于不安全状态是导致事故、危害发生的基本物质条件，设备、设施的内在缺陷和设备、设施安全防护装置的失效极有可能引发事故。据统计，在化工生产的大量设备事故中，因设计和制造缺陷而导致的事故所占的比例很大，如自制设备、擅自更改图纸、改造设备、材质选择不符合要求、铸造和焊接质量低劣，以及管件、阀门质量不合格等，都形成了事故隐患。在电气设备中，电气设备绝缘损坏造成漏电伤人或短路，短路保护装置失效又造成变配电系统的破坏，进而引发更大的生产事故造成人财物的损失。管道阀门破裂、通风装置故障，使有毒气体侵入作业人员呼吸带，造成人员中毒；超载限制或提升限位安全装置失效使钢丝绳断裂、重物坠落、围栏缺陷、安全带及安全网质量低劣为高处坠落事故提供了条件。

（2）化学性危险和有害因素。化学性危险和有害因素可按《危险化学品目录》（根据国务院令第 344 号）分为 8 大类：爆炸品；压缩气体和液化气体；易燃液体；易燃固体、自燃固体和遇湿易燃物品；氧化剂和有机过氧化物；有毒品；放射性物品；腐蚀品。

化学性危险和有害因素也可按《化学品分类和危险性公示通则》（GB 13690—2009）分为 26 类。具体分类为：爆炸物；易燃气体；易燃气溶胶；氧化性气体；压力下气体；易燃液体；易燃固体；自反应物质；自热物质；自燃液体；自燃固体；遇水发生易燃气体的物质；金属腐蚀物；氧化性液体；氧化性固体；有机过氧化物；急性毒性；皮肤腐蚀/刺激；严重眼睛损伤/眼睛刺激性；呼吸或皮肤过敏；生殖细胞突变性；致癌性；生殖毒性；特异性靶器官系统毒性——一次毒性、特异性靶器官系统毒性—多次毒性、对水环境危害。

化学性危险和有害因素多与物质本身的危害性（如毒性、腐蚀性、氧化性等）相关。在工业生产过程中，危险化学品的生产、储存、使用、运输、经营的各个环节均可能由于化学性危险和有害因素诱发危害。

（3）生物性危险和有害因素。生物性危险和有害因素包括：致病微生物（细菌、病毒、真菌、其他致病微生物）；传染病媒介物；致害动物；致害植物；其他生物性危险和有害因素。

生物性危险和有害因素在工业生产过程中也大量存在，如工业企业循环水系统常存在军团菌，食品生产企业、生物化工企业可能存在致病菌，野外长输管道的人员巡查活动中会存在致害动物、致害植物等。

#### 2.3.1.3 环境因素

我国《生产过程危险和有害因素分类与代码》（GB/T 13861—2009）将环境因素（包

括室内、室外、地上、地下（如隧道、矿井）、水上、水下等作业施工）分为室内作业场所环境不良、室外作业场所环境不良、地下（含水下）作业场所环境不良、其他作业场所环境不良。

（1）室内作业场所环境不良包括：室内地面滑；室内作业场所狭窄；室内作业场所杂乱；室内地面不平；室内梯架缺陷（包括楼梯、阶梯、电动梯和活动梯架，以及这些设施的扶手、扶栏和护栏、护网灯）；地面、墙和天花板上的开口缺陷（包括电梯井、修车坑、门窗开口、检修孔、孔洞、排水沟等）；房屋基础下沉；室内安全通道缺陷（包括无安全通道、安全通道狭窄、不畅等）；房屋安全出口缺陷（包括无安全出口、设置不合理等）；采光照明不良（指照度不足或过强、烟尘弥漫影响照明等）；作业环境空气不良（指自然通风差、无强制通风、风量不足或气流过大、缺氧、有害气体超限等）；室内温度、湿度、气压不通；室内给、排水不良；室内涌水；其他室内作业环境不良。

（2）室外作业场所环境不良包括：恶劣气候与环境（包括风、极端的温度、雷电、大雾、冰雹、暴风雪、洪水、浪涌、泥石流、地震、海啸等）；作业场地和交通设施湿滑（包括铺设好的地面区域、阶梯、通道、道路、小路等被任何溶液、熔融物质润湿，冰雪覆盖或有其他易滑物等）；作业场所狭窄；作业场所杂乱；作业场地不平；航道狭窄、有暗礁或险滩；脚手架、阶梯和活动梯架缺陷；地面开口缺陷；建筑物和其他结构缺陷（包括建筑中或拆毁中的墙壁、桥梁、建筑物；筒仓、固定式粮仓、固定的储罐和容器；屋顶、塔楼等）；门和围栏缺陷；作业场地基础下沉；作业场地安全通道缺陷；作业场所安全出口缺陷；作业场所光照不良；作业场所空气不良；作业场地温度、湿度、气压不适；作业场地涌水；其他室外作业环境不良。

（3）地下（含水下）作业场所环境不良包括：隧道/矿井顶面缺陷；隧道/矿井正面或侧壁缺陷；隧道/矿井地面缺陷；地下作业面空气不良；地下火；冲击地压；地下水；水下作业供养不当；其他地下作业环境不良。

（4）其他作业场所环境不良主要为强迫体位、综合性作业环境不良等。

2.3.1.4 管理因素

我国《生产过程危险和有害因素分类与代码》（GB/T 13861—2009）将管理因素分为：职业安全卫生组织机构不健全；职业安全卫生责任制未落实；职业安全卫生管理规章制度不完善（建设项目“三同时”制度未落实、操作规程不规范、事故应急预案及响应缺陷、培训制度不完善、其他职业安全卫生管理规章制度不健全）；职业安全卫生投入不足；职业健康管理不完善；其他管理因素缺陷。

管理因素中安全管理是其重点，企业安全管理的及时、有效是实现企业本质安全的安全管理的关键所在，也是实现既定的安全目标的保证。管理缺陷通常表现为违章指挥、违章作业、违反劳动纪律以及物的不安全状态等。通过加强安全管理，不但可能杜绝或减少事故损失和人员伤亡，同时还可能节省保险费用、雇员因工受伤索取补偿和其他相关费用，节省了巨额的开支。如工伤意外，不论其性质如何轻微，都会带来一连串的开支。这包括受伤雇员的补偿金、政府判决的罚款和其他刑罚，以及受伤雇员和其他员工的工作时间损失，在连续的系列工程中发生严重意外，甚至会延误工程的完成工期，给企业带来严重的财政影响和损失。安全基础管理缺陷主要表现在以下几个方面：

（1）对安全生产管理复杂系统认识不足以及管理上的缺陷导致形式主义。例如：即使有关安全的制度、规程、措施制定得比较完备，但落实不彻底。职能部门监督、检查不到位，并且指责多、表扬少，处罚多、重奖少等，没有构建积极的安全激励机制。

（2）安全生产和安全管理上存在薄弱环节。例如：缺少保证“危险点分析预控”的组织措施，缺少标准化作业危险点控制流程，习惯性违章等。必须让全体员工认识到，企业所采取的安全措施是保证作业安全和创造安全环境的基础，而安全规程所列措施是提醒作业人员在作业时须注意的安全事项，规范操作才能确保安全。

（3）对设备、作业环境的安全没有实施全过程、全方位的管理。对设备的状态进行安全管理，应从设备安装、系统调试、设备运行、移交生产、日常维护、计划检修等全过程、全方位一抓到底。对一些重要环节也要制定并落实一系列规章制度，层层设卡把关，否则工作系统的意外突变，也将造成事故。

（4）安全管理上“制度管人”、“人管人”等硬性管理，和注重文化建设的软管理没有很好地融合。没有注重企业文化的导向、凝聚、激励、约束等功能，并不断解决企业“外部适应”和“内部结合”的问题。如我国企业，尤其是部分国企机构设置不灵活、不紧凑，效率不高，活力不足，各项管理机制滞后、陈旧，企业经营思想和方法还不同程度地带有计划经济的色彩等等。

所以安全管理在企业管理中是非常重要的，是在预测、分析危险和有害因素的基础上进行的计划、组织、协调、检查等工作，是预防故障和人员失误发生的有效手段。做安全管理工作就是要完成两个永恒的主题：一是把事故降下来，即把企业的伤亡率和损失降到最低规定的限度内；二是使人、设备、设施、综合管理、环境等要素有机结合。

### 2.3.2 按照《企业职工伤亡事故分类》（GB 6441—86）分类

按照《生产过程危险和有害因素分类与代码》（GB/T 13861—2009）进行危险和有害因素划分，过程较为繁杂。人们常常按照《企业职工伤亡事故分类》（GB 6441—86）的规定进行分类，将危险和有害因素分为20项。此种分类方法所列的危险和有害因素与企业安全教育中的通常说法相同，也为安全生产监督管理部门、行业主管部门和企业广大职工、安全管理人员所熟悉，易于接受和理解，便于实际应用，同时也与职工伤亡事故处理（调查、分析、统计）、职业病处理和职工的口径基本一致。但由于此方法目前缺少全国统一划分方法，仍待在应用中进一步完善，以提高系统性和科学性。

（1）物体打击，指物体在重力或其他外力的作用下产生运动，打击人体造成人身伤亡事故，不包括因机械、车辆、起重机械、坍塌等引发的物体打击。

（2）车辆伤害，指企业机动车辆在行驶中引起的人体坠落和物体倒塌、下落、挤压伤亡事故，不包括因机械设备、牵引车辆和车辆停驶时发生的事故。

（3）机械伤害，指机械设备运动（静止）部件、工具、加工件直接与人体接触引起的夹击、碰撞、剪切、卷入、绞、碾、割、刺等伤害，不包括车辆、起重机械引起的机械伤害。

（4）起重伤害，指各种起重作业（包括起重机安装、检修、试验）中发生的挤压、坠落（吊具、吊重）、物体打击和触电。

（5）触电，包括雷击伤亡事故。

（6）淹溺，包括高空坠落淹溺，不包括矿山、井下透水淹溺。

（7）灼烫，指火焰烧伤、高温物体烫伤、化学灼伤（酸、碱、盐、有机物）、物理灼伤（光、放射性物质），不包括电灼伤和火灾引起的烧伤。

（8）火灾。

（9）高处坠落，指在高处作业中发生坠落造成的伤亡事故，不包括触电坠落事故。

（10）坍塌，指土石塌方、脚手架坍塌、堆置物倒塌等，不包括矿山冒顶片帮和车辆、起重机械、爆破引起的坍塌。

（11）冒顶片帮。

（12）透水。

（13）爆破（放炮），指在爆破作业中发生的伤亡事故。

（14）火药爆炸，指火药、炸药及其制品在生产、加工、运输、贮存中发生的爆炸事故。

（15）瓦斯爆炸，指可燃性气体、粉尘等与空气混合形成爆炸性混合物引起的爆炸。

（16）锅炉爆炸。

（17）容器爆炸。

（18）其他爆炸。

（19）中毒和窒息。

（20）其他伤害，如摔、扭、挫、擦、刺、割和非机动车碰撞、轧伤等。

## 2.4　危险和有害因素的辨识方法

### 2.4.1　危险和有害因素的辨识原则

危险和有害因素的辨识应遵循以下原则：

（1）科学性。危险和有害因素的辨识是分辨、识别、分析确定系统内存在的危险，而并非研究防止事故发生或控制事故发生的实际措施。它是预测安全状态和事故发生途径的一种手段，这就要求在进行危险和有害因素辨识时必须要有科学的安全理论作指导，使之能真正揭示系统安全状况、危险和有害因素存在的部位、存在的方式、事故发生的途径及其变化的规律，并予以准确描述，以定性、定量的概念清楚地显示出来，用严密的合乎逻辑的理论予以清楚解释。

（2）系统性。危险和有害因素存在于生产活动的各个方面，因此要对系统进行全面、详细的剖析，研究系统和系统与子系统之间的相关和约束关系；分清主要危险和有害因素及其相关的危险危害性。

（3）全面性。辨识危险和有害因素时不要发生遗漏，以免留下隐患，要从厂址、自然条件、贮存运输、建（构）筑物、工艺过程、生产设备装置、特种设备、公用工程、安全设施、安全管理系统和制度等各方面进行分析、辨识；不仅要分析正常生产运转、操作中存在的危险和有害因素，还要分析、辨识开车、停车、检修、装置受到破坏及操作失误情况下的危险危害后果。

（4）预测性。对于危险和有害因素，还要分析其触发事件，亦即危险和有害因素出现的条件或设想的事故模式。

### 2.4.2 危险和有害因素辨识单元划分原则

危险和有害因素辨识单元划分主要是掌握一个不遗漏的原则，通常按生产工序或作业岗位分别进行危险和有害因素辨识。辨识时应重点分析导致事故的直接原因和间接原因，对于可能存在重大危害后果的位置，还应分析设施、装置、设备破坏及操作失误可能产生的危险有害因素。

## 2.5 固有危险和有害因素辨识

作业场所的固有危险和有害因素主要分为物质固有危险性、工艺固有危险性、设备固有危险性。进行危险和有害因素辨识时应充分考虑其固有的危险性。

(1) 物质固有危险性，主要是指许多物质本身就存在有毒、易燃、腐蚀、辐射、自燃等固有危险，同时危险物质的数量、储存方式等也与物质的固有危险密切相关。

物质的固有危险性通常按《危险化学品目录》(根据国务院令第 344 号) 分为 8 大类，也可按照《化学品分类和危险性公示通则》(GB 13690—2009) 将危险化学品分为 26 类 (见前文)。

(2) 工艺固有危险性，主要是指许多工业生产过程中存在高温、高压、高势能等工艺条件。如化工工艺生产过程中多存在高温、高压的固有危险，尾矿库多存在高势能的固有危险，冶金行业的电解工序也存在高电压或高电流的固有危害等。

(3) 设备固有危险性，主要是指部分工业生产设备存在旋转、往复等运动部件，也有部分设备因工艺要求而存在锐角、狭窄等，这些设备在使用时可能会造成作业人员受到缠绕、挤压、撞击、运动部件破损物伤害等。

## 2.6 工业生产过程主要危险环境

工业生产过程主要危险环境主要为火灾危险环境、爆炸危险环境、有毒危险作业场所、粉尘危险作业场所、高温危险作业场所、高处及其他危险作业场所等。

### 2.6.1 火灾危险环境

火灾危险环境目前常用的分类标准有《建筑设计防火规范》(GB 50016—2006) 和《爆炸和火灾危险环境电力装置设计规范》(GB 50058—92)。前者着重物质的火灾危险性分析；后者着重的是物质在作业场所的存在状态，在火灾危险环境下的电力装置设计多采用此标准。

2.6.1.1 按照《建筑设计防火规范》(GB 50016—2006) 分类

按照《建筑设计防火规范》(GB 50016—2006) 的规定，火灾危险性分为生产的火灾危险性和储存物品的火灾危险性。

(1) 生产的火灾危险性应根据生产中使用或产生的物质性质及其数量等因素，分为甲、乙、丙、丁、戊类，并应符合表 2-1 的规定。

**表2-1 生产的火灾危险性分类**

| 生产类别 | 火灾危险性特征 | |
|---|---|---|
| | 项别 | 使用或产生下列物质的生产 |
| 甲 | 1 | 闪点小于28℃的液体 |
| | 2 | 爆炸下限小于10%的气体 |
| | 3 | 常温下能自行分解或在空气中氧化能导致迅速自燃或爆炸的物质 |
| | 4 | 常温下受到水或空气中水蒸气的作用，能产生可燃气体并引起燃烧或爆炸的物质 |
| | 5 | 遇酸、受热、撞击、摩擦、催化以及遇有机物或硫黄等易燃的无机物，极易引起燃烧或爆炸的强氧化剂 |
| | 6 | 受撞击、摩擦或与氧化剂、有机物接触时能引起燃烧或爆炸的物质 |
| | 7 | 在密闭设备内操作温度大于等于物质本身自燃点的生产 |
| 乙 | 1 | 闪点大于等于28℃，但小于60℃的液体 |
| | 2 | 爆炸下限大于等于10%的气体 |
| | 3 | 不属于甲类的氧化剂 |
| | 4 | 不属于甲类的化学易燃危险固体 |
| | 5 | 助燃气体 |
| | 6 | 能与空气形成爆炸性混合物的浮游状态的粉尘、纤维，闪点大于等于60℃的液体雾滴 |
| 丙 | 1 | 闪点大于等于60℃的液体 |
| | 2 | 可燃固体 |
| 丁 | 1 | 对不燃烧物质进行加工，并在高温或熔化状态下经常产生强辐射热、火花或火焰的生产 |
| | 2 | 利用气体、液体、固体作为燃料或将气体、液体进行燃烧作其他用的各种生产 |
| | 3 | 常温下使用或加工难燃烧物质的生产 |
| 戊 | | 常温下使用或加工不燃烧物质的生产 |

相关说明：同一座厂房或厂房的任一防火分区内有不同火灾危险性生产时，该厂房或防火分区内的生产火灾危险性分类应按火灾危险性较大的部分确定。当符合下述条件之一时，可按火灾危险性较小的部分确定：

1）火灾危险性较大的生产部分占本层或本防火分区面积的比例小于5%或丁、戊类厂房内的油漆工段小于10%，且发生火灾事故时不足以蔓延到其他部位或火灾危险性较大的生产部分采取了有效的防火措施；

2）丁、戊类厂房内的油漆工段，当采用封闭喷漆工艺，封闭喷漆空间内保持负压、油漆工段设置可燃气体自动报警系统或自动抑爆系统，且油漆工段占其所在防火分区面积的比例小于等于20%。

（2）储存物品的火灾危险性应根据储存物品的性质和储存物品中的可燃物数量等因素，分为甲、乙、丙、丁、戊类，并应符合表 2－2 的规定。

**表 2－2 储存物品的火灾危险性分类**

| 仓库类别 | 项别 | 储存物品的火灾危险性特征 |
|---|---|---|
| 甲 | 1 | 闪点小于 28℃的液体 |
| | 2 | 爆炸下限小于 10% 的气体，以及受到水或空气中水蒸气的作用，能产生爆炸下限小于 10% 气体的固体物质 |
| | 3 | 常温下能自行分解或在空气中氧化能导致迅速自燃或爆炸的物质 |
| | 4 | 常温下受到水或空气中水蒸气的作用，能产生可燃气体并引起燃烧或爆炸的物质 |
| | 5 | 遇酸、受热、撞击、摩擦以及遇有机物或硫黄等易燃的无机物，极易引起燃烧或爆炸的强氧化剂 |
| | 6 | 受撞击、摩擦或与氧化剂、有机物接触时能引起燃烧或爆炸的物质 |
| 乙 | 1 | 闪点大于等于 28℃，但小于 60℃的液体 |
| | 2 | 爆炸下限大于等于 10% 的气体 |
| | 3 | 不属于甲类的氧化剂 |
| | 4 | 不属于甲类的化学易燃危险固体 |
| | 5 | 助燃气体 |
| | 6 | 常温下与空气接触能缓慢氧化，积热不散引起自燃的物品 |
| 丙 | 1 | 闪点大于等于 60℃的液体 |
| | 2 | 可燃固体 |
| 丁 | | 难燃烧物品 |
| 戊 | | 不燃烧物品 |

相关说明：

1）同一座仓库或仓库的任一防火分区内储存不同火灾危险性物品时，该仓库或防火分区的火灾危险性应按其中火灾危险性最大的类别确定；

2）丁、戊类储存物品的可燃包装重量大于物品本身重量 1/4 的仓库，其火灾危险性应按丙类确定。

2.6.1.2 按照《爆炸和火灾危险环境电力装置设计规范》（GB 50058—92）分类

该标准规定火灾危险环境应根据火灾事故发生的可能性和后果以及危险程度及物质状态的不同按下列规定进行分区：

（1）21 区具有闪点高于环境温度的可燃液体，在数量和配置上能引起火灾危险的环境。

（2）22 区具有悬浮状堆积状的可燃粉尘或可燃纤维，虽不可能形成爆炸混合物，但在数量和配置上能引起火灾危险的环境。

（3）23 区具有固体状可燃物质，在数量和配置上能引起火灾危险的环境。

该标准规定对于生产加工处理转运或贮存过程中出现或可能出现下列火灾危险物质之一时应进行火灾危险环境的电力设计。

（4）闪点高于环境温度的可燃液体在物料操作温度高于可燃液体闪点的情况下有可能

泄漏但不能形成爆炸性气体混合物的可燃液体。

（5）不可能形成爆炸性粉尘混合物的悬浮状、堆积状可燃粉尘或可燃纤维以及其他固体状可燃物质。

### 2.6.2 爆炸危险环境

爆炸危险环境是指在大气条件下，气体、蒸气、薄雾或粉尘可燃物质与空气形成混合物，点燃后，燃烧将传至未燃烧混合物的环境。

爆炸危险环境的分类标准为《爆炸和火灾危险环境电力装置设计规范》（GB 50058—92），该标准将爆炸危险环境分为爆炸性气体危险环境和爆炸性粉尘危险环境。

2.6.2.1 爆炸性气体环境

爆炸性气体环境是指在大气条件下，气体、蒸气或雾状的可燃物质与空气形成混合物，点燃后，燃烧将传至未燃烧混合物的环境。爆炸性气体环境应根据爆炸性气体混合物出现的频繁程度和持续时间按下列规定进行分区：

（1）存在连续级释放源（即爆炸性气体环境连续存在或长时间存在）的区域可划分为0区；

（2）存在第一级释放源（即在正常运行时，可能出现爆炸性气体环境）的区域可划分为1区；

（3）存在第二级释放源（即在正常运行时，不可能出现爆炸性气体环境，如果出现也是偶尔发生并且只是短时间存在）的区域可划分为2区；

（4）非0区、1区、2区的可划分为非爆炸危险区域。

同时，爆炸危险区域的划分可根据通风条件调整区域划分：

（1）当通风良好时应降低爆炸危险区域等级，当通风不良时应提高爆炸危险区域等级。

（2）局部机械通风在降低爆炸性气体混合物浓度方面比自然通风和一般机械通风更为有效时，可采用局部机械通风降低爆炸危险区域等级。

（3）在障碍物凹坑和死角处应局部提高爆炸危险区域等级。

（4）利用堤或墙等障碍物限制比空气重的爆炸性气体混合物的扩散可缩小爆炸危险区域的范围。

爆炸性气体环境危险区域的划分也因所在场所的不同而有所不同，应按下列要求确定：

（1）爆炸危险区域的范围应根据释放源的级别和位置、易燃物质的性质、通风条件、障碍物及生产条件运行经验经技术经济比较综合确定。

（2）建筑物内部宜以厂房为单位划定爆炸危险区域的范围，但也应根据生产的具体情况，当厂房内空间大、释放源释放的易燃物质量少时可按厂房内部空间划定爆炸危险的区域范围并应符合下列规定：

1）当厂房内具有比空气重的易燃物质时，厂房内通风换气次数不应少于2次/h，且换气不受阻碍，厂房地面上高度1m以内容积的空气与释放至厂房内的易燃物质所形成的爆炸性气体混合浓度应小于爆炸下限。

2）当厂房内具有比空气轻的易燃物质时，厂房平屋顶平面以下1m高度内，或圆顶斜顶的最高点以下2m高度内的容积的空气与释放至厂房内的易燃物质所形成的爆炸性气体混合物的浓度应小于爆炸下限。

3）当易燃物质可能大量释放并扩散到15m以外时，爆炸危险区域的范围应划分附加2区。

4）在物料操作温度高于可燃液体闪点的情况下，可燃液体可能泄漏时，其爆炸危险区域的范围可适当缩小。

2.6.2.2 爆炸性粉尘环境

爆炸性粉尘环境是指在大气条件下，粉尘和纤维状的可燃物质与空气形成混合物，点燃后，燃烧将传至未燃烧混合物的环境。爆炸性粉尘环境根据爆炸性粉尘混合物出现的频繁程度和持续时间按下列规定进行分区：

（1）连续出现或长期出现爆炸性粉尘环境划分为10区。

（2）有时会将积留下的粉尘扬起而偶然出现爆炸性粉尘混合物的环境划分为11区。

（3）在异常条件下，可燃粉尘云偶尔存在而且是短时间存在的区域可划分为12区。

说明：在《危险场所电气安全防爆规范》（AQ 3009—2007）中将以上分区划分为20区、21区、22区。

### 2.6.3 有毒危险作业场所

2.6.3.1 分级标准

有毒危险作业场所是指劳动者进行有毒作业的场所。有毒危险作业场所的分级标准为《有毒作业场所危害程度分级》（AQ/T 4208—2010）。有毒作业场所危害程度分级采用作业场所毒物浓度超标倍数作为分级指标，用$B$表示，包括时间加权平均浓度超标倍数（$B_{TWA}$）、短时间接触浓度超标倍数（$B_{STEL}$）和最高浓度超标倍数（$B_{MC}$）。

2.6.3.2 超标倍数的计算

对只存在一种毒物的作业场所，作业场所中毒物的浓度超标倍数按式(2-1)进行计算。

$$B=\frac{M}{M_r}-1 \tag{2-1}$$

式中 $M$——作业场所实际测定的毒物浓度值，mg/m³；

$M_r$——作业场所毒物的职业接触限值，mg/m³。

对存在多种毒物的作业场所，当这些毒物共同作用于同一器官、系统，或具有相似的毒性作用（如刺激作用等），或已知这些毒物可产生相加作用时，作业场所中毒物的浓度超标倍数按式（2-2）进行计算；若非以上情况，分别计算每种毒物的浓度超标倍数值，并取其最大值作为该作业场所的毒物浓度超标倍数值。

$$B=\left(\frac{M_1}{M_{1r}}+\frac{M_2}{M_{2r}}+\cdots+\frac{M_N}{M_{Nr}}\right)-1 \tag{2-2}$$

式中 $M_1$，$M_2$，…，$M_N$——作业场所实际测定的各种毒物浓度值，mg/m³；

$M_{1r}$，$M_{2r}$，…，$M_{Nr}$——各种毒物相应的职业接触限值，mg/m³。

2.6.3.3 分级方法

本标准将有毒作业场所危害程度划分为三级：0级、Ⅰ级和Ⅱ级。其中，0级表示有毒作业场所危害程度达到标准的要求，Ⅰ级表示超过标准的要求，Ⅱ级表示严重超过标准的要求。

根据《工作场所有害因素职业接触限值 第1部分：化学有害因素》（GBZ 2.1—2007）对工作场所空气中化学物质容许浓度的要求，对照采用 $B_{TWA}$、$B_{STEL}$ 和 $B_{MC}$，分别按照表2－3分别进行分级，并取其中最高的级别作为该有毒作业场所危害程度级别。

**表2－3 有毒作业分级方法表**

| B的范围 | 级 别 | 备 注 |
|---|---|---|
| $B \leqslant 0$ | 0 | 达标 |
| $0 < B \leqslant 3$ | Ⅰ | 超标 |
| $B > 3$ | Ⅱ | 严重超标 |

### 2.6.4 粉尘危险作业场所

粉尘危险作业场所程度分级依据的技术标准为《粉尘作业场所危险程度分级》（GB/T 5817—2009）。以粉尘超标倍数作为粉尘作业场所危害程度的分级指标，分为0、Ⅰ、Ⅱ三个等级。当 $B \leqslant 0$ 时危害程度等级为0级（达标级）；当 $0 < B \leqslant 3$ 时危害程度等级为Ⅰ级（超标级）；当 $B > 3$ 时危害程度等级为Ⅱ级（严重超标级）。

粉尘超标倍数的计算公式为：

$$B = \frac{C_{TWA}}{C_{PC-TWA}} - 1 \qquad (2-3)$$

式中 $B$——超标倍数；

$C_{TWA}$——8h工作日接触粉尘的时间加权平均浓度，$mg/m^3$；

$C_{PC-TWA}$——作业场所空气中粉尘容许浓度，$mg/m^3$。

计算要求：

（1）对规定了呼吸性粉尘容许浓度的粉尘，使用粉尘的呼吸性粉尘时间加权平均浓度计算 $B$ 值。

（2）对只规定了总粉尘浓度的粉尘，使用粉尘的总粉尘时间加权平均浓度计算 $B$ 值。

（3）采用个体采样方法，采样仪器能够满足工作日连续一次性采样时，$C_{TWA}$ 按照下式计算：

$$C_{TWA} = \frac{m_2 - m_1}{F \times 480} \times 1000 \qquad (2-4)$$

式中 $m_1$——采样前的滤膜质量数值，mg；

$m_2$——采样后的滤膜质量数值，mg；

$F$——采样流量数值，L/min；

480——时间加权平均容许浓度以8h计，min。

采用定点采样方法，$C_{TWA}$ 按下式计算：

$$C_{TWA} = (C_1T_1 + C_2T_2 + \cdots + C_nT_n)/8 \qquad (2-5)$$

式中 $C_1$，$C_2$，…，$C_n$——$T_1$，$T_2$，…，$T_n$ 时间段接触的相应浓度；

$T_1$，$T_2$，…，$T_n$——$C_1$，$C_2$，…，$C_n$ 浓度下相应的持续时间；

8——一个工作日的工作时间，h（工作时间不足8h者，仍以8h计）。

### 2.6.5 高温危险作业场所

高温作业是指在生产劳动过程中，其工作地点平均 WBGT 指数等于或大于 20℃的作业。高温作业分级标准为《高温作业分级》(GB/T 4200—2008)。

WBGT 指数也称为湿球黑球温度，是综合评价人体接触作业环境热负荷的一个基本参数，单位为℃。WBGT 是由黑球、自然湿球、干球三个部分温度构成的，它综合考虑了空气温度、风速、空气湿度和辐射热四个因素。

按照工作地点 WBGT 指数和接触高温作业的时间将高温作业分为四级，级别越高表示热强度越大，见表 2-4。在高温作业场所，不同劳动强度允许持续接触热时间限值见表 2-5。

**表 2-4 高温作业分级**

| 接触高温作业时间/min | WBGT 指数/℃ | | | | | | | | | |
|---|---|---|---|---|---|---|---|---|---|---|
| | 25～26 | 27～28 | 29～30 | 31～32 | 33～34 | 35～36 | 37～38 | 39～40 | 41～42 | ≥43 |
| ≤120 | Ⅰ | Ⅰ | Ⅰ | Ⅰ | Ⅱ | Ⅱ | Ⅱ | Ⅲ | Ⅲ | Ⅲ |
| ≥121 | Ⅰ | Ⅰ | Ⅱ | Ⅱ | Ⅲ | Ⅲ | Ⅳ | Ⅳ | — | — |
| ≥241 | Ⅱ | Ⅱ | Ⅲ | Ⅲ | Ⅳ | Ⅳ | — | — | — | — |
| ≥361 | Ⅲ | Ⅲ | Ⅳ | Ⅳ | — | — | — | — | — | — |

**表 2-5 高温作业允许持续接触热时间限值**

| 工作地点温度/℃ | 时间限值/min | | |
|---|---|---|---|
| | 轻劳动 | 中等劳动 | 重劳动 |
| 30～32 | 80 | 70 | 60 |
| >32 | 70 | 60 | 50 |
| >34 | 60 | 50 | 40 |
| >36 | 50 | 40 | 30 |
| >38 | 40 | 30 | 20 |
| >40 | 30 | 20 | 15 |
| >42～44 | 20 | 10 | 10 |

注：轻劳动为Ⅰ级，中等劳动为Ⅱ级，重劳动为Ⅲ级和Ⅳ级。

### 2.6.6 高处及其他危险作业场所

凡在坠落高度基准面 2m（含）以上有可能坠落的高处进行的作业，称为高处作业。其中，以作业位置为中心，6m 为半径，划出一个垂直于水平面的柱形空间，此柱形空间内最低处与作业位置间的高差为基础高度。高处作业时可能坠落范围半径与基础高度的关系见表 2-6。

**表 2-6 可能坠落范围半径与基础高度的关系**

| 基础高度/m | 2～5 | 5～15 | 15～30 | >30 |
|---|---|---|---|---|
| 可能坠落范围半径/m | 3 | 4 | 5 | 6 |

高处作业的分级可依据《高处作业分级》（GB/T 3608—2008）进行，高处作业高度分为 2 ~ 5m、5 ~ 15m、5 ~ 30m、30m 以上四个区段，高处作业也分为Ⅰ、Ⅱ、Ⅲ、Ⅳ四级。

工业生产过程的危险作业还有缺氧危险作业（如进入有限空间内作业、煤气区域内作业等）、冷水作业、低温作业、高温液态金属运输作业等。

## 思 考 题

2-1　危险和有害因素的定义是什么？

2-2　如何进行危险和有害因素分析？

2-3　危险和有害因素的分类标准是什么？

2-4　火灾危险环境和爆炸危险环境的差别是什么？

2-5　什么是 WBGT 指数？

2-6　高处作业的定义是什么？

# 3 重大危险源辨识依据

**学习要求**

➢ 了解重大危险源的各种辨识依据；

➢ 掌握我国重大危险源的辨识标准。

## 3.1 国外主要重大危险源辨识标准介绍

重大危险源的辨识工作是工业发展的伴生物，各个国家由于各自的工业发展的阶段不同，进行重大危险源的系统研究的进展存在较大差异。重大危险源辨识的目的是通过对系统的分析，界定出系统的哪些区域或部分是危险源，判定其危险的性质、危险程度、危险状况、危险源能量、事故触发因素等。通常把可能发生群死群伤或重大财产损失的不可接受风险的所在确定为重大危险源。

### 3.1.1 英国 ACMH 重大危险源辨识标准

英国是最早系统地研究重大危险设施控制技术的国家。1974 年 6 月，英国发生严重的弗利克斯巴勒爆炸事故后，英国安全与卫生委员会设立了重大危险咨询委员会（ACMH）。1976 年，ACMH 首次提出了重大危险设施标准的建议书。1979 年，ACMH 又提出了修改标准，临界量从极毒物质 100g 到一般易燃液体 10000t 不等。

1976 年英国重大危险咨询委员会（ACMH）首次建议的重大危险源标准为：

（1）可能发生相当于 10t 氯气泄漏事故效应的有毒物质贮存或加工设施；

（2）可能发生相当于 15t 可燃气体或蒸汽火灾爆炸事故效应的可燃物质贮存或加工设施；

（3）贮存或加工 5t 以上性质不稳定、放热反应性高（如环氧乙烷、乙炔和无机过氧化物等）的设施；

（4）具有高压能量的设施，如有 10MPa（100bar）以上压力的气相反应工艺过程；

（5）贮存或加工闪点低于 22.8℃，总量超过 10000t 的易燃物质的设施；

（6）贮存或加工总量超过 135t 液氧的设施；

（7）贮存或加工总量超过 5000t 硝酸铵的设施；

（8）贮存或加工的物质若发生火灾事故，其效应相当于 10t 氯气危险性的设施。

1979 年，ACMH 提出了下述辨识重大危险源的修改标准：

第 1 类：毒物

光气（phosgene） 2t

| | |
|---|---|
| 氯气（chlorine） | 10t |
| 丙烯腈（acrylonitrile） | 20t |
| 氰化氢（hydrogen cyanide） | 20t |
| 二硫化碳（carbon disulfide） | 20t |
| 二氧化硫（sulfur dioxide） | 20t |
| 溴（bromine） | 40t |
| 氨（ammonia） | 100t |

第 2 类：极毒物质

| | |
|---|---|
| 1mg 以内能将人致死的极毒液体、气体及固体物质 | 100g |

第 3 类：高反应性物质

| | |
|---|---|
| 氢气 | 2t |
| 环氧乙烷 | 5t |
| 环氧丙烯（propylene oxide） | 5t |
| 无机过氧化物（organic peroxides） | 5t |
| 硝化火药（nitrocellulose compounds） | 50t |
| 硝酸铵（ammonium nitrate） | 500t |
| 氯酸钠（sodium chlorate） | 500t |
| 液氧（liquid oxygen） | 1000t |

第 4 类：其他物质和工艺过程

| | |
|---|---|
| 上述 1～3 类未包括的易燃气体 | 15t |
| 上述 1～3 类未包括的易燃液体 | 20t |
| 液化石油气（如民用煤气、丙烷、丁烷） | 30t |
| 0.1MPa 下沸点低于 0℃，未包括在上述 1～3 类的液化易燃气体 | 50t |
| 闪点低于 21℃，未包括在 1～3 类的易燃液体 | 10000t |
| 复合化肥 | 500t |
| 泡沫塑料 | 500t |
| 具有 5MPa 以上的压力且容积超过 $200m^3$ 高压能量设施 | |

ACMH 等机构在重大危险源辨识、评价方面极富成效的工作，促使欧共体在 1982 年 6 月颁布了《工业活动中重大事故危险法令》（EEC Directive 82/501），简称《塞韦索法令》，该法令列出了 180 种（类）物质及其临界量标准。1996 年 12 月，欧共体通过了 82/501/EEC 的修正件："Council Directive 96/82/EC"，其中修正件的第一部分列出了 29 种（类）物质及临界量，第二部分列出了 10 类物质及临界量，临界量从极毒物质甲基异氰酸盐 150kg 到极易燃液体 50000t。如果工厂内某一设施或相互关联的一群设施中聚集了超过临界量的上述物质，则将这一设施或一群设施定义为一个重大危险源。表 3－1 列出了欧共体用于重大危险源辨识的重点控制危险物质。

为实施《塞韦索法令》，英国、荷兰、德国、法国、意大利、比利时等欧共体成员国都颁布了有关重大危险源控制规程，要求对工厂的重大危险源进行辨识、评价，提出相应的事故预防和应急计划措施，并向主管当局提交详细描述重大危险源状况的安全报告。

根据《塞韦索法令》提出的重大危险源辨识标准，英国已确定了 1650 个重大危险源，其中 200 个为一级重大危险源。1985 年德国确定了 850 个重大危险源，其中：60% 为化工设施，20% 为炼油设施，15% 为大型易燃气体、易燃液体储存设施，5% 为其他设施。

**表 3-1　欧共体用于重大危险源辨识的重点控制危险物质**

| 序号 | 类　别 | 物质名称 | 临界量 | 物质名称 | 临界量 |
|---|---|---|---|---|---|
| 1 | 一般性易燃物质 | 易燃气体 | 200t | 极易燃液体 | 50000t |
| 2 | 特殊易燃物质 | 氢气 | 50t | 环氧乙烷 | 50t |
| 3 | 特殊爆炸性物质 | 硝铵 | 2500t | 硝化甘油 | 10t |
|  |  | 梯恩梯 | 10t | 氨气 | 500t |
| 4 | 特殊毒性物质 | 丙烯腈 | 200t | 二氧化硫 | 250t |
|  |  | 硫化氢 | 50t | 氰化物 | 20t |
|  |  | 二氧化碳 | 200t | 氟化氢 | 50t |
|  |  | 氯化氢 | 250t | 三氧化硫 | 75t |
| 5 | 极毒物质 | 甲基异氰酸盐 | 150kg | 光气 | 750kg |

### 3.1.2　国外其他重大危险源辨识标准

国际经济合作与发展组织在 OECD Council Act（88）84 中也列出了表 3-2 所示的 20 种重点控制的危险物质。

**表 3-2　OECD 用于重大危险源辨识的重点控制危险物质**

| 序号 | 类别 | 物质名称 | 临界量 | 物质名称 | 临界量 |
|---|---|---|---|---|---|
| 1 | 易燃、易爆或易氧化物质 | 易燃气体 | 200t | 极易燃液体 | 50000t |
|  |  | 环氧乙烷 | 50t | 氯酸钠 | 250t |
|  |  | 硝酸铵 | 2500t |  |  |
| 2 | 毒 物 | 氨气 | 500t | 氯气 | 25t |
|  |  | 氰化物 | 20t | 氟化物 | 50t |
|  |  | 甲基异氰酸盐 | 150kg | 二氧化硫 | 250t |
|  |  | 丙烯腈 | 200t | 光气 | 750kg |
|  |  | 甲基溴化物 | 200t | 四乙铅 | 50t |
|  |  | 乙拌磷 | 100kg | 硝苯硫磷酯 | 100kg |
|  |  | 杀鼠灵 | 100kg | 涕天威 | 100kg |

1988 年，国际劳工组织编写了《重大事故控制实用手册》，1991 年，又出版了《重大工业事故的预防》，均对重大危险源的辨识方法及控制措施提出了建议；1993 年通过了《预防重大工业事故公约》。临界量从极毒物质甲基异氰酸盐 150kg 到极易燃液体 50000t。

1992 年美国劳工部职业安全卫生管理局（OSHA）颁布了《高度危险化学品处理过程的安全管理》（PSM）标准，该标准定义的处理过程是指涉及一种或一种以上高危险化学物品的使用、贮存、制造、处理、搬运等任何一种活动，或这些活动的结合。该标准提出了 138 种化学物质及其临界量，临界量最小为 100lb，最大值为 15000lb（1lb = 0.45359237kg）。美国劳工部职业安全卫生管理局（OSHA）估计符合标准要求的重大危险源达 10 万个左右，要求企业必须完成对上述规定危险源的分析和评价工作。随后，美国环境保护署（EPA）颁布了《预防化学泄漏事故的风险管理程序》（RMP）标准，对重大危险源的辨识提出了规定，临界量标准最小值500lb，最大值为20000lb。

1996年9月，澳大利亚国家职业安全卫生委员会颁布了重大危险源控制国家标准。澳大利亚各州将使用该标准作为控制重大工业危险源的立法依据。该标准定义重大危险源为制造、加工、贮存或处理超过临界量的特定物质的设备或设施。特定物质是指被确认可能引发重大事故的物质。重大危险设备或设施包括危险物质制造厂、加工厂、永久性或暂时性贮库、排列放置场、仓库、运输管路、浮坞结构、码头等。

## 3.2 国内重大危险源辨识依据概况

《中华人民共和国安全生产法》规定了重大危险源是指长期或临时的生产、加工、搬运、使用或储存危险物质，且危险物质的数量等于或超过临界量的单元。单元是指一个（套）生产装置、设施或场所，或同属于一个工厂的且边缘距离小于500m的若干个（套）生产装置、设施或场所。结合这一定义，安全领域对重大危险源的辨识依据有不同的解释和定义。目前较为统一的是根据危险物质和临界量来定义的危险化学品重大危险源。其他行业或领域的重大危险源的解释和定义现在还不尽统一。以下介绍几种常用的重大危险源辨识依据。

### 3.2.1 《危险化学品重大危险源辨识》（GB 18218—2009）介绍

综观各国有关标准，虽然不是所有的国家，但绝大多数国家均是采用限定某种物质及其数量的方法，但是危险物质的临界量有较大区别。这不仅取决于生产水平，还与各个标准的立足点有关。国际劳工组织认为：各国应根据具体的工业生产情况制定适合国情的重大危险源辨识标准。标准的定义应能反映出当地急需解决的问题以及一个国家的工业模式；可能需有一个特指的或是一般类别或是两者兼有的危害物质一览表，并列出每种物质的限额或是允许的数量，设施现场的有害物质超过这个数量，就可以定为重大危害设施。任何标准一览表都必须是明确的和毫不含糊的，以便使雇主能迅速地鉴别出他控制下的哪些设施是在这个标准定义的范围内。要把所有可能会造成伤亡的工业过程都定为重大危害是不现实的，因为由此得出的一览表会太广泛，现有的资源无法满足其要求。标准的定义需要根据经验和对有害物质不断加深了解并进行修改。

由于我国的生产技术和规模以及管理水平与国外尚有差距，因此，在临界量的确定上目前比国外的相关标准要小。我国这方面的工作于20世纪90年代开始起步，对重大危险源涉及物质和物质临界量进行了不断的修改，国家安全科学技术研究中心于2000年提出了《重大危险源辨识》（GB 18218—2000），2009年更新为《危险化学品重大危险源辨识》（GB 18218—2009）。此标准的出台也是与我国目前生产力水平发展相适应的。

根据全国化工系统1949～1982年的13440个事故案例的统计分析，引起火灾、爆炸和毒物泄漏事故次数超过10次的危险物质是一氧化碳389次、乙炔118次、乙醇23次、二氧化硫17次、三氯化磷10次、甲烷11次、甲醇18次、汽油117次、沥青油11次、苯54次、苯酚13次、氢气46次、氮氢混合气14次、氨（含氨水、氨气、液氨）182次、氯气（含液氯）34次、氯乙烯19次、黄磷53次、硫化氢64次、硫化钠21次。

1997年原劳动部牵头组织实施了全国六大城市即北京、上海、天津、青岛、深圳和成都进行了重大危险源的普查试点，普查结果是：储罐区（储罐）危险源的主要危险物资依次是汽油、柴油、液化石油气、重油、润滑油、硫酸、原油、煤油、甲苯和甲醇等；库区（房）危险源的主要危险物资依次是汽油、液化石油气、甲苯、乙醇、丙酮、油漆、润滑油和二甲苯等；生产场所危险源的主要物质依次是：汽油、液化石油气、柴油、硫酸、甲苯、盐酸、乙醇、天那水、二甲苯和液氨等；压力管道的主要危险物质依次是：液化石油气、氯（氯气、液氯）、丙烯、氨（氨气、液氨、氨水）、氢气、天然气等。

《危险化学品重大危险源辨识》（GB 18218—2009）是在 GB 18218—2000 的基础上修订而成的。该标准的名称由《重大危险源辨识》修改为《危险化学品重大危险源辨识》，同时把“术语和定义”章节中的“重大危险源”修改成“危险化学品重大危险源”，并定义为“长期地或临时地生产、加工、使用或储存危险化学品，且危险化学品的数量等于或超过临界量的单元”。本次修改更加明确了该标准的使用范围，从中也可以看出国家安全生产监督管理部门已经从法规的层面上将危险化学品与工程建设这两个领域中“重大危险源”的概念进行了区分。该标准除了更新危险物质的种类和临界量外，还规定了爆炸品、气体、易燃液体、易燃固体、易于自燃的物质、遇水放出易燃气体的物质、氧化性物质、有机过氧化物、毒性物质 9 类的临界量。

### 3.2.2 安监管协调［2004］56 号文介绍

使用 GB 18218—2009 进行重大危险源辨识时强调的是危险物质及其存在量，但是许多工业企业生产过程中虽然危险物质较少但是其固有危险较大，如大型锅炉、大型尾矿库、高瓦斯矿井、压力容器群、长输压力管道等。为弥补此种情况的重大危险源辨识空白，通常使用《关于开展重大危险源监督管理工作的指导意见》（安监管协调［2004］56 号）（简称 56 号文，下同）进行重大危险源辨识。

56 号文的具体内容见附件，56 号文中重大危险源分类遵循以下原则：从可操作性出发，以重大危险源所处的场所或设备、设施对重大危险源进行分类；再按相似相容性原则，依据各大类重大危险源各自的特性有层次地展开。按上述原则重大危险源分为 9 大类（但是 56 号文中所涉及的重大危险源配套管理安全规定尚需进一步的完善）：储罐区（储罐）；库区（库）；生产场所；压力管道；锅炉；压力容器；煤矿（井工开采）；金属、非金属地下矿山；尾矿库。

### 3.2.3 其他重大危险源辨识标准介绍

部分省份为避免工业生产过程恶性事故和重大社会影响事故的发生，也将其他一些事故隐患定为重大危险源。这些较大涉险事故一般具有以下特征（以下所称的“以上”包括本数）：

（1）涉险 10 人以上的事故；

（2）造成 3 人以上被困或者下落不明的事故；

（3）紧急疏散人员 500 人以上或者住院观察 10 人以上的事故；

（4）因生产安全事故对环境造成严重污染（人员密集场所、生活水源、农田、河流、水库、湖泊等）的事故；

（5）危及重要场所和设施安全（电站、重要水利设施、危化品库、油气站和车站、码头、港口、机场及其他人员密集场所等）的事故；

（6）其他较大涉险事故（如放射源、尾矿库、危险性较大的建筑施工、井下采掘等）。

## 3.3 各种重大危险源辨识依据的特征分析

### 3.3.1 各种重大危险源危险物质临界量分析

重大危险源危险物质临界量的确定标准，与一个国家的工业发展水平、安全技术水平、安全管理水平息息相关，即应与一个国家的生产力水平发展相适应。表3－3列举了主要国家（地区或国际组织）的危险物质临界量，由此表中临界量的对比可以看出，我国危险物质构成重大危险源的临界量大多数小于国外相关法令部分危险物质临界量，也从另外一个角度说明我国的生产力发展和安全技术水平与西方发达国家仍存在一定差距。

**表3－3 GB 18218与国外相关法令部分危险物质临界量对照表**

| 物质名称 | 临界量/t | | |
|---|---|---|---|
| | 国际劳工组织 | 塞韦索法令 | GB 18218—2009 |
| 易燃液体 | | 50000 | 5000 |
| 氢 | 50 | 50 | 5 |
| 环氧乙烷 | 50 | 50 | 10 |
| 光气 | 0.15 | 0.15 | 0.3 |
| 硝酸铵 | 2500 | 2500 | 300 |
| 氨 | 500 | 500 | 10 |
| 硫化氢 | 20 | 20 | 5 |
| 氯化氢 | 250 | 250 | 20 |
| 氟化氢 | 50 | 50 | 1 |
| 丙烯腈 | 200 | 200 | 50 |
| 甲基异氰酸酯 | 0.15 | 0.15 | 0.75 |

### 3.3.2 国内重大危险源辨识标准特征分析

国内重大危险源辨识标准较为成熟的为危险化学品重大危险源的辨识标准，该类重大危险源的辨识、分级、个体风险和社会风险分析已形成一个相对完整的体系。国内其他领域的重大危险源辨识、分级、管理带有较为明显的行业色彩，这些与我国的管理体制有关。

在建筑行业，部分地区根据《危险性较大的分部分项工程安全管理办法》的通知（建质［2009］87号），将建筑行业的重大危险源定义如下：

（1）施工现场开挖深度超过5m（含5m，下同）或者地下室3层以上（含3层），或深度虽未超过5m，但地质条件和周围环境及地下管线极其复杂的基坑、沟（槽）工程；

（2）地下暗挖工程；

（3）水平混凝土构件模板支撑系统高度超过8m，或跨度超过18m，施工总荷载大于

$10kN/m^2$ 的高大模板工程以及各种工具式模板工程，包括滑模、爬模、大模板等；

（4）30m 及以上高处作业；

（5）城市房屋拆迁爆破和其他土石大爆破；

（6）建筑起重机械设备安装装卸；

（7）起重吊装工程；

（8）悬挑式脚手架、高度超过 24m 的落地式钢架脚手架、附着式升降脚手架、吊篮脚手架；

（9）其他专业性强、工艺复杂、危险性大、交叉等易发生重大事故的施工部位及作业活动。

此外，部分省市要求将放射源列为重大危险源。也有部分行业将重点监管的场所定位为“高风险工点”（铁路）、“高风险矿井”（煤矿、非煤矿山）等，其实质与确定为重大危险源性质相同。

## 思考题

3－1　论述重大危险源辨识与安全管理的关系。

3－2　什么是危险化学品重大危险源，现行辨识标准是什么？

3－3　若要求你对一个百货商场进行重大危险源辨识，应该如何进行？

# 4 重大危险源辨识与评价

**学习要求**

- 掌握重大危险源辨识单元划分方法；
- 掌握重大危险源定性评价和定量评价方法；
- 了解重大危险源个人风险和社会风险分析方法。

## 4.1 概　　述

我国是发展中国家，目前经济正处在快速发展时期，由于生产力水平较低，安全生产投入严重不足，安全生产监督管理体制不能适应经济发展的需要，生产安全事故总量也在逐年上升。近年特大事故虽然有所下降，但事故总量仍居高不下，安全生产形势依然相当严峻。虽然我国近年来安全生产工作取得了长足的进步，但是由于基础工作薄弱，许多企业安全设施投入还是存在明显不足，重、特大事故频繁发生于企业长期落后和企业快速发展地区。

国际劳工组织对各国职业伤害事故所造成的经济损失进行评估后认为，全世界职业伤害事故所造成的经济损失约占全球国民经济总产值的4%左右。国家安全生产监督管理总局组织专题对我国安全生产与经济发展的关系进行了研究论证，我国企业的事故经济损失约占国内生产总值的2.5%左右，如果按我国2002年的经济规模进行测算，我国生产安全事故造成的直接经济损失超过2500亿元，我国2002年工矿企业生产率约为2.4万元，相当于我国1000万个工矿企业职工一年的辛勤劳动化为乌有。

特别重大事故由于伤亡人数多、经济损失重大，在国内外造成重大社会影响。如：1993年，深圳市安贸危险品仓库发生化学品爆炸事故，造成15人死亡，200多人受伤，直接经济损失2.5亿元；1997年，北京东方化工厂发生特大火灾爆炸事故，造成9人死亡，37人受伤，直接经济损失2亿元；1999年，山东航运集团一烟大汽轮股份有限公司发生沉船事故，造成282人死亡，直接经济损失9000多万元；2000年，河南省洛阳东都商厦发生特大火灾事故，造成309人死亡，直接财产损失275万元；2001年，广西南丹县龙泉矿冶总厂所属拉甲坡矿发生透水事故，造成81人死亡，直接经济损失8000多万元；2002年，黑龙江鸡西矿务局城子河煤矿发生瓦斯爆炸事故，造成124人死亡，直接经济损失984万元；2003年12月23日，中国石油天然气总公司四川管理局重庆钻探公司西北气矿发生特大井喷事故，造成243人死亡，上万人住院就诊，经济损失巨大。

为避免重大事故的发生，重大危险源的辨识与评价工作就显得尤为重要。第3章已对目前我国重大危险源的辨识依据进行了介绍，可以看出重大危险源的辨识与评价在各工业生产领域存在一定的差异。目前，危险化学品重大危险源的辨识与评价方面的相关技术标准相对较为完善，本章以危险化学品重大危险源（以下简称重大危险源）为例介绍重大危险源的辨识与评价。

## 4.2 重大危险源的评价程序

重大危险源的评价（或评估）与企业生产系统（或装置）的安全评价程序基本相同，主要包括前期准备、现场查勘、辨识单元划分、重大危险源辨识、重大危险源分级、危害后果分析、提出安全对策建议、整改复查、报告编制等工作步骤。与企业生产系统（或装置）的安全评价不同的是，重大危险源的评价重点关注的是企业能够独立构成重大危险源的场所（或装置）的安全状况。生产经营单位的重大危险源评价可单独进行，也可与企业相关的生产装置一同进行。

### 4.2.1 资料准备

4.2.1.1 安全评价的基础资料信息

安全评价的基础资料信息是指与项目安全性和安全评价相关的信息，是被评价对象的信息，依据这些信息才能进行安全评价，用这些信息与法律、法规信息对比，是安全评价的核心工作。

对被评价项目主体生产经营单位来说，生产经营活动的系统中存在着人流、物质流、能量流和管理流，并通过信息流反映出来。

采集安全评价涉及的人、机、物、法、环基础技术资料，可参照下列清单进行收集。

附：重大危险源安全评价所需主要资料清单

（1）营业执照，各种许可证复印件和近期安全评价报告。

（2）单位概况。

1）基本情况；

2）生产工艺；

3）装置、储存设施等基本情况；

4）重大危险源的区域位置图；

5）重大危险源事故档案。

（3）外部环境条件。

1）所在地的自然条件资料；

2）周边道路交通和交通管制示意图；

3）周边的重要场所、基础设施和单位分布情况；

4）周边24h人口居住和活动分布情况。

（4）从业人员情况。

1）主要负责人资格证书及培训考核情况；

2）安全管理人员资格证书及培训考核情况；

3）特种作业人员资格证书及培训考核情况；

4）其他从业人员培训考核情况。

(5) 安全生产管理。

1) 企业安全管理机构设置及职责文件;

2) 重大危险源有关岗位设置及责任制文件;

3) 重大危险源安全生产管理制度;

4) 重大危险源有关岗位操作规程;

5) 重大危险源管理档案记录;

6) 重大危险源事故应急救援预案:①应急救援组织或应急救援人员的设置或配备的文件,②应急救援物资和设施,③周围医疗、消防等可支援力量,④事故应急预案,⑤事故应急预案演练记录;

7) 事故管理情况:①3年内发生的重大危险源事故调查处理情况报告,②对发生事故接受教训和整改情况。

(6) 与重大危险源相关的主要设备、设施资料。

(7) 涉及重大危险源的工艺过程。

(8) 危险物料。

1) 生产、经营、储存、运输、使用危险物料或处置废弃危险物品明细;

2) 生产、经营、储存、运输、使用危险物料或处置废弃危险物品的分布情况;

3) 生产、经营、储存、运输、使用危险物料或处置废弃危险物品的安全标签和安全技术说明书。

(9) 涉及重大危险源的建(构)筑物资料。

(10) 涉及重大危险源的安全防护设施管理。

(11) 重大危险源管理资料。

1) 已进行的重大危险源申报登记资料和注册文件;

2) 已进行的重大危险源检测、评价报告;

3) 重大危险源的监控措施。

在进入企业之前,需要通过企业提供的资料多方位地了解企业生产的相关信息,了解同类企业的信息也会有较多的帮助。应做到有的放矢地进行评价工作。

4.2.1.2 相关法律、法规、规章、技术标准准备

法律、法规、规章、技术标准信息是安全评价的依据,对于评价中辨识出来的危险和有害因素,要将其控制措施与相关要求进行对照。不符合相关要求的,可以认定危险和有害因素不能被有效控制。对于查找出的“事故隐患”应及时按相关的要求完善控制措施。进行相关准备工作时应注意以下几个方面:

(1) 法律、法规、规章、技术标准信息是动态变化的,由于时代的变迁、社会的进步、经济实力的增强、技术水平的提高,法律、法规、规章、技术标准将不断修订。安全评价应随之变化要求不断更新。为此,安全评价时必须关注法律、法规信息,力求用最新的法律、法规指导评价。

(2) 采集特殊适用于评价项目的法律信息时应考虑适用性。可根据评价项目进行判断,矿山项目适用《矿山资源法》,煤炭项目适用《煤炭法》,电力项目适用《电力法》,建筑项目适用《建筑法》和《建设工程安全生产管理条例》,港口项目适用《港口法》,铁路项目适用《铁路法》,公路项目适用《公路法》,民用航空项目适用《民用航空法》,

道路交通项目适用《道路交通安全法》，水上交通项目适用《海上交通安全法》和《内河交通安全管理条例》、《水路运输管理条例》等。采集规章、技术标准信息时也应如此。

4.2.1.3 人员、装备准备

安全评价工作由具有与评价项目相关行业背景知识和安全评价资质的人员进行，参加人员应对企业基本信息有所了解并具有某方面的技术专长。

进入现场的装备应根据企业的生产类型和特点而定，常用装备有便携式气体检测报警仪、测距仪、相机、噪声仪、照度仪等。

### 4.2.2 现场查勘

4.2.2.1 现场查勘方法

现场调查分析是安全评价必须进行的工作，是对评价对象进行了解的必要手段。通过调查掌握评价对象的基本工况，例如，总平面布置、工艺过程、设备设施等，通过分析和识别找出评价项目的危险和有害因素。调查分析是进行现场勘察、安全检查、检测检验的基础，同时也为安全评价提供素材和依据。

调查分析的关键是在评价范围内尽可能不遗漏重点问题和重点部位，要覆盖评价项目中生产、辅助、存储、运输、试验、销毁、生活等区域。

常用的调查分析方法是现场询问观察法，一般可采用按部门调查、按过程调查、顺向追踪、逆向追溯等。这些方式各有利弊，在工作中可以根据实际情况灵活应用。

（1）按部门调查。按部门调查也称按“块”调查，是以企业部门（车间）为中心进行调查的方式。一个部门往往涉及并承担多个过程的职能，因此，调查时应以主要职能为主线进行调查。这种方法的优点是调查效率高，缺点是调查内容较分散。

（2）按过程调查。按过程调查也称按“条”调查，是以过程为中心进行调查的方式。一个过程往往涉及多个部门，因此，调查时应以主要职能部门为主线进行调查。这种方法的优点是目标集中，易体现安全管理的符合性，缺点是效率较低。

（3）顺向追踪。顺向追踪也称“归纳”式调查，是顺序调查的方式，从安全管理理念、安全管理制度等文件查到安全管理措施、危险和有害因素的实际控制。从每层安全措施或设施对危险和有害因素控制失效的可能性，判断事故发生的途径及事故发生的概率，属于“事件树”的逻辑判断方法。这种方法的优点是可系统地了解安全管理的整个内容，可观察到各接口协调的情况，缺点是耗时较长。

（4）逆向追溯。逆向追溯也称“演绎”式调查，是逆向调查的方式，先假设事故发生，调查危险和有害因素的实际控制、安全管理措施等，查到安全管理制度、安全管理理念等文件。从事故形成条件的可能性推出发生事故的原因及概率，属于“事故树”的逻辑判断方法。这种方法的优点是从结果查起，针对性强，易发现问题，但在问题复杂的情况下，需要专业人士进行分析判断。

4.2.2.2 现场查勘工作程序

（1）前置条件检查。前置条件指在签订评价合同前，评价人员到项目所在地考察评价项目所属行业、项目状况，听取客户对安全评价的要求。应注意可提供的信息资料是否齐全，项目是否存在恶意违规现象。

（2）工况调查。主要了解建设项目的基本情况、项目规模、建立联系和记录企业自述等。

1）基本情况包括企业全称、注册地址、项目地址、建设项目名称、设计单位、施工及安装单位、项目性质、项目总投资额、产品方案、主要供需方、技术保密要求等。

2）项目规模包括自然条件、项目占地面积、建（构）筑面积、生产规模、单体布局、生产组织结构、工艺流程、主要原（材）料耗量、产品规模、物料的储运等。

3）建立联系包括向企业出示安全评价机构资质证书、告知安全评价原则和流程、接受安全评价工作程序、送达并解释资料清单的内容、说明需要企业配合的工作、确定通信方式等。

4）企业自述指在评价过程中应注意了解企业对安全设施的看法和认知程度，对项目中与原设计不一致的单体应充分知晓相应的原因，并重视可能诱发的新的危险和有害因素。

#### 4.2.2.3 现场查勘的目的

现场查勘的目的是核实危险和有害因素，发现新的危险和有害因素，勘察周边环境的适合性和安全设施的状况。

（1）核实危险和有害因素及分布。从设计文件、原辅料、产品、平面布置、工艺流程等相关资料中获得危险和有害因素的间接信息，需要评价人员到评价项目现场进行核实。核实的内容主要是危险和有害因素存在的位置、场合或状态，存在的数量、浓度、强度和形式，必要时提出进行检测检验的要求。

（2）发现新的危险和有害因素及分布。对照规范标准，在评价项目现场查找是否有间接信息中没有提到的危险和有害因素。

（3）查看周边环境，尤其是可能构成重大危险源所在位置的周边环境，了解周边生产经营单位的基本情况，了解常住人口的分布情况等。

（4）勘察安全设施状态。

1）首先检查是否存在安全设施。

2）继续检查安全设施的选择是否正确，安全设施与生产系统是否匹配，是否采用了“本质安全的直接设施”或“安全附件间接设施”，是否从预防、控制、减灾上考虑选择安全设施。

3）最后检查安全设施是否处于完好和可用状态。考察安全设施的可靠性和有效性是否能达到保障系统（单元）安全的效果，必要时可以要求提供产品合格证明、定期检定证书、检测检验报告等。

4）通过档案、记录及与现场人员的询问，勘察企业安全管理状况及其落实运行情况。

#### 4.2.2.4 现场查勘的主要内容

##### A 安全距离

（1）外部安全距离。安全距离主要指“安全防护距离”。一般认为“安全距离”是防火间距、卫生防护距离、机械防护安全距离、电气安全距离等“安全防护距离”的总称。重大危险源的外部安全距离主要是指防火间距，存在毒性气体、粉尘等的生产装置应包括卫生防护距离。

根据《危险化学品安全管理条例》的规定，危险化学品的生产装置和储存数量构成重大危险源的储存设施，与下列场所、区域的距离必须符合国家标准或者国家有关规定：

1）居住区以及商业中心、公园等人员密集场所；

2）学校、医院、影剧院、体育场（馆）等公共设施；

3）饮用水源、水厂以及水源保护区；

4）车站、码头（依法经许可从事危险化学品装卸作业的除外）、机场以及通信干线、通信枢纽、铁路线路、道路交通干线、水路交通干线、地铁风亭以及地铁站出入口；

5）基本农田保护区、基本草原、畜禽遗传资源保护区、畜禽规模化养殖场（养殖小区）、渔业水域以及种子、种畜禽、水产苗种生产基地；

6）河流、湖泊、风景名胜区、自然保护区；

7）军事禁区、军事管理区；

8）法律、行政法规规定的其他场所、设施、区域。

目前我国对重大危险源所在地与以上8类地区的距离还没有一个明确和统一的规定。通常在防火间距方面应按照《建筑设计防火规范》（GB 50016—2006）、《石油化工企业设计防火规范》（GB 50160—2008）、《工业企业总平面设计规范》（GB 50187—93）、《化工企业总图运输设计规范》（GB 50489—2009）中的相关规定执行。可以进行危害后果定量计算的，安全间距也应参考定量计算的结果。目前我国卫生防护距离归属于环境保护部门进行管理，在卫生防护距离的要求上，应执行国家各类企业卫生防护距离要求的相关标准或采用建设项目已获得政府行政主管部门批复的《环境影响报告》中的卫生防护距离结果。

同时需要注意的是，储存数量构成重大危险源的危险化学品储存设施的选址，应当避开地震活动断层和容易发生洪灾、地质灾害的区域。

（2）内部防火间距。重大危险源内部防火间距方面应按照《建筑设计防火规范》（GB 50016—2006）、《石油化工企业设计防火规范》（GB 50160—2008）和其他专业标准中的相关规定执行，此处所称的内部防火间距包括重大危险源所在场所内部的防火间距和该场所与周边场所（或生产装置）的防火间距两个部分。

B 生产工艺与设备先进性

重大危险源所在场所的工艺与设备先进性判断的依据主要为《产业结构调整指导目录》（国家发展与改革委员会，2011年本）。该文件中将各工业生产领域中工艺与设备分为鼓励类、限制类、淘汰类三种。鼓励类的为国家产业政策鼓励采用的，限制类为已有可以予以保留、但不再允许新项目采用的，淘汰类为应禁止使用的。重大危险源所在场所的工艺与设备也应符合以上规定。

C 生产设备检测检验

检测检验就是定量的现场检查，包括压力容器等特种设备检测检验、避雷设施检测检验、静电测试、安全附件（安全阀、压力表等）检测机校准、防爆电器安装检测、安全联锁装置测试、毒物浓度测定、粉尘浓度测定、噪声测定、风速风量测量、电磁场测量、可燃气体报警和有毒气体报警变松器检定、电离和非电离辐射测定、设备探伤及晶相分析、设备腐蚀速率检测等。

（1）现场检测。评价人员现场勘察时对所需数据直接检测检验。因为从评价的角度出发，所以获得的数据更加有针对性。现场勘察一般使用便携式工具或仪器。现场勘察经常要用拍照来记录现象，用摄像来记录过程，若在防爆区域内使用电子器材可能成为点火源，应使用防爆型装备。

（2）委托有法定资质的单位进行检测检验。由于评价报告需要采用社会公认的检测数据，所以对国家已有要求的法定检测，要以法定资质检测检验单位的数据为准。以下内容需要法定检测检验：

1）特种设备检测检验；

2）职业卫生检测；

3）避雷设施安装检测；

4）防爆电器安装检测；

5）消防检查和检测；

6）现场检测报警变送器检定；

7）安全附件检测和校准。

被评价单位按国家相关要求已委托有法定资质的单位出具检测检验报告，评价机构应先对这些报告在评价中的“适用性”进行确定（例如，是否在数据有效期内、检测目的是否与评价要求一致、数据的权威性等），必要时评价机构应亲自或委托有法定资质的单位到评价项目现场验证，然后根据评价需要采纳或部分采纳报告的数据，注明出处，并对采用的“适用性”负责。

D 安全设施运行检查

安全设施设备是指屏蔽危险和有害因素发生事故的预防、控制、救灾设施。安全设施是针对危险和有害因素的，可分为本质安全的直接设施、安全附件的间接设施、预先警告的提示设施、自己的个体防护设施4种。考察安全设施设备应从可靠性的角度检查安全设施设备的运行情况，记录设施设备的完好状况和故障率。

《危险化学品安全管理条例》第二十条规定：“生产、储存危险化学品的单位，应当根据其生产、储存的危险化学品的种类和危险特性，在作业场所设置相应的监测、监控、通风、防晒、调温、防火、灭火、防爆、泄压、防毒、中和、防潮、防雷、防静电、防腐、防泄漏以及防护围堤或者隔离操作等安全设施、设备，并按照国家标准、行业标准或者国家有关规定对安全设施、设备进行经常性维护、保养，保证安全设施、设备的正常使用。生产、储存危险化学品的单位，应当在其作业场所和安全设施、设备上设置明显的安全警示标志。”

安全设施设备检查主要包括：

（1）防火设施检查。检查内容有火灾危险性分类、耐火等级、层数、建筑面积、防火间距、安全疏散、消防给水、灭火器配置等。

（2）防爆设施检查。除炸药爆炸外，生产企业的爆炸主要指物理增压爆炸和化学反应爆炸。化学反应引起爆炸，经常是发生在化学反应釜、反应塔等装置里；而爆炸性环境指装置和管道里易燃物质泄漏到大气中与空气混合，形成爆炸性混合物的爆炸，是环境空间的爆炸。

物理增压爆炸和化学反应爆炸两者采取的防爆的方法截然不同，前者用严格控制工艺参数（温度、压力、流量等）手段和装置增加安全阀、爆破膜等安全附件；后者主要的安全措施为用防爆电气设备控制可能产生点火源的电气火花、静电荷累积、雷电火花等。

（3）安全监控系统检查。安全监控系统检查应检查控制的完整性、有效性和合理性，检查参数控制方式选择的合理性以及与工艺过程的匹配性；检查监控设备的完整性和可靠性，监控设备的维护记录，保证监控设备运行的辅助设施；对监控系统操作人员的安全管理检查，包括监控系统操作人员的培训和考核记录、操作规程的制定、设备和人员的管理制度检查、开停机操作规程和日常生产记录以及监控系统应急救援预案。在检查危险化学品重大危险源时，应符合《危险化学品重大危险源安全监控通用技术规范》（AQ 3035—2010）、《危险化学品重大危险源 罐区 现场安全监控装备设置规范》（AQ 3036—2010）中规定的具体技术要求。

若危险化学品重大危险源属于国家首批重点监管的危险化工工艺或国家首批重点监管的危险化学品，其所在场所还应满足相关规章的安全规定。

E 安全管理

（1）安全管理组织和制度检查。应检查评价项目主要负责人是否取得安全培训合格证；是否建立安全管理网络；是否建有安全管理组织（安全科、安环处、安保部等）；是否配备专职安全管理干部（以持证为准），是否有明确的安全管理职责和任务；是否制定了从厂长（或总经理）至基层员工的安全生产责任制；企业是否承诺认真贯彻《中华人民共和国安全生产法》，并实现全员、全面、全过程的安全管理，各岗位是否已建立安全操作规程和相关安全管理制度。

（2）安全生产日常管理检查。

1）检查安全生产日常管理是否采用过程控制管理。

2）检查生产过程中所用的易发生火灾爆炸危险或有毒的原材料是否有生产单位提供的《安全技术说明书》（MSDS）；是否向职工提供所使用的化学原料和辅料的化学物质安全周知卡。

3）检查生产场所是否按照《安全色》（GB 2893—2008）、《安全标志及其使用导则》（GB 2894—2008）和《化学品分类和危险性公示 通则》（GB 13690—2009）设置安全标志。

4）检查涉及危险化学品的区域是否明显划出区域并设立周知牌，是否向进入区域人员告知生产过程中的各种燃烧爆炸及有毒危险物料的危险性（爆炸性、燃烧性、毒性等）；是否为事故应急救援配置了空气呼吸器等防护用品。

（3）安全设施维护。检查对安全专用设备及器材（例如消防器材、气体报警仪、个人防护用品以及安全用具等）是否进行经常性维护、保养，并定期检测；维护、保养、检测是否有记录和责任人签字。

（4）安全培训。检查是否对职工开展安全培训并有培训记录，是否对新员工进行入厂三级教育、日常教育，特种作业人员是否培训合格并持证。

（5）监督与检查。监督与检查是安全管理措施的动态表现。应检查该企业是否进行综合检查、专业检查、季节性检查、节假日检查和日常检查。

（6）事故应急预案与演练。生产经营单位应依据《生产经营单位安全生产事故应急预案编制导则》（AQ/T 9002—2006）的要求编制事故应急预案，生产经营单位事故应急预案应包括综合预案、专项预案、现场预案等，应形成综合的应急救援体系。

应急预案生产经营单位应定时进行事故应急预案的演练和更新，应急预案演练的组织者或策划者在确定采取哪种类型的演练方法时，应考虑以下因素：

1）应急预案和响应程序制定工作的进展情况。

2）本辖区面临风险的性质和大小。

3）本辖区现有应急响应能力。

4）应急演练成本及资金筹措状况。

5）有关政府部门对应急演练工作的态度。

6）应急组织投入的资源状况。

7）国家及地方政府部门颁布的有关应急演练的规定。

无论选择何种演练方法，应急演练方案必须与辖区重大事故应急管理的需求和资源条件相适应。

4.2.2.5 现场查勘注意事项

（1）注意类比对象的选择。对于评价对象无法进行现场勘察的内容，可以寻找类比对象进行调查。但必须注意类比对象与评价对象之间的偏差，评价结果带有估计的成分。类比对象与评价对象共有的对应点越多，评价结果就越接近真实。因此，评价结果的准确性在很大程度上取决于所选择的类比对象。如果类比对象选择错误，不仅得不到相近于评价对象的评价结果，还会误导评价，不能找出评价对象的“事故隐患”，反而误判“事故隐患”。

（2）注意现场查勘的系统性。进行现场查勘时，应关注评价对象的每一处细节，尽量全面了解评价对象的全貌，避免产生盲人摸象类的失误。

（3）注意现场询问观察法与现场检查数据的校核。进行现场查勘时，现场询问观察法是主要的工作方法之一。但是有时企业相关人员存在故意或无意的隐瞒现象，故询问的结果应与现场查看的情况、相关检测报告及检测结果相互佐证，避免误差。

## 4.3 重大危险源辨识单元划分

在危险和有害因素分析的基础上，根据评价目标和评价方法的需要，将系统分成有限个确定范围的单元进行评价，该范围称为辨识单元。

辨识单元一般以生产工艺、工艺装置、物料的特点、特征与危险和有害因素的类别、分布有机结合进行划分，还可以按评价的需要将一个辨识单元再划分为若干子评价单元或更细致的单元。

辨识单元的划分有多种方法，需要依据企业的实际情况，按照以上所述的划分原则进行。一般应遵循以下几个原则：

（1）生产过程相对独立；

（2）空间位置相对独立；

（3）事故范围相对独立；

（4）具有相对明确的区域界线。

《危险化学品重大危险源辨识》（GB 18218—2009）规定，辨识单元为一个（套）生产装置、设施或场所，或同属一个生产经营单位且边缘距离小于500m的几个（套）生产装置、设施或场所。故辨识单元划分时一个辨识单元的直径不能大于500m。应用时，通常按相对独立的生产场所或储存场所进行更细致的单元划分，由此判断整体系统中能够独立构成重大危险源的单元，以便进行重点监管。

## 4.4 重大危险源的辨识方法

重大危险源的辨识方法较多，各行业均相同。危险化学品领域主要依据《危险化学品重大危险源辨识》（GB 18218—2009）进行辨识，该标准的辨识方法是当辨识单元内存在危险物质的数量等于或超过上述标准中规定的临界量，该单元即被定为危险化学品重大危险源。GB 18218—2009 标准中给出了物质的名称及其临界量。危险化学品重大危险源的辨识存在两种情况：

（1）单元内存在的危险物质为单一品种，则该物质的数量即为单元内危险物质的总量，若等于或超过相应的临界量，则定为重大危险源。

（2）单元内存在的危险物质为多品种时，则按下式计算，若满足下式，则定为重大危险源。

$$q_1/Q_1 + q_2/Q_2 + \cdots + q_n/Q_n \geqslant 1$$

式中 $q_1$，$q_2$，…，$q_n$——每种危险物质实际存在量，t；

$Q_1$，$Q_2$，…，$Q_n$——与各危险物质相对应的生产场所或贮存区的临界量，t。

进行危险化学品重大危险源辨识时，对每一个辨识单元首先进行单物质辨识，若已构成危险化学品重大危险源即认定建设项目区域构成危险化学品重大危险源。若单物质辨识均不独立构成危险化学品重大危险源，则进行多物质叠加影响的危险化学品重大危险源的辨识。并按照《危险化学品重大危险源监督管理暂行规定》（国家安全生产监督管理总局令第40号）对构成危险化学品重大危险源场所进行危险化学品重大危险源分级。

在进行危险化学品重大危险源辨识时由于需要判断整体系统中能够独立构成危险化学品重大危险源的单元，辨识单元一般划分得较小，在判定系统整体（如一个厂区）存在的危险化学品重大危险源的数量和分级时，应根据辨识单元的直径为500m的要求进行合并，以免放大危险。

## 4.5 重大危险源的分级

根据《关于规范重大危险源监督与管理工作的通知》（安监总协调字［2005］125号文）的规定，按照重大危险源的种类和能源在意外状态下可能发生事故的最严重后果，重大危险源分为四级。

（1）一级重大危险源：可能造成特别重大事故；

（2）二级重大危险源：可能造成特大事故；

（3）三级重大危险源：可能造成重大事故；

（4）四级重大危险源：可能造成一般事故。

评价区域危险化学品重大危险源分级方法应根据《危险化学品重大危险源监督管理暂

行规定》进行。

（1）分级指标。危险化学品重大危险源分级方法采用评估区域内各种危险化学品实际存在（在线）量与其在《危险化学品重大危险源辨识》（GB 18218—2009）中规定的临界量之比值，经校正系数校正后之和 $R$ 作为分级指标。

（2）$R$ 值计算方法。

$$R=\alpha\left(\beta_1\frac{q_1}{Q_1}+\beta_2\frac{q_2}{Q_2}+\cdots+\beta_n\frac{q_n}{Q_n}\right)$$

式中 $q_1$，$q_2$，…，$q_n$——每种危险化学品实际存在（在线）量，t；

$Q_1$，$Q_2$，…，$Q_n$——与各危险化学品相对应的临界量，t；

$\beta_1$，$\beta_2$，…，$\beta_n$——与各危险化学品相对应的校正系数；

$\alpha$——该危险化学品重大危险源厂区外暴露人员的校正系数。

（3）校正系数 $\beta$ 的取值。根据单元内危险化学品的类别不同，设定校正系数 $\beta$ 值，见表4－1和表4－2。

**表4－1 校正系数 $\beta$ 取值**

| 危险化学品类别 | 毒性气体 | 爆炸品 | 易燃气体 | 其他类危险化学品 |
|---|---|---|---|---|
| $\beta$ | 见表4－2 | 2 | 1.5 | 1 |

注：危险化学品类别依据《危险货物品名表》中分类标准确定。

**表4－2 常见毒性气体校正系数 $\beta$ 值取值**

| 毒性气体名称 | CO | $SO_2$ | 氨 | 环氧乙烷 | 氯化氢 | 溴甲烷 | 氯 |
|---|---|---|---|---|---|---|---|
| $\beta$ | 2 | 2 | 2 | 2 | 3 | 3 | 4 |
| 毒性气体名称 | 硫化氢 | 氟化氢 | $NO_2$ | 氰化氢 | 碳酰氯 | 磷化氢 | 异氰酸甲酯 |
| $\beta$ | 5 | 5 | 10 | 10 | 20 | 20 | 20 |

注：未在本表中列出的有毒气体可按 $\beta=2$ 取值，剧毒气体可按 $\beta=4$ 取值。

（4）校正系数 $\alpha$ 的取值。根据重大危险源的厂区边界向外扩展500m范围内常住人口数量，设定厂外暴露人员校正系数 $\alpha$ 值，见表4－3。

**表4－3 校正系数 $\alpha$ 取值**

| 厂外可能暴露人员数量 | $\alpha$ | 厂外可能暴露人员数量 | $\alpha$ |
|---|---|---|---|
| 100人以上 | 2.0 | 1～29人 | 1.0 |
| 50～99人 | 1.5 | 0人 | 0.5 |
| 30～49人 | 1.2 | | |

（5）分级标准。根据计算出来的 $R$ 值，按表4－4确定危险化学品重大危险源的级别。

**表4－4 危险化学品重大危险源级别和 $R$ 值的对应关系**

| 危险化学品重大危险源级别 | $R$ 值 | 危险化学品重大危险源级别 | $R$ 值 |
|---|---|---|---|
| 一级 | $R\geqslant100$ | 三级 | $50>R\geqslant10$ |
| 二级 | $100>R\geqslant50$ | 四级 | $R<10$ |

## 4.6 重大危险源的评价方法

对重大危险源进行评价时，评价人员可根据具体的场所特性采用不同的评价方法。选用的评价方法均应包括定性评价和定量评价。

（1）定性评价。定性安全评价方法主要是根据经验和直观判断能力，对生产系统的工艺、设备、设施、环境、人员和管理等方面的状况进行定性分析，安全评价的结果是一些定性的指标。例如，是否达到了某项安全指标、事故类别和导致事故发生的因素等。定性安全评价方法有安全检查表、专家现场询问观察法、因素图分析法、事故引发和发展分析、作业条件危险性评价法（格雷厄姆－金尼法或 LEC 法）、故障类型和影响分析、危险可操作性研究等。

（2）定量评价。定量安全评价方法是运用基于大量的实验结果和广泛的事故统计资料分析获得的指标或规律（数学模型），对生产系统的工艺、设备、设施、环境、人员和管理等方面的状况进行定量的计算，安全评价的结果是一些定量的指标。例如，事故发生的概率、事故的伤害（或破坏）范围、定量的危险性、事故致因因素的事故关联度或重要度等。

按照安全评价给出的定量结果的类别不同，定量安全评价方法还可以分为概率风险评价法、伤害（或破坏）范围评价法和危险指数评价法。

## 4.7 重大危险源危害后果分析

### 4.7.1 利用数学模型进行危害后果分析

重大危险源的危害后果分析属于重大危险源定量评价的范畴。目前成熟的安全领域的危害后果定量计算方法均适用，如蒸气云爆炸模型、池火灾模型、重气扩散模型、冲击波超压模型等。这些数学模型多数以传热、传质、物质爆炸等理论为基础建立，使用时应注意应用前提、限制条件和单位换算。同时对于复杂系统或计算过程较复杂时应注意借助计算机进行辅助计算。

### 4.7.2 个人风险和社会风险分析

个人风险和社会风险是在考虑“人、机、料、法、环”多因素后对人们可接受风险标准的一种评价方法，已被越来越多地引入重大危险源的评价领域。《危险化学品重大危险源监督管理暂行规定》中规定对于构成一、二级危险化学品重大危险源的场所均应进行个人风险和社会风险分析。

#### 4.7.2.1 可容许个人风险标准

个人风险是指因危险化学品重大危险源各种潜在的火灾、爆炸、有毒气体泄漏事故造成区域内某一固定位置人员的个体死亡概率，即单位时间内（通常为年）的个体死亡率，通常用个人风险等值线表示。

个人风险容许标准（LSIR）：表明危险源附近的目标人群是否可暴露于某一风险水平

之上。通常给出可容许风险的上限和下限值。上限是可容许基准，风险值高于可容许基准必须进行整改；下限是可忽略基准，风险值低于可忽略基准，则可根据事故的优先顺序进行改善。个人风险容许标准的正确主要基于目标人群的聚集程度、对风险的敏感性、暴露的可能性、撤离的难易程度等，不同目标人群的可接受风险不同。根据《危险化学品重大危险源监督管理暂行规定》附件 2 的要求，本项目单位周边重要目标和敏感场所承受的个人风险应满足表 4－5 中可容许风险标准要求。

**表 4－5　可容许个人风险标准**

| 危险化学品单位周边重要目标和敏感场所类别 | 可容许风险/$a^{-1}$ |
|---|---|
| 高敏感场所（如学校、医院、幼儿园、养老院等）；<br>重要目标（如党政机关、军事管理区、文物保护单位等）；<br>特殊高密度场所（如大型体育场、大型交通枢纽等） | $<3\times10^{-7}$ |
| 居住类高密度场所（如居民区、宾馆、度假村等）；<br>公众聚集类高密度场所（如办公场所、商场、饭店、娱乐场所等） | $<1\times10^{-6}$ |

例如：对 1 个 $100m^3$ 液氨储罐底部发生直径 50mm 小孔泄漏事故场景进行个人风险分析。所采用的个人风险计算模型如图 4－1 所示。

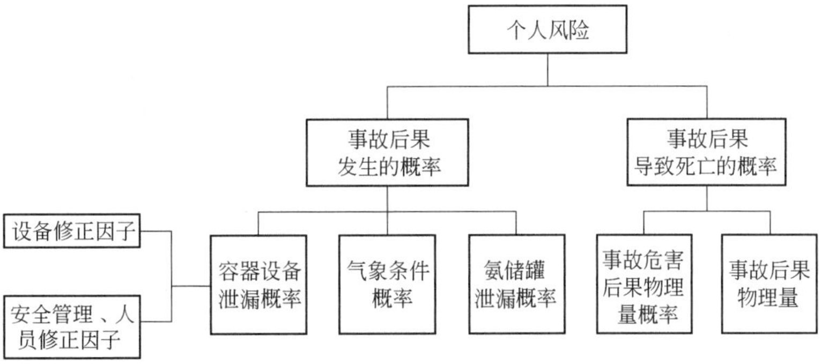


图 4－1　个人风险的计算模型示意图

对于区域内的危险化学品重大危险源所在位置——氨储罐，其在区域内某一空间地理坐标为（$x$，$y$）处产生的个人风险可由下式计算：

$$R(x,y)=\sum_{n=1}^{n}\sum_{w=1}^{w}\sum_{i=1}^{i}F_{n,0}F_EF_MP_wP_iV(x,y)$$

式中 $R(x,y)$——氨储罐所在位置处产生的个人风险；

$F_{n,0}$——第 $n$ 个容器设备泄漏事件发生的原始概率，本次评估时氨储罐泄漏事件发生的原始概率取 $10^{-6}/a$；

$F_E$——设备修正系数，由于企业按期进行强制检验，其修正系数取 1；

$F_M$——安全管理、人员修正系数，企业安全管理和教育体系较为完整，其系数取 0.95；

$P_w$——气象条件系数，本次评估时考虑最大危险——静风条件的情况，气象条件系数取 1；

$P_i$——氨储罐泄漏概率，取 $10^{-2}$/a；

$V(x, y)$——氨储罐所在位置处引起的个人死亡的概率；

$n$——容器设备泄漏事件的个数，本评估仅取 1 个氨储罐进行，故取 1；

$w$——气象条件个数，本评估为简化计算过程仅考虑风向单因素，故取 1；

$i$——泄漏源个数，本次评估取 1。

通过计算机数值模拟，可得到氨储罐泄漏个人风险等值线图，由图可以判断出氨储罐泄漏的个人风险是否为可接受。

4.7.2.2 可容许社会风险标准

社会风险是指能够引起大于等于 $N$ 人死亡的事故累积频率（$F$），也即单位时间内（通常为年）的死亡人数。通常用社会风险曲线（$F-N$ 曲线）表示。

可容许社会风险标准采用 ALARP（as low as reasonable practice）原则作为可接受原则。ALARP 原则通过两个风险分界线将风险划分为 3 个区域，即：不可容许区、尽可能降低区（ALARP）和可容许区。

（1）若社会风险曲线落在不可容许区，除特殊情况外，该风险无论如何不能被接受。

（2）若落在可容许区，风险处于很低的水平，该风险是可以被接受的，无需采取安全改进措施。

（3）若落在尽可能降低区，则需要在可能的情况下尽量减少风险，即对各种风险处理措施方案进行成本效益分析等，以决定是否采取这些措施。

通过定量风险评价，危险化学品重大危险源产生的社会风险应满足图 4－2 中可容许社会风险标准要求。

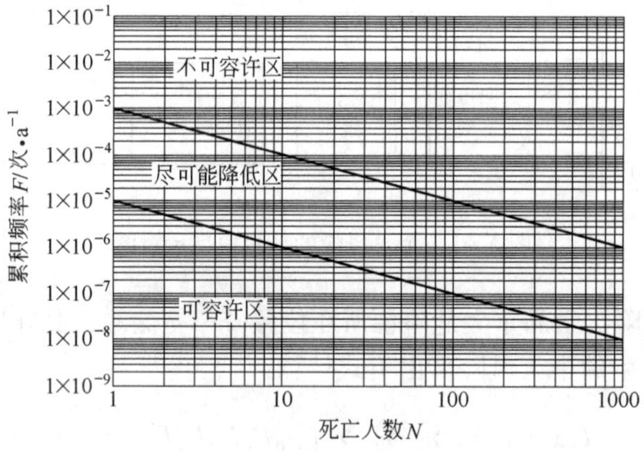


图 4－2 可容许社会风险标准（$F-N$）曲线

## 4.8 重大危险源评价报告编制

### 4.8.1 重大危险源安全评价报告主要内容

重大危险源安全评价报告目前还没有统一的格式要求，总体原则是应满足《安全评价通则》（AQ 8001—2007）的相关要求。重大危险源安全评价报告应包括以下主要内容：

（1）评价对象的基本情况；
（2）评价依据；
（3）评价程序；
（4）重大危险源辨识；
（5）重大危险源等级确认；
（6）重大危险源安全状态确认；
（7）事故的定性或定量分析；
（8）事故后果预测和影响；
（9）应补充的安全对策措施和整改情况复查；
（10）评价结论。

### 4.8.2 重大危险源安全状态确认方面的主要内容

重大危险源安全状态确认方面主要应包括以下内容：
（1）地理位置与周围环境安全性分析；
（2）内部平面布置安全性分析；
（3）工艺过程可靠性分析；
（4）设备可靠性分析；
（5）自动控制可靠性分析；
（6）公用工程可靠性分析；
（7）消防设施可靠性分析；
（8）职业危害和个体防护措施可靠性分析；
（9）安全管理措施的可靠性分析；
（10）重大事故隐患控制措施的有效性分析；
（11）应急救援预案的配套完整性、适用性和有效性分析。

### 4.8.3 评价报告提出的安全对策措施的注意事项

安全对策措施是基于存在隐患分析，归纳整理出将风险控制在可以接受的水平必须消除的事故隐患，有针对性地提出相应的安全对策措施的过程。所提出的对策措施应有针对性和可操作性。安全对策措施的基本要求为：
（1）能消除或减弱生产过程中产生的危险、危害；
（2）处置危险有害物，并降低到国家规定的限值内；
（3）预防生产装置失灵和操作失误产生的危险、危害；
（4）能有效地预防重大事故和职业危害的发生；
（5）发生意外事故时，能为遇险人员提供自救和互救条件。
提出安全对策措施应遵循的原则有：
（1）安全技术措施等级顺序。当安全技术措施与经济效益发生矛盾时，应优先考虑安全技术措施上的要求，使生产设备本身具有本质安全性能，不出现任何事故和危害；若不能或不能完全实现直接安全技术措施，必须为生产设备设计出一种或多种安全防护装置，最大限度地预防、控制事故或危害的发生；间接安全技术措施也无法实现或实施时，须采用检测报警装置、警示标志等措施，警告、提醒从业人员注意，以便采取相应的对策措施或紧急撤离危险场所；若间接、指示性安全技术措施仍然不能避免事故、危害发生，则应采用安全操作规程、安全教育、培训和个体防护用品等措施来规定人的行为和人与机（物）接触的规则，预防、减弱系统的危险、危害程度。

（2）具体原则。

1）消除。通过合理的设计和科学的管理，尽可能从根本上消除危险和有害因素。如采用无害化工艺技术，在生产中以无害物质代替有害物质，实现自动化、遥控作业等。

2）预防。当消除危险和有害因素有困难时，可采取预防性技术措施，预防危险、危害的发生。如使用安全屏障、漏电保护装置、安全电压、熔断器、防护罩、负荷限制器、行程限制器、制动设施等。

3）减弱。在无法消除危险和有害因素和难以预防的情况下，可采取降低危险和危害的措施。如加设局部通风排毒装置，生产中以低毒性物质代替高毒性物质，采取降温措施，设置避雷、消除静电、减振、消声等装置。

4）隔离。在无法消除、预防和减弱的情况下，应将从业人员与危险和有害因素隔开，将不能共存的物质分开。如遥控作业、安全罩、隔离屏、隔离操作室、安全距离、事故发生时的自救装置（如防护服、各类防毒面具）等。

5）联锁。当操作者失误或设备运行一旦达到危险状态时，应通过联锁装置终止危险、危害的发生。

6）警告。在易发生故障和危险性较大的地方，应设置醒目的安全色、安全标志；必要时设置声、光或声光组合报警装置。

安全对策措施应具有针对性、可操作性和经济合理性。

（1）针对性。针对性指针对不同行业的特点和评价得到的主要危险和有害因素及其后果，提出对策措施。

由于危险和有害因素及其后果具有隐蔽性、随机性、交叉影响性，对策措施不仅要针对某项危险和有害因素孤立地采取措施，还应为使系统达到安全的目的，采取优化组合的综合措施。

（2）可操作性。提出的措施是设计单位、建设单位、生产经营单位进行设计、生产、管理的重要依据，因而对策措施应该在经济、技术、时间上是可行的，能够落实和实施。此外，应尽可能具体指明对策措施所依据的法规、标准，说明应采取的具体的对策措施，以便于应用和操作，不宜笼统地以“按某某标准有关规定执行”作为对策措施提出。

（3）经济合理性。其指不应超越国家、建设项目、生产经营单位的实际经济水平和技术水平，而按过高的安全要求提出安全对策措施。即在采用先进技术的基础上，考虑到进一步发展的需要，以安全法规、标准和规范为依据，结合评价对象的经济、技术状况，使安全技术装备水平与工艺装备水平相适应，求得经济、技术、安全的合理统一。

评价报告所提出的安全对策措施应符合国家有关法规、标准及设计规范的规定。在安全评价时，针对已辨识出来的危险和有害因素以及对应的危险源，要严格按国家有关法规、安全标准和行业设计的安全要求对照分析；对未设置安全设施、安全设施失效或安全设施不满足安全要求的危险和有害因素以及对应的危险源，要指出“事故隐患”种类和名称且附相关依据的条文，并提出设置或改进“安全设施”的安全对策措施，使其符合安全指标。

必须说明，达到国家有关法规、标准及设计规范是最低要求，若有行业标准或企业标准应该以后者为准，达不到行业标准或企业标准，即使满足国家标准也不能判定符合标准。安全评价要注意属地管理原则，注意当地的地方行政文件以及这些文件引用的标准，因为这是最实际、最具体的要求，而且比国家标准严格得多。如果部分地方标准低于国家标准（在规定上不允许，但实际上却存在），评价应该以国家标准为最低限，不能低于国家标准的要求。

外资企业引用外国标准，在评价时建议视同企业标准，外国标准高于国家标准的条款可以参照，外国标准低于国家标准时，按国家标准执行，不能低于国家标准的要求。

### 4.8.4 评价结论注意事项

关于评价结论，应注意：

（1）列出评价对象存在的危险和有害因素的种类及其危险危害程度；

（2）明确是否构成重大危险源；

（3）明确能够独立构成重大危险源的场所或设施；

（4）明确重大危险源的分级；

（5）明确事故风险是否可接受。

也就是说，评价结论应明确指出项目安全状态水平，并简明说明。通常的评价结论有符合安全要求、基本符合安全要求、不符合安全要求三种。

## 思 考 题

4-1 重大危险源辨识的前期准备有哪些？

4-2 重大危险源辨识现场查勘的主要内容是什么？

4-3 企业甲与企业乙相邻，甲、乙企业之间有围墙相隔（见图4-3）。甲企业有生产装置A，生产装置A中危化品A的物质量见表4-6（以下类推）。乙企业有生产装置B、C、D，乙企业各装置危化品的物质量见表4-6。已知，各生产装置中危化品的在线量和单独构成危险化学品重大危险源的临界量，请根据所给出的图表回答以下问题：

（1）判断装置AB、BD、BC相互间距的性质；

（2）按照《危险化学品重大危险源辨识》（GB 18218—2009），讨论性地判断企业甲与企业乙是否构成危险化学品重大危险源。

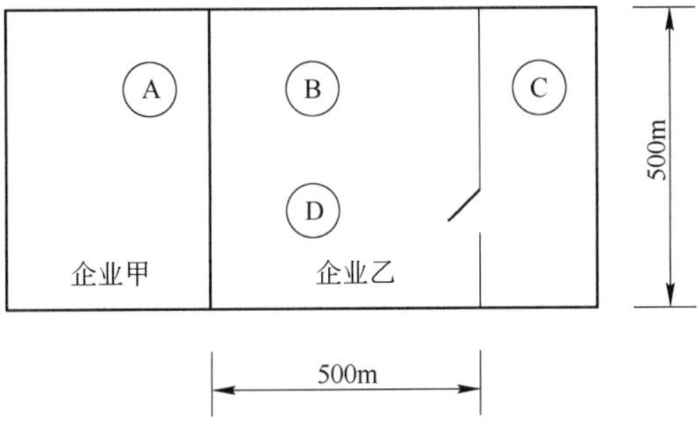


图4-3 甲、乙企业位置示意图

**表4-6 甲、乙企业各装置危化品的物质量**

| 生产装置名称 | 装置内危化品名称 | 装置内危化品在线量/t | 单独构成危险化学品重大危险源的临界量/t |
| --- | --- | --- | --- |
| A | A | 300 | 200 |
| B | B | 100 | 200 |
| C | C | 10 | 50 |
| D | D | 200 | 500 |

4-4 如何编写重大危险源评价结论?

4-5 某生产场所分布有甲醇罐区、液氨罐区、硝酸罐区和煤气罐区，各装置的相互间隔小于500m，现已知有液氨200t、硝酸500t、甲醇400t、煤气4t，该场所是否构成危险化学品重大危险源？如果是，判断其危险化学品重大危险源等级。

# 5　重大事故后果分析

**学习要求**

- 掌握重大事故危害后果分析的程序；
- 掌握重大事故危害后果分析的数学模型和计算方法。

## 5.1　概　　述

重大事故是指生产运行中突然发生重大泄漏、火灾或爆炸，其中涉及一种或多种有害物质，并给现场人员、公众或环境造成即刻的或延迟的严重危害的事件。

事故后果分析的目的是定量描述一个可能发生的事故将造成的人员伤亡、财产损失和环境污染情况。分析结果为企业或企业主管部门提供关于重大事故后果的信息，为企业决策者和设计者提供关于采取何种防护措施的信息，如防火系统、报警系统或减压系统等的信息，以达到减轻事故影响的目的。另外，事故后果分析是安全评价的组成部分，也是编制应急响应预案的依据。

火灾、爆炸、中毒是常见的重大事故，可能造成严重的人员伤亡和巨大的财产损失，影响社会安定。本章重点介绍有关火灾、爆炸和中毒事故后果分析（热辐射、爆炸波、中毒），在分析过程中要运用数学模型。通常一个复杂的问题或现象用数学来描述，模型往往是在一系列的假设前提下按理想的情况建立的，有些模型经过小型试验的验证，有的则可能与实际情况有较大出入，但对事故后果评价来说是可参考的。

## 5.2　后果分析的一般程序及分析模式

### 5.2.1　后果分析程序

后果分析程序如下：

（1）划分独立功能单元。划分原则：包含重大危险源；空间上相对独立；泄漏物料与其他单元隔离，如有紧急切断阀、有液位或压力控制的自动阀、有清晰明确信号遥控的阀、同一堤坝内的储罐应作为一个单元考虑。

（2）计算单元中有害物质存量。根据工艺流程和设备参数计算单元中有害物质的存量，并记录物质的种类、相态、温度、压力、体积或质量等。对于连续的流动系统需要估算。

（3）找出设备的典型故障。将设备划分为 10 类，分析可能存在的典型故障，每种设备只考虑少数几种情况。

（4）计算泄漏量。分析故障可能造成瞬时的或连续的泄漏，计算泄漏量或泄漏流量。

（5）计算后果。分析泄漏后可能造成的火灾、爆炸等后果，选择合适的模型计算事故对生产现场内或现场外的影响。

（6）整理结果。将计算结果整理成表格，并在单元平面图上划出影响范围。

### 5.2.2 后果分析所需参数

后果分析需要的参数有：

（1）有害物质的参数，包括有害物质的相态、最大质量或体积、温度、压力、密度，还有热力学性质如沸点、汽化热、燃烧热、热容等，有害与毒性参数等。

（2）设备的参数，包括工艺流程、设备类型、设备的可能故障与泄漏位置、泄漏口形状尺寸等。

（3）现场情况与气象情况，包括设备布置，人员分布，资金密度，设备地理位置，堤坝高度面积，常年主导风向、平均风速、大气稳定情况、日照情况，地形情况，地面粗糙度，建筑、树木高度等。

并不是所有参数都与模型计算有关，但关注这些情况有助于分析结果更符合实际。

### 5.2.3 后果分析模式选择

泄漏后果与泄漏物质的相态、压力、温度、可燃性、毒性等性质密切相关。在后果分析中考虑的泄漏物质主要有以下四种类型：常压液体；加压液化气体；低温液化气体；加压气体。

泄漏的危险物质的性质不同，其泄漏后果也不相同，分析过程见图 5－1。

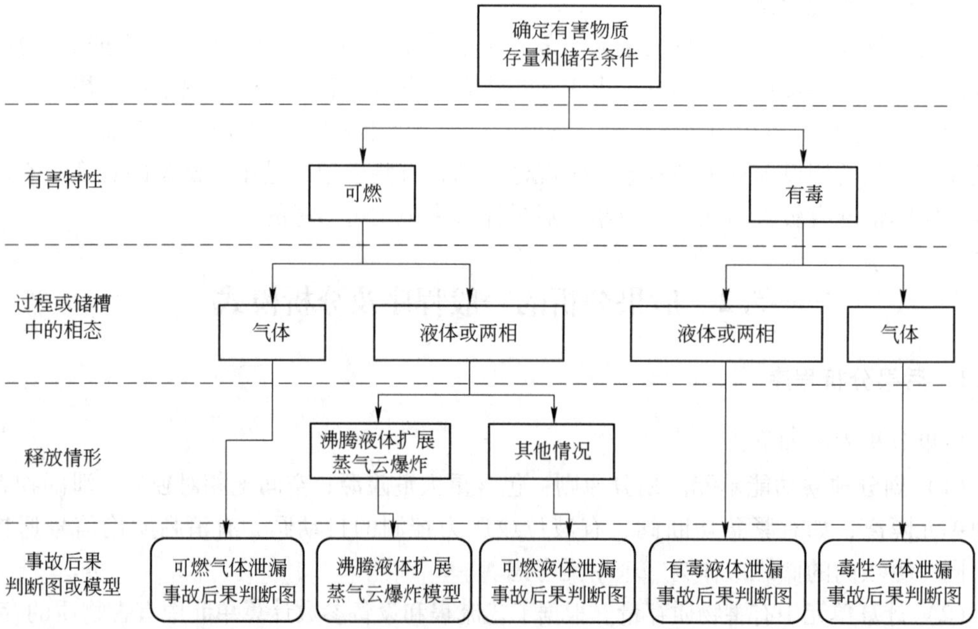


图 5－1 泄漏事故后果判断图

（1）可燃气体泄漏。可燃气体泄漏后与空气混合达到燃烧极限，遇到引火源就会发生燃烧或爆炸。泄漏后发火时间不同，泄漏后果也不相同。

1）立即发火。可燃气体泄漏后立即被点燃，发生扩散燃烧，产生喷射性火焰或形成火球，影响范围较小；

2）滞后发火。可燃气体泄漏后与周围空气混合形成可燃云团，遇到引火源发生爆燃或爆炸，破坏范围较大。

可燃气体泄漏事故后果判断见图 5-2。

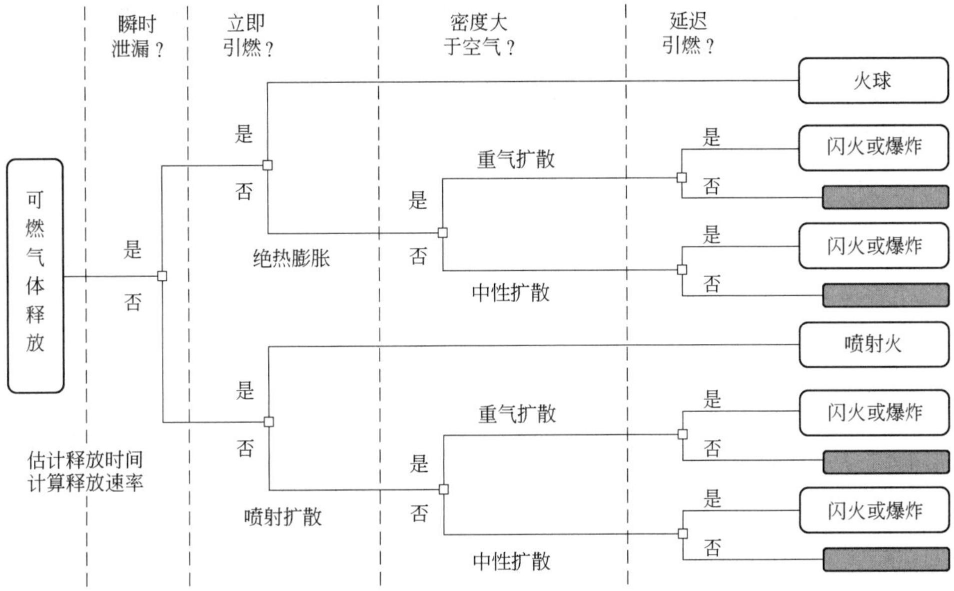


图 5-2 可燃气体泄漏事故后果判断图

（2）有毒气体泄漏。有毒气体泄漏后形成云团，在空气中扩散，有毒气体形成的浓密云团将笼罩很大范围，所以影响范围大。

有毒气体泄漏事故后果判断见图 5-3。

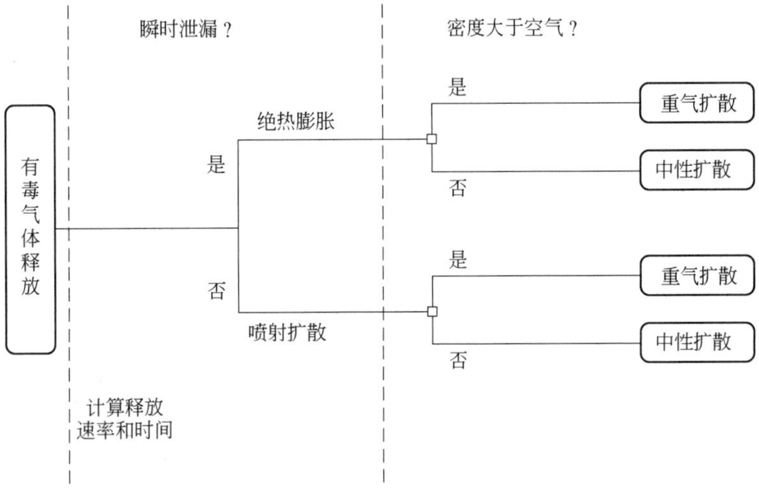


图 5-3 有毒气体泄漏事故后果判断图

（3）液体泄漏。在一般情况下，泄漏的液体在空气中蒸发而形成气体，泄漏后果取决于液体蒸发生成的气体量。液体蒸发生成的气体量与泄漏液体种类有关。

1）常温常压液体泄漏。液体泄漏后聚集在防液堤内或地势低洼处形成液池，液体表面发生缓慢蒸发。

2）加压液化气体泄漏。液体在泄漏瞬间迅速汽化蒸发。没来得及蒸发的液体形成液池，吸收周围热量继续蒸发。

3）低温液体泄漏。液体泄漏后形成液池，吸收周围热量蒸发，液体蒸发速度低于液体泄漏速度。

可燃液体泄漏、有毒液体泄漏、气体或两相泄漏、可燃与有毒液体泄漏事故后果判断见图5－4～图5－7。

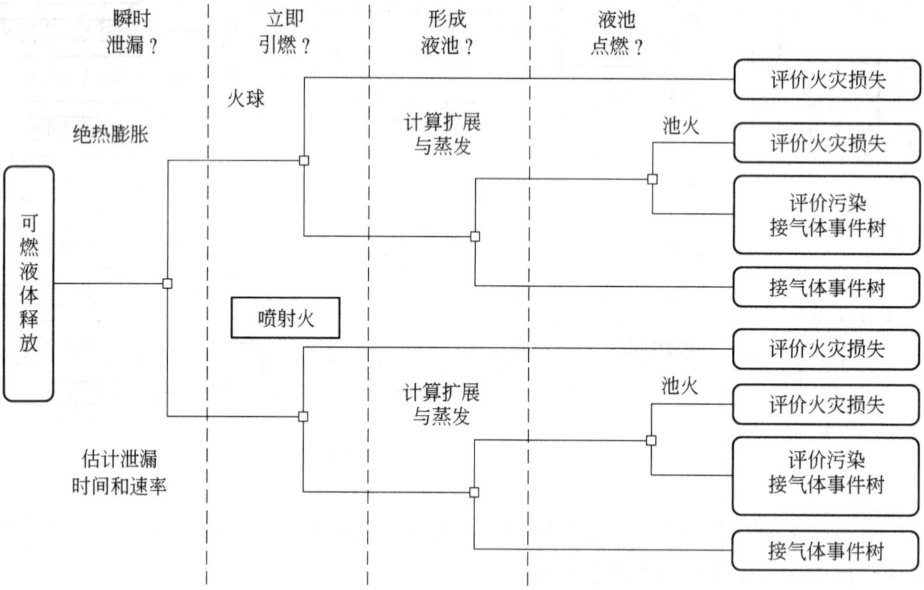


图5－4　可燃液体泄漏事故后果判断图

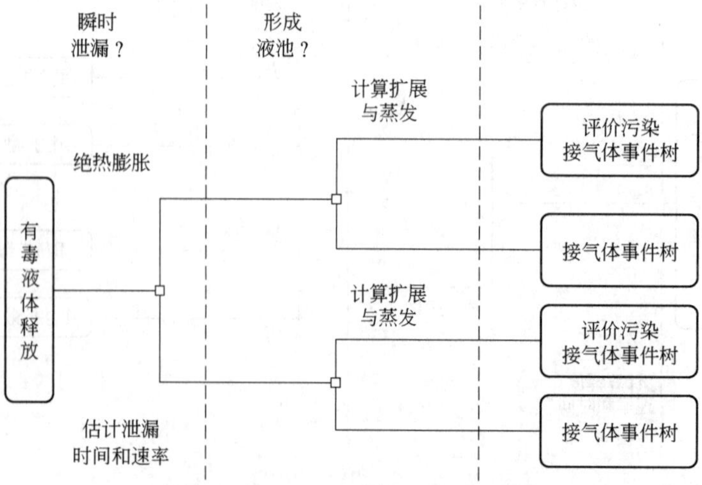


图5－5　有毒液体泄漏事故后果判断图

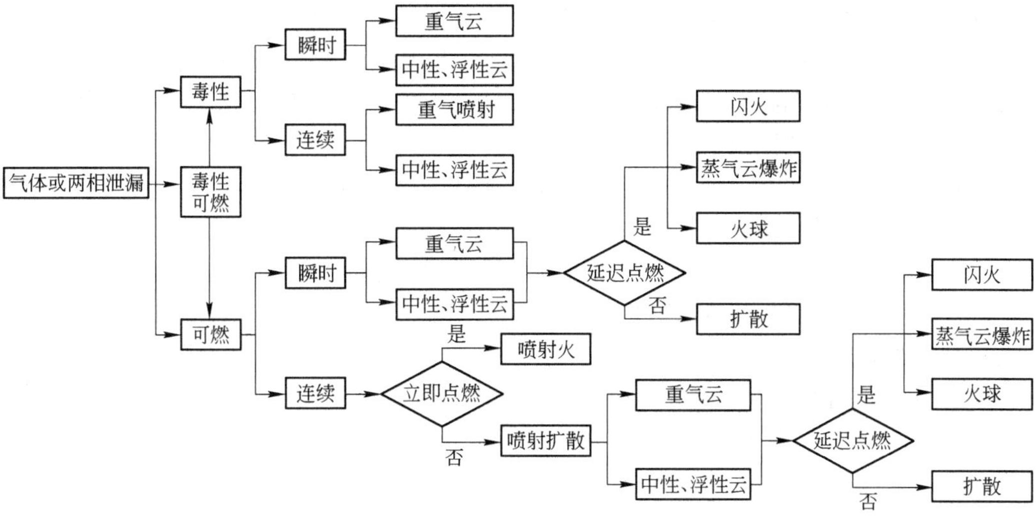


图 5－6　气体或两相泄漏事故后果判断图

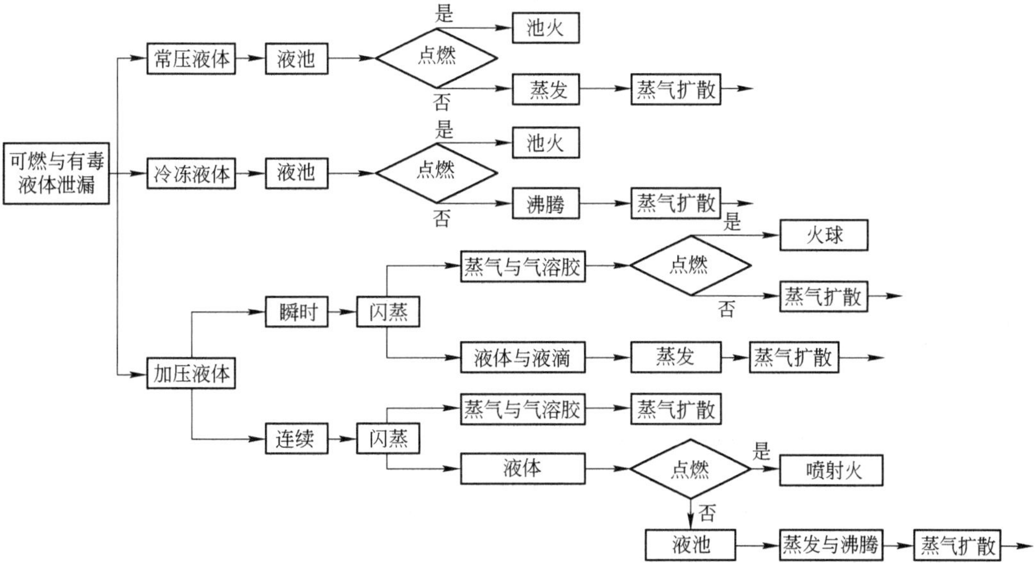


图 5－7　可燃与有毒液体泄漏事故后果判断图

无论气体泄漏还是液体泄漏，泄漏量的多少都是决定泄漏后果严重程度的主要因素，而泄漏量又与泄漏时间有关。因此，控制泄漏应该尽早地发现泄漏并且尽快地阻止泄漏。通过人员巡回检查可以发现较严重的泄漏；利用泄漏检测仪器、气体泄漏检测系统可以发现各种泄漏；利用停车或关闭遮断阀，停止向泄漏处供料可以控制泄漏。一般来说，与监控系统联锁的自动停车速度快；仪器报警后由人工停车的速度较慢，大约需 3～15min。

## 5.3　泄　　漏

### 5.3.1　泄漏设备及损坏尺寸

泄漏指装有介质的密闭容器、管道或装置，因密封性破坏，出现的非正常的介质向外泄放或渗漏的现象。火灾和因有毒气体引起的中毒事故都与物质的泄漏有着直接的关系。按泄漏介质的性质不同可分为气体泄漏、液体泄漏和固体泄漏；按泄漏机理的不同可分为界面泄漏、渗透泄漏和破坏性泄漏；按泄漏部位的不同可分为密封体泄漏、关闭体泄漏和本体泄漏。造成泄漏的原因是：

（1）机械加工的结果。机械产品的表面存在各种缺陷和形状及尺寸偏差。因此，在机械零件连接处不可避免地会产生间隙。

（2）密封体两侧存在压力差，工作介质就会通过间隙而泄漏。

消除或减少任一因素就可以阻止或减少泄漏。就一般设备而言，减小或消除间隙是阻止泄漏的主要途径。

根据各种设备泄漏情况分析，可将工厂（特别是化工厂）中易发生泄漏的设备分为如下 10 类典型设备（见表 5－1～表 5－10）：管道；挠性连接；过滤器；阀；压力容器及反应器；泵；压缩机；储罐（常压条件）；储槽（加压或冷冻）；放空燃烧管和排气管。

**表 5－1　管道的泄漏**

| | |
|---|---|
| 包括：管道、法兰、焊接、弯管 | 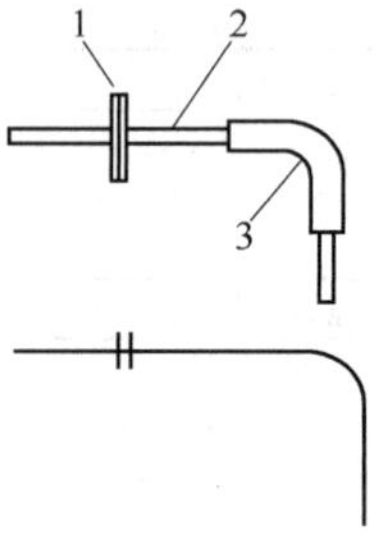 |
| 典型损坏：<br>1—法兰泄漏<br>2—管道泄漏<br>3—焊缝失效 | 可能损坏尺寸：<br>20% 管径<br>100% 或 20% 管径<br>100% 或 20% 管径 |

**表 5－2　挠性连接器的泄漏**

| | |
|---|---|
| 包括：软管、波纹管、铰接器 | 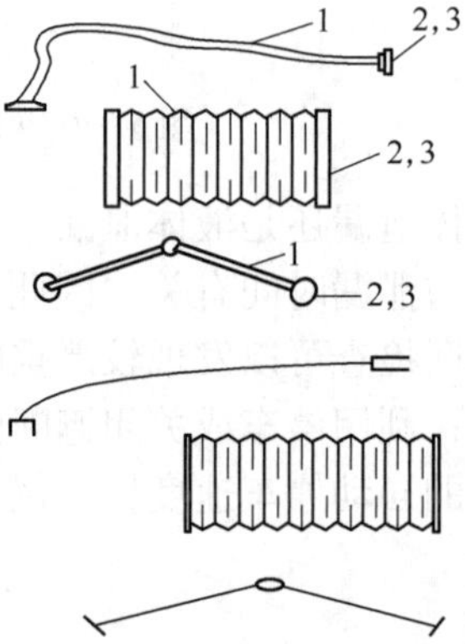 |
| 典型损坏：<br>1—破裂泄漏<br>2—接头泄漏<br>3—连接装置损坏 | 可能损坏尺寸：<br>100% 或 20% 管径<br>20% 管径<br>100% 管径 |

**表 5–3　过滤器的泄漏**

| | |
|---|---|
| 包括：滤器、滤网 | 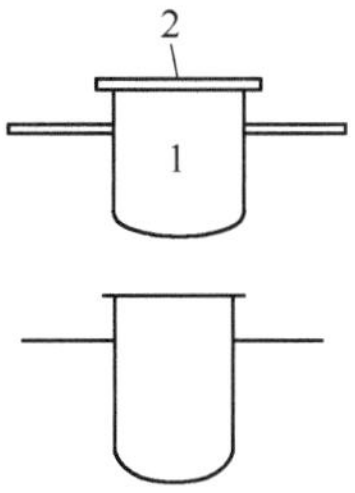 |
| 典型损坏：<br>1—滤体泄漏<br>2—管道泄漏 | 可能损坏尺寸：<br>100%或20%管径<br>20%管径 |

**表 5–4　阀的泄漏**

| | |
|---|---|
| 包括：球阀、闸阀、球型阀、塞阀、针阀、蝶阀、阻气阀、泄压阀、紧急切断阀 | 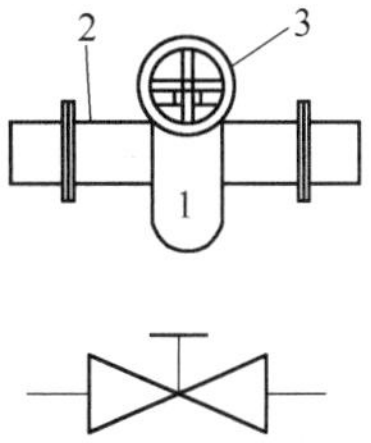 |
| 典型损坏：<br>1—阀室泄漏<br>2—阀盖泄漏<br>3—阀杆损坏 | 可能损坏尺寸：<br>100%或20%管径<br>20%管径<br>20%管径 |

**表 5–5　压力容器及反应器的泄漏**

| | |
|---|---|
| 包括：分离器、气体洗涤器、混合器、反应器、热交换器、火加热器、塔、管道清洗发射/接收器、再沸器 | 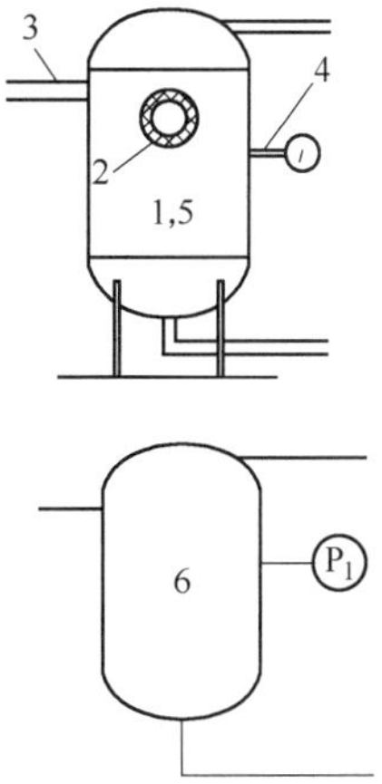 |
| 典型损坏：<br>1—容器泄漏<br>2—人孔盖泄漏<br>3—喷嘴损坏<br>4—仪表管道破裂<br>5—内部爆炸<br>6—容器破裂 | 可能损坏尺寸：<br>全部破裂<br>100%最大管径<br>20%开口直径<br>100%管径<br>100%或20%管径<br>全部破裂 |

**表 5－6 泵的泄漏**

| | |
|---|---|
| 包括：离心泵、往复泵 | 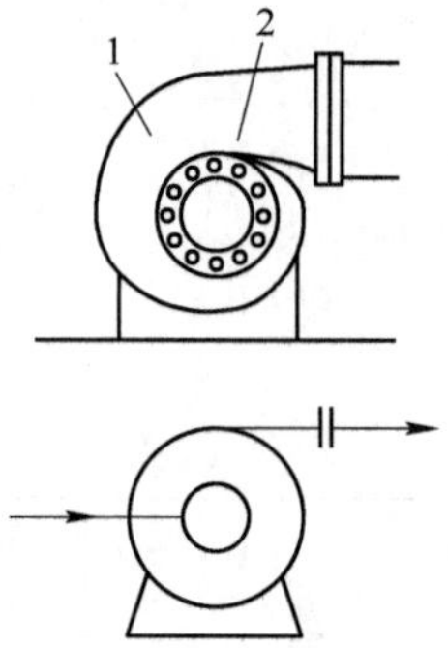 |
| 典型损坏：<br>1—泵壳损坏<br>2—密封泄漏 | 可能损坏尺寸：<br>100%或20%管径<br>20%管径 |

**表 5－7 压缩机的泄漏**

| | |
|---|---|
| 包括：离心式压缩机、轴流式压缩机、往复式压缩机 | 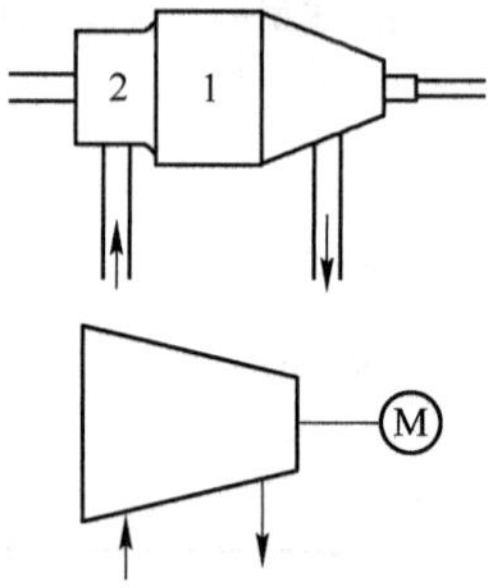 |
| 典型损坏：<br>1—泵壳损坏<br>2—密封泄漏 | 可能损坏尺寸：<br>100%或20%管径<br>20%管径 |

**表 5－8 储罐的泄漏**

| | |
|---|---|
| 包括：所有常压储罐（管道连接和堤坝也应作为设备的一部分考虑） | 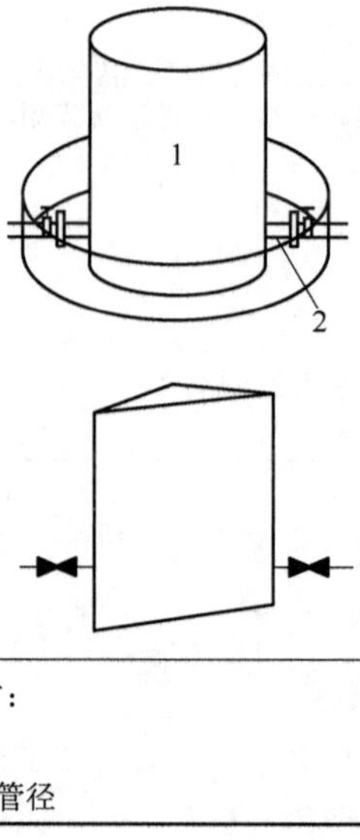 |
| 典型损坏：<br>1—容器损坏<br>2—连接泄漏 | 可能损坏尺寸：<br>100%<br>100%或20%管径 |

**表 5－9　加压或冷冻储槽的泄漏**

| | |
|---|---|
| 包括：加压储罐或运输容器、冷冻储罐或运输容器、地埋或非地埋容器 | 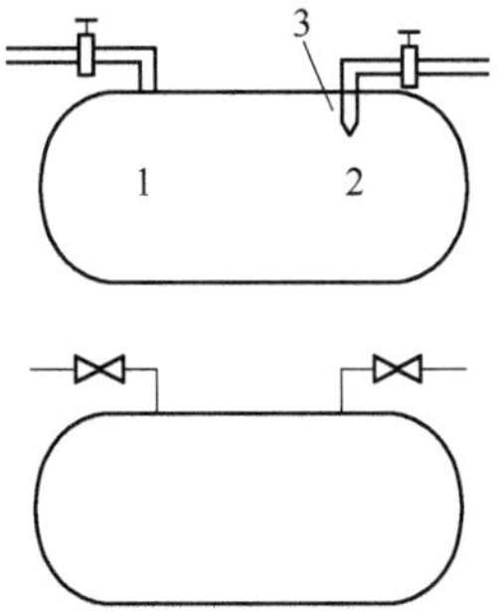 |
| 典型损坏：<br>1—沸腾液体扩展蒸气云爆炸（仅非地埋情况）<br>2—破裂<br>3—焊缝失效 | 可能损坏尺寸：<br>全部破裂（点燃）<br>全部破裂<br>100% 或 20% 管径 |

**表 5－10　放空燃烧管和排气管的泄漏**

| | |
|---|---|
| 包括：所有放空燃烧管或排气管（歧管、洗气放空装置、分离鼓应作为设备的一部分考虑） | 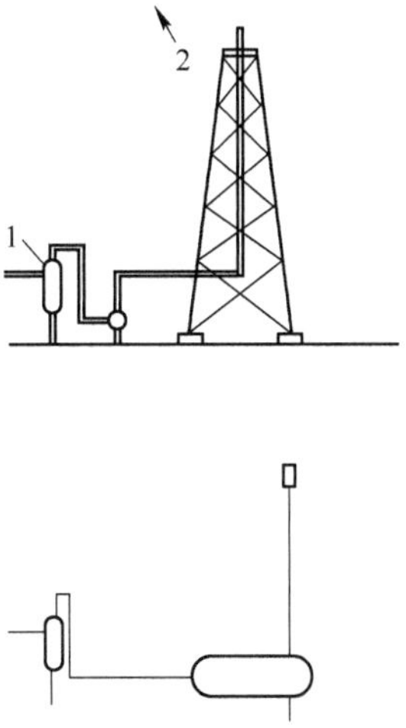 |
| 典型损坏：<br>1—歧管或分离鼓泄漏<br>2—超规范排放 | 可能损坏尺寸：<br>100% 或 20% 管径<br>估算 |

### 5.3.2　泄漏量的计算

当发生泄漏的设备的裂口规则、裂口尺寸已知，泄漏物的热力学、物理化学性质及参数可查到时，可以根据流体力学中有关方程计算泄漏量。当裂口不规则时，采用等效尺寸代替，考虑泄漏过程中压力变化等情况时，往往采用经验公式计算泄漏量。

5.3.2.1　液体泄漏量

单位时间内液体泄漏量即泄漏速度，可根据伯努利（Bernoulli）方程计算：

$$Q = C_{\mathrm{d}} A \rho \sqrt{\frac{2(p - p_0)}{\rho} + 2gh} \tag{5-1}$$

式中 $Q$——液体泄漏流量，kg/s；
$C_d$——排放系数，通常取0.6～0.64；
$A$——泄漏口面积，$m^2$；
$\rho$——泄漏液体密度，$kg/m^3$；
$p$——容器内介质压力，Pa；
$p_0$——环境压力，Pa；
$g$——重力加速度，$9.8m/s^2$；
$h$——泄漏口上液位高度（见图5-8），m。

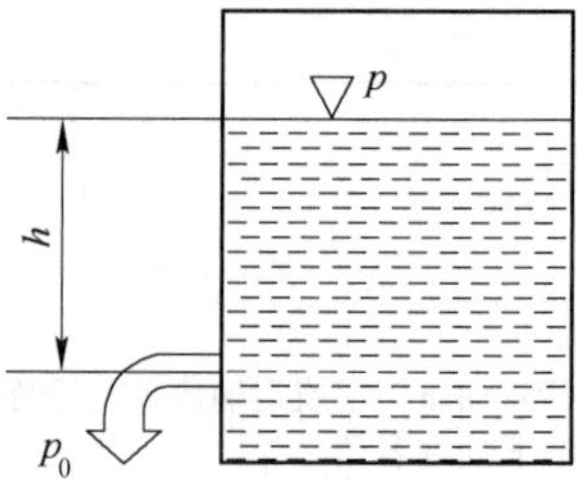

图5-8 液体泄漏流量计算示意图

式（5-1）表明，常压下液体泄漏速度取决于裂口之上液位的高低；非常压下液体泄漏速度主要取决于设备内物质压力与环境压力之差。通常按该式计算的为初始流量，也是最大流量。

液体排放系数 $C_d$ 为实际流量与理想理论流量的比，用于补偿公式推导中忽略了的摩擦损失、因惯性引起的截面收缩等因素。

$C_d$ 的影响因素有泄漏口形状（见表5-11）、泄漏口位置、泄漏介质的状态等。

$C_d$ 的取值：薄壁（壁厚≤孔半径）小孔泄漏，其值约为0.62；厚壁（孔半径<壁厚≤8倍孔半径）小孔或通过一短管泄漏，其值约为0.81；通过修圆小孔排放，则排放系数为1.0；保守估计，取1.0。

**表5-11 液体排放系数 $C_d$**

| 雷诺数 $Re$ | 泄漏口形状 | | |
|---|---|---|---|
| | 圆形（多边形） | 三角形 | 长条形 |
| >100 | 0.65 | 0.60 | 0.55 |
| ≤100 | 0.50 | 0.45 | 0.40 |

#### 5.3.2.2 过热液体泄漏量

当设备中液体是过热液体，即液体沸点低于周围环境温度时，液体从裂口喷出后部分液体闪蒸，汽化热来自液体本身，剩余液体将降温至其常压沸点。在这种情况下，泄漏时直接蒸发的液体所占百分比，即闪蒸液体分数 $F_V$ 为：

$$F_V = \frac{c_p(T - T_b)}{H_v} \tag{5-2}$$

式中 $F_V$——闪蒸液体分数（$F_V$ 大于0.2时不形成液池，$F_V$ 小于0.2时可以假定带走液体与 $F_V$ 呈线性关系，$F_V=0$ 时无液体被带走，$F_V=0.1$ 时50%液体被带走）；
$c_p$——液体比定压热容，J/(kg·K)；
$T$——液体温度，K；
$T_b$——液体常压沸点，K；
$H_v$——常压沸点下的汽化热，J/kg。

#### 5.3.2.3 气体泄漏

气体从设备的裂口泄漏时，其泄漏速度与空气的流动状态有关，因此，首先要判断泄漏时气体流动属于亚声速流动还是声速流动，前者称为次临界流，后者称为临界流。

当式（5－3）成立时，气体流动属于亚声速流动：

$$\frac{p_0}{p} > \left(\frac{2}{\gamma+1}\right)^{\frac{\gamma}{\gamma-1}} \tag{5-3}$$

当式（5－4）成立时，气体流动必属于声速流动：

$$\frac{p_0}{p} \leqslant \left(\frac{2}{\gamma+1}\right)^{\frac{\gamma}{\gamma-1}} \tag{5-4}$$

式（5－3）和式（5－4）中，$\gamma$ 为比热容比，即比定压热容 $c_p$ 与比定容热容 $c_V$ 之比：

$$\gamma = \frac{c_p}{c_V} \tag{5-5}$$

气体符合理想气体状态方程，则根据伯努利方程可推导气体泄漏公式（5－6）：

$$Q = C_d pA\sqrt{\frac{2\gamma}{\gamma-1}\frac{M}{RT}\left[\left(\frac{p_0}{p}\right)^{\frac{2}{\gamma}} - \left(\frac{p_0}{p}\right)^{\frac{\gamma+1}{\gamma}}\right]} \tag{5-6}$$

式中　$C_d$——排放系数，通常取1.0；

$\gamma$——绝热指数，是比定压热容与比定容热容的比值；

$M$——气体的摩尔质量；kg/mol；

$R$——气体常数，8.314J/(mol·K)；

$T$——容器内气体温度，K。

（1）气体流动的阻塞：气体内部压力增大，气体泄漏流速加快；在一般情况下，泄漏气体的运动速度只能达到声速。

（2）临界压力：泄漏气体的运动速度达到声速时的压力。

$$p_c = p_0\left(\frac{\gamma+1}{2}\right)^{\frac{\gamma}{\gamma-1}} \tag{5-7}$$

（3）声速流：压力高于临界压力。

$$Q = C_d pA\sqrt{\frac{\gamma M}{RT}\left(\frac{2}{\gamma+1}\right)^{\frac{\gamma+1}{\gamma-1}}} \tag{5-8}$$

（4）亚声速流：压力低于临界压力。用式（5－6）计算。

许多气体的绝热指数在1.1到1.4之间（见表5－12），则相应的临界压力大约只有0.17～0.19MPa，因此多数事故的气体泄漏是声速流。

**表5－12　几种气体的绝热指数和临界压力**

| 物质 | 丁烷 | 丙烷 | 二氧化硫 | 甲烷 | 氨 | 氯 | 一氧化碳 | 氢 |
|---|---|---|---|---|---|---|---|---|
| $\gamma$ | 1.10 | 1.13 | 1.29 | 1.31 | 1.31 | 1.36 | 1.40 | 1.41 |
| $p_c$/MPa | 0.171 | 0.173 | 0.183 | 0.184 | 0.184 | 0.187 | 0.190 | 0.190 |

注：泄漏流量仍然随容器中介质压力的增加而增加。

### 5.3.2.4　两相泄漏

如果容器中的过热液体泄漏前通过较长的管道（$L/D>12$）就会产生两相泄漏，可用下述简化方法计算。

假设系统中出口临界压力和上游压力比为0.55，则：

$$p_c = 0.55p \tag{5-9}$$

泄漏两相中闪蒸液体分数 $F_V$ 按式（5-2）计算，两相流中气相和液相混合物的平均密度：

$$\rho = \frac{1}{\dfrac{F_V}{\rho_g} + \dfrac{1-F_V}{\rho_l}} \tag{5-10}$$

则两相流排放泄漏流量为：

$$Q = C_d A \sqrt{2\rho(p - p_c)} \tag{5-11}$$

式中 $C_d$——两相流泄漏系数，一般取0.8。

闪蒸比例可按式（5-2）计算：$F_V > 1$，应按气体泄漏计算；$F_V$ 较小，可以简单地按液体泄漏计算。

## 5.4 蒸发与绝热膨胀

### 5.4.1 液体的扩展与蒸发

液体泄漏后沿地面一直流到低洼处或人工边界，如堤坎、岸墙，形成液池。如果泄漏的液体挥发度较低，则液池中液体蒸发量较少，不易形成气团。如果是挥发性的液体或低沸点的液体，泄漏后液体蒸发量大，大量蒸气在液池上面形成蒸气云。

液体离开裂口后不断蒸发，当液体蒸发速度与泄漏速度相等时，液池中的液体量将维持不变。

5.4.1.1 液体的扩展

A 液池形状

物质泄漏后在地面上形成液池。由于液体的自由流动特性，液池会在地面上蔓延。图5-9显示了周围不存在任何障碍物时，液池在地面上的蔓延过程。在这种情况下，液池起初是以圆形在地面上蔓延。但是，即使泄漏点周围不存在任何障碍物，液池也不会永远蔓延下去，而是存在一个最大值，即液池有一个最小厚度。对于低黏性液体，不同的地面类型，液池的最小厚度是不一样的。表5-13给出了最小液池厚度和地面类型之间的关系。

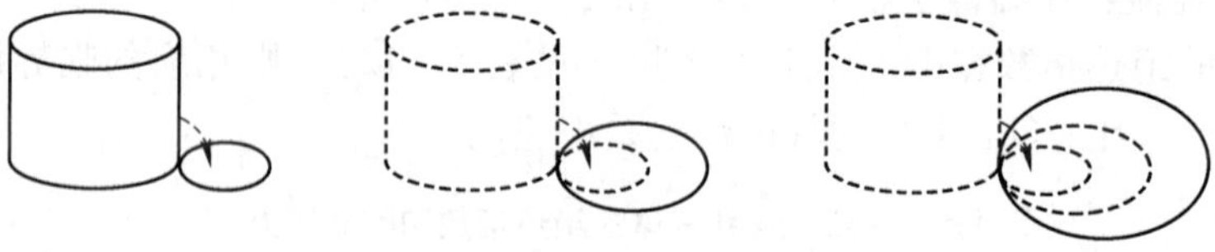

图5-9 泄漏源周围不存在防火堤时液池在地面上的蔓延

表5-13 不同地面的最小液池厚度

| 地面性质 | 最小液池厚度/m | 地面性质 | 最小液池厚度/m |
|---|---|---|---|
| 草地 | 0.020 | 混凝土地面 | 0.005 |
| 粗糙地面 | 0.025 | 平静的水面 | 0.0018 |
| 平整地面 | 0.010 | | |

液池面积 $S$ 与最小液池厚度 $H_{min}$ 的关系如下：

$$S=\frac{V}{H_{min}}=\frac{m}{H_{min}\rho} \tag{5-12}$$

而在实际情况下，泄漏点周围都或多或少存在着障碍物，如防火堤。如果周围存在障碍物，则液池在地面上的蔓延要复杂一些。开始阶段，液池如同周围不存在防火堤一样以圆形向周围蔓延。遇到防火堤后，液池停止径向蔓延，同时液池形状发生改变。之后，随着泄漏的不断进行，液池周围围绕储罐蔓延，直至包围整个储罐，随后液面开始上升，其蔓延的动态过程如图 5－10 所示。

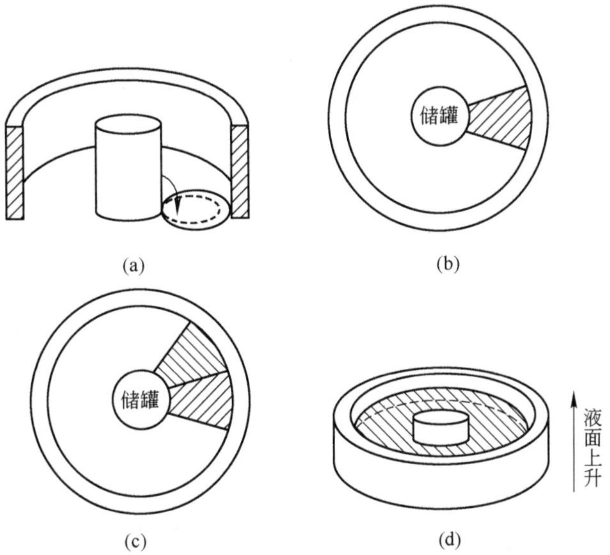


图 5－10　泄漏源周围存在防火堤时液池在地面上的蔓延
（a）泄漏液体还没有蔓延到防火堤；（b）泄漏液体已经蔓延到防火堤，液池形状改变；
（c）泄漏液体围绕蔓延；（d）泄漏液体包围了储罐液面开始上升

B　液池面积

如果泄漏的液体已经达到人工边界，则液池面积即为人工边界围成的面积。如果泄漏的液体没有到达人工边界，可以假定液体以泄漏点为中心呈扁圆形沿光滑的地表向外扩散，这时液池半径 $r$ 可按下述公式计算：

瞬间泄漏（泄漏时间不超过 30s）时　$$r=\left(\frac{t}{\beta}\right)^{\frac{1}{2}} \tag{5-13}$$

$$\beta=\left(\frac{\pi\rho}{8gm}\right)^{\frac{1}{2}} \tag{5-14}$$

连续泄漏（泄漏持续 10min 以上）时　$$r=\left(\frac{t}{\beta}\right)^{\frac{3}{4}} \tag{5-15}$$

$$\beta=\left(\frac{\pi\rho}{32gm}\right)^{\frac{1}{3}} \tag{5-16}$$

式中　$r$——液池半径，m；

$t$——泄漏时间，s；

$\rho$——液体密度，$g/m^3$；

$g$——重力加速度，$m/s^2$；

$m$——泄漏质量，kg。

其他形状液池应化为等面积圆，其直径为：

$$D=\left(\frac{4S}{\pi}\right)^{\frac{1}{2}} \tag{5-17}$$

式中 $S$——其他形状液池面积。

5.4.1.2 液体的蒸发

（1）吸收地面热蒸发。液体泄漏后，在地面上边蔓延边蒸发。低温液体或闪蒸后剩余的液体，主要吸收地面热量进行蒸发，蒸发速率：

$$m=\frac{\lambda_s(T_a-T_b)}{H_v(\pi a_s t)^{\frac{1}{2}}} \tag{5-18}$$

式中 $m$——蒸发速率，$kg/(m^2 \cdot s)$；

$\lambda_s$——表面热导率，$W/(m \cdot K)$；

$a_s$——热扩散率，$m^2/s$；

$T_a$——环境温度，K；

$T_b$——液体沸点，K；

$t$——蒸发时间，s。

表 5-14 给出了不同表面的热导率及热扩散率。

**表 5-14 不同表面的热导率及热扩散率**

| 表 面 | 热导率/$W \cdot (m \cdot K)^{-1}$ | 热扩散率/$m^2 \cdot s^{-1}$ |
|---|---|---|
| 混凝土 | 1.1 | $1.29\times10^{-7}$ |
| 土地（8%水） | 0.9 | $4.3\times10^{-7}$ |
| 干砂 | 0.3 | $2.3\times10^{-7}$ |
| 湿砂土地 | 0.6 | $3.3\times10^{-7}$ |
| 砂砾地 | 2.5 | $11.0\times10^{-7}$ |

（2）风引起质量转移。根据扩散通量正比于液池表面饱和蒸气浓度与其在大气中的本底浓度之差，忽略本底浓度并结合理想气体状态方程，可以得到液体蒸发速度公式：

$$m=\frac{kp_sM}{RT_a} \tag{5-19}$$

式中 $m$——蒸发速度，$kg/(m^2 \cdot s)$；

$k$——扩散传质系数，m/s；

$p_s$——液体饱和蒸气压，Pa；

$M$——摩尔质量，kg/mol。

传质系数也可简单计算：

$$k=0.002u \tag{5-20}$$

式中 $u$——1m 高处风速，m/s。

（3）考虑了大气稳定度的蒸发计算公式。

$$m = a\left(\frac{p_s M}{RT_a}\right) u^{\frac{2-n}{2+n}} r^{\frac{4+n}{2+n}} \tag{5-21}$$

式中的 $n$ 和 $a$ 取值见表 5－15。

**表 5－15 $n$，$a$ 取值表**

| 稳定条件 | $n$ | $a$ |
|---|---|---|
| 不稳定 | 0.2 | $3.846\times10^{-3}$ |
| 中性 | 0.25 | $4.685\times10^{-3}$ |
| 稳定 | 0.3 | $5.285\times10^{-3}$ |

（4）美国环保署使用的蒸发计算公式。

$$m = \frac{10.40u^{0.78}M^{0.667}p}{RT} \tag{5-22}$$

式中 $p$——液体在池温度下的蒸气压，kPa；

$T$——池中液体温度，K；

$R$——气体常数，82.05atm · cm³/(mol · K)。

### 5.4.2 喷射扩散

气体泄漏时从裂口射出形成气体射流。在一般情况下，泄漏的气体的压力将高于周围环境大气压力，温度低于环境温度。在进行射流计算时，应该以等效裂口直径来计算。等效裂口直径与实际裂口直径的关系为：

$$D_{eq} = D\sqrt{\frac{\rho_0}{\rho}} \tag{5-23}$$

式中 $D_{eq}$——等效裂口直径，m；

$D$——计算泄漏流量用裂口直径，m；

$\rho_0$——气体刚流出时对环境空气的相对密度；

$\rho$——气体在环境条件下对环境空气的相对密度。

如果气体泄漏瞬间便达到周围环境的温度、压力，即 $\rho_0=\rho$，则等效裂口直径等于裂口直径，$D=D_{eq}$。喷射轴线上距喷射孔 $x$ 处的浓度 $C(x)$ 为：

$$C(x) = \left(\frac{\dfrac{b_1+b_2}{b_1}}{0.32\dfrac{x}{D_{eq}}\dfrac{\rho}{\rho_0^{1/2}}+1-\rho}\right) \tag{5-24}$$

式中，$b_1$、$b_2$ 为分布函数：

$$b_1 = 50.5+48.2\rho-9.95\rho^2 \tag{5-25}$$

$$b_2 = 23.0+41.0\rho \tag{5-26}$$

如果把式（5－24）写成 $x$ 是 $C(x)$ 的函数形式，则给定某浓度值 $C(x)$，可以计算出具有该浓度的点到孔口的距离 $x$。垂直于喷射轴的水平面上的浓度分布由式（5－27）

给出：

$$\frac{C_{x,y}}{C}=\mathrm{e}^{-b_2\left(\frac{y}{x}\right)^2} \tag{5-27}$$

随着距孔口距离的增加，射流轴线上的一点的气体运动速度减少，直到等于周围的风速时为止，此后的气体运动就不再符合射流规律了。在后果分析时需要计算出射流轴线上速度等于周围风速的临界点以及该点处的气体浓度（临界浓度）。射流轴线上沿轴的喷射速度分布由式（5－28）计算：

$$\frac{u_x}{u_0}=\frac{\rho_0}{\rho}\frac{b_1}{4}\left(0.32\frac{x}{D_{\mathrm{eq}}}\frac{\rho}{\rho_0}+1-\rho\right)\left(\frac{D_{\mathrm{eq}}}{x}\right)^2 \tag{5-28}$$

式中 $u_x$——喷射轴上距喷射孔 $x$ 处的喷射速度，m/s；

$u_0$——喷射初速度，m/s，等于气体泄漏时流经裂口时的速度，可按式（5－29）计算：

$$u_0=\frac{Q}{C_{\mathrm{d}}\rho_0\pi\left(\frac{D}{2}\right)^2} \tag{5-29}$$

当临界点处的临界体积分数小于允许速度时，只需要按射流扩散分桥泄漏扩散；当临界点处临界体积分数大于允许体积分数时，还需要进一步研究泄漏气体此后在大气中扩散的情况。

### 5.4.3 绝热膨胀

闪蒸的液体或压缩气体瞬时释放后，假定泄漏物与周围环境之间没有热交换，属于绝热扩散过程。泄漏的气体（或蒸气）呈半球形向外扩散，假定气云是呈包含两个区间的半球状，内层“核”具有均匀的浓度，包含 50% 的泄漏质量，外层浓度呈高斯分布，具有另外 50% 的泄漏量。

这种双层云团扩散假定分两步：

第一步，气体或气溶胶膨胀到压力降至大气压，在膨胀过程中气团获得动能，称为膨胀能；

第二步，在膨胀能作用下气团进一步扩张，推动空气紊流混合进入气团。

假设第二阶段持续到核的扩张速度降到某给定值时结束。

第一步膨胀到大气压，膨胀能是始态能量和末态能量的差，减去对大气所做的功：

$$E=c_V(T_1-T_2)-p_{\mathrm{a}}(V_2-V_1) \tag{5-30}$$

式中 $p_{\mathrm{a}}$——大气压力，Pa。

第二步空气紊流混合，紊流扩散系数就按式（5－31）计算：

$$K_{\mathrm{d}}=0.0137V_{\mathrm{g0}}^{1/3}E^{1/2}\left[\frac{V_{\mathrm{g0}}^{1/3}}{tE^{1/2}}\right]^{1/4} \tag{5-31}$$

式中 $V_{\mathrm{g0}}$——标准状态下气体的体积。

内核半径和内核浓度随时间的变化可按式（5－32）和式（5－33）计算：

$$r_{\mathrm{c}}=1.36(4K_{\mathrm{d}}t)^{1/2} \tag{5-32}$$

$$c_{\mathrm{c}}=\frac{0.0478V_{\mathrm{g0}}}{(4K_{\mathrm{d}}t)^{3/2}} \tag{5-33}$$

当内核扩张速度（$dr_c/dt$）降至给定值时第二阶段结束。临界速度的选择是任意的，通常的推荐值是1m/s。

选定此速度再结合扩散能以及内核半径、内核浓度与时间的关系，可以得到第二阶段结束时的内核半径和浓度：

$$r_{ce}=0.08837E^{0.3}V_{g0}^{1/3} \tag{5-34}$$

$$c_{ce}=172.95E^{-0.9} \tag{5-35}$$

扩散第二阶段结束时，半球形气团的半径按式（5-36）计算：

$$r_{pe}=1.456r_{ce} \tag{5-36}$$

计算气团密度时，需先计算气团中空气质量。根据气团半径 $r_{pe}$ 可知气团体积 $V_c$，根据式（5-37）求气团中空气质量 $m_a$：

$$V_c=\frac{m_a}{\rho_a}+\frac{m}{\rho_g} \tag{5-37}$$

式中 $\rho_a$——空气的密度，$kg/m^3$；
$\rho_g$——云团的密度，$kg/m^3$；
$m_a$——气团中空气质量，kg。

则气团密度 $\rho_c$ 为：

$$\rho_c=\frac{m_a+m}{V_c} \tag{5-38}$$

## 5.5 气云在大气中的扩散

液体、气体泄漏后在泄漏源附近扩散，在泄漏源上方形成气云，气云将在大气中进一步扩散，影响广大区域。因此，气云在大气中的扩散成为重大事故后果分析的重要内容。

气云在大气中的扩散情况与气云自身性质有关。根据气云密度与空气密度的大小，将气云分为重气云、中性气云和轻气云三类。如果气云密度显著大于空气密度，气云将受到方向向下的重力作用，这样的气云称为重气云。如果气云密度显著小于空气密度，气云将受到方向向上的浮力作用，这样的气云称为轻气云。如果气云密度与空气密度相当，气云将不受明显的浮力作用，这样的气云称为中性气云。轻气云和中性气云统称为非重气云。

当气云密度小于空气密度时，气云将向上扩散而不会影响下面的居民；当气云密度大于空气密度时，气云将沿着地面扩散，给附近人员带来严重的危害。如果泄漏物质易燃、易爆，则局部空间的体积分数很容易达到燃烧、爆炸范围之内，且维持时间较长，增大了发生燃烧、爆炸的可能性。

根据物质泄漏后所形成的气云的物理性质的不同，可以将描述气云扩散的模型分为重气扩散模型和非重气扩散模型两种。

### 5.5.1 重气扩散

危险物质泄漏后会由于以下三个方面的原因而形成比空气重的气体：

（1）泄漏物质的摩尔质量比空气大，如氯气等物质；

（2）由于储存条件或者泄漏的温度比较低，泄漏后的物质迅速闪蒸，而来不及闪蒸的液体泄漏后形成液池，其中一部分液态介质以液滴的方式雾化在蒸气介质中，达到气液平衡，因此泄漏的物质在泄放初期，形成夹带液滴的混合蒸气云团，使蒸气密度高于空气密度，如液化石油气等；

（3）泄漏物质与空气中的水蒸气发生化学反应导致生成物质的密度比空气大。

判断泄漏后的气体是否为重气，可以用 $R_i$ 来判断，它表示质点的湍流作用导致的重力加速度的变化值与高度为 $h$ 的云团由于周围空气对其剪切作用而产生的加速度的比值，其表达式为：

$$R_i = (\rho - \rho_a) gh / (\rho_a^2 \cdot v) \tag{5-39}$$

式中 $\rho$，$\rho_a$——云团和空气的密度，$kg/m^3$；

$g$——重力加速度，$m/s^2$；

$v$——空气对云团的剪切力产生的摩擦速度，m/s。

通常定义一个临界 $R_{i0}$，当 $R_i$ 超过 $R_{i0}$ 时，即认为该扩散物质为重气。$R_{i0}$ 的选取具有很大的不确定性，其值一般取 10。

5.5.1.1 重气扩散模型研究

（1）经验模型。经验模型即 BM 模型，它是根据一系列重气扩散的实验数据绘制成的图表，Hanna 等对其进行了无因次处理并拟合成解析公式，发现能与 Britter 和 Mc－Quaid 绘制的试验曲线吻合得较好。该模型具有简单、易用的特点。

（2）一维模型。该类模型主要包括用于重气瞬时泄漏的箱模型和用于连续泄漏的板块模型，重气形成后会由于重力的作用在近地面扩散，一维模型认为其扩散过程包括如下几个阶段：

1）重力沉降阶段。重气泄漏后由于其密度比周围空气的密度大，云团的顶部会由于重力的作用而下陷，从而导致云团径向尺寸增大，高度减少。

2）重气扩散向非重气扩散转换阶段。在此阶段，云团会发生空气卷吸，空气卷吸的过程就是云团稀释冲淡的过程，空气卷吸分为顶部空气卷吸和侧面空气卷吸，总的空气卷吸质量等于两者之和。试验以及模型的预测结果表明：与顶端空气卷吸质量比较，侧面空气卷吸的质量可以忽略，在此阶段除了由于卷吸空气的进入而导致云团的体积、质量发生变化外，云团还会与周围环境发生热量交换从而导致云团温度的变化。

3）被动扩散阶段。此阶段由于云团的密度接近或者小于空气，受浮力的影响，云团向高处扩散。判断的准则为前述的 $R_i$ 准则。此后其扩散模拟采用高斯模型进行计算。

（3）三维流体力学模型。该类模型是基于计算流体力学（CFD）的数值方法，以纳维方程为理论依据，结合一些初始和边界条件，加上数值计算理论和方法，从而实现预报真实过程各种场的分布。该方法在原理上具有可以模拟任何复杂情况下的重气扩散过程的能力，用这种方法就克服了一维模型中辨识和模拟重气的下沉、空气的卷吸等各种物理效应时所遇到的许多问题。目前 CFD 的数值方法主要是对重气扩散的湍流模拟，由于重气扩散过程发生在大气边界层内，尤其是靠近地面的底层，即近地层，而大气边界层研究的主要是湍流输送的问题，比较成熟的湍流模拟模型有 $k-\varepsilon$ 模型，国内外不同的学者对该模型均做过不同的修正。

（4）浅层模型。由于一维模型基于很多理想化的假设导致结果不能够很好地反映重气扩散的动态过程，而三维模型计算又过于复杂，因此产生了浅层模型。该类模型克服了一维模型的缺点，同时保留了三维模型能够准确模拟扩散过程中各种场变化的优点，典型的浅层模型为 SLAB、TWODEE 模型，它们能够模拟连续泄漏以及瞬时泄漏的重气扩散过程。

5.5.1.2 重气扩散影响因素

影响重气扩散的因素很多，根据其泄漏的实际情况以及国内外的研究现状，归纳如下：

（1）初始释放状态。初始释放状态包括泄漏物质的存储相态、存储的压力及温度、存储容器的填充程度、泄漏源在存储容器上的位置、泄漏的面积、泄漏形式（瞬时泄漏或连续泄漏）、泄漏物质的密度等，这些因素均会影响重气在大气中的扩散。如泄漏物质是加压液化储存还是常态储存直接决定了泄漏物质在扩散过程中与外界环境的热量交换；泄漏形式是瞬时泄漏还是连续泄漏导致所使用的重气扩散的模型不同；泄漏物质的密度直接影响泄漏物质是否为重气的判断，同时影响由重气转变为非重气的时间。

（2）环境风速与风向。风速对重气扩散的影响是复杂的，不同高度的风速是不断变化的，风速的增大会加剧重气和空气之间的传热和传质，使得重气的扩散加剧，风速对扩散气云的迎风面和背风面的影响也不一样。风速越大，风对重气云团的平流输送作用加剧，同时紊流扩散作用增大，导致重气云团的体积分数下降，下风向处气体体积分数降低，重气与周围空气的热量交换加剧。实验结果表明：风速较大时，下风向各处气体体积分数较小，风速较小时，下风向各处气体体积分数较大。对于倾斜表面的重气扩散，风向平行于斜面与风向平行于水平地面时的扩散情况也是不一样的。

（3）地表粗糙度。重气在扩散过程中，若遇到障碍物，风场结构会发生变化，使重气扩散情况复杂，特别是当泄漏源在障碍物的背风面时，由于低压会发生回流，导致重气在泄漏源附近的体积分数高，不利于其扩散。研究表明，不同类型的障碍物导致地表粗糙度不同，对重气扩散的影响也不同。

（4）空气湿度。空气湿度对扩散的影响主要表现在两个方面：

1）空气湿度影响空气的密度进而影响扩散气云转变为重气的时间；

2）空气湿度影响气云与外界环境之间的热量交换。

（5）大气温度与稳定度。重气扩散过程中会卷吸大量的空气，因此存在其与空气之间的热量交换，空气的温度直接影响了重气云团的温度以及其转变为非重气的时间。大气稳定度与气温的垂直分布有关，不同温度层的重气云团的状态不同，一般来说，对于近地源，不稳定条件是有利的，可以加速重气的扩散；而对于高架源，不稳定条件是不利的，因为重气容易扩散到地面附近积聚。

（6）地面坡度。当重气在有坡度的斜面上扩散时，其情况比平坦地形上的重气扩散要复杂得多。实验结果表明：坡度对重气扩散具有重要的影响，不同的坡度对扩散的影响不同。对于瞬时扩散，坡度越大，云团到达同一地点的时间越短，云团在斜面上的停留时间越短。同时气云在斜坡上顺风和逆风扩散的状态也是不同的，关于斜坡上重气扩散的风向问题目前国内外对此没有研究，多数情况只是假设重气在斜坡上顺风扩散。

（7）太阳辐射。重气在扩散过程中不仅与卷吸的空气和地面发生热量的交换，同时太阳的热辐射也对其产生影响。太阳热辐射影响泄漏物质的蒸发量进而影响重气扩散时的体积分数，太阳辐射强，蒸发量多，重气体积分数高，扩散所需要的时间长。

## 5.5.2 非重气扩散

非重气云的空中扩散过程可用众所周知的高斯模型描述。泄漏气体或气体与空气混合后的密度接近空气密度时，重力下沉与浮力上升作用可以忽略，扩散主要是由空气的湍流决定。在假设均匀湍流场的条件下，有害物质在扩散截面的浓度分布呈高斯分布，所以称为高斯扩散。

高斯（GAUSS）模型包括高斯烟羽模型和高斯烟团模型。烟羽模型适应于连续点源的泄漏扩散，而烟团模型适用于瞬时点源的泄漏扩散。

高斯扩散模型建立较早，模型简单，实验数据充分，应用非常广泛。在重气泄漏场合，可以先使用重气模型，当湍流扩散起主要作用时，再改用高斯扩散模型。

### 5.5.2.1 扩散方程和基本条件

A 扩散基本方程

在均匀流场中，根据菲克定律和质量守恒，可以建立有害气体的三维扩散基本方程：

$$\frac{\partial C}{\partial t}=E_{t,x}\frac{\partial^2 C}{\partial x^2}+E_{t,y}\frac{\partial^2 C}{\partial y^2}+E_{t,z}\frac{\partial^2 C}{\partial z^2}-u_x\frac{\partial C}{\partial x}-u_y\frac{\partial C}{\partial y}-u_z\frac{\partial C}{\partial z}-KC \tag{5-40}$$

式中 $C$——有害物质质量浓度，kg/m³；

$t$——扩散时间，s；

$E_{t,x}$，$E_{t,y}$，$E_{t,z}$——$x$，$y$，$z$ 方向上的湍流扩散系数，常数；

$u_x$，$u_y$，$u_z$——$x$，$y$，$z$ 方向上的平均风速，m/s；

$K$——衰减系数，常数。

B 瞬时泄漏扩散方程

$$\frac{\partial C}{\partial t}+u_x\frac{\partial C}{\partial x}=E_{t,x}\frac{\partial^2 C}{\partial x^2}+E_{t,y}\frac{\partial^2 C}{\partial y^2}+E_{t,z}\frac{\partial^2 C}{\partial z^2} \tag{5-41}$$

在大气场中，只考虑 $x$ 方向风速，风向与 $x$ 轴一致，即 $u_x=0$、$u_y=0$；忽略地面吸收等造成的有害物质衰减，即 $K=0$。

有风时：

$$\frac{\partial C}{\partial t}=E_{t,x}\frac{\partial^2 C}{\partial x^2}+E_{t,y}\frac{\partial^2 C}{\partial y^2}+E_{t,z}\frac{\partial^2 C}{\partial z^2} \tag{5-42}$$

无风时：

$$u_x\frac{\partial C}{\partial x}=E_{t,y}\frac{\partial^2 C}{\partial y^2}+E_{t,z}\frac{\partial^2 C}{\partial z^2} \tag{5-43}$$

式（5－42）说明有风条件下稳态时某位置的质量浓度不随时间变化；在风向上的湍流扩散可以忽略。

### 5.5.2.2 无边界点源模型

A 瞬时点源扩散

无风条件下的瞬时点源扩散模型为：

$$\frac{\partial C}{\partial t}=E_{t,x}\frac{\partial^2 C}{\partial x^2}+E_{t,y}\frac{\partial^2 C}{\partial y^2}+E_{t,z}\frac{\partial^2 C}{\partial z^2} \tag{5-44}$$

先考虑沿 $x$ 方向的一维扩散：

$$\frac{\partial C}{\partial t}=E_{t,x}\frac{\partial^2 C}{\partial x^2} \tag{5-45}$$

初始条件：$t=0$ 时，$x=0$ 处，$C\to\infty$；$x\neq 0$ 处，$C\to 0$。
边界条件为：$t\to\infty$ 时，$C\to 0$，$-\infty<x<+\infty$。

解得

$$C(x,t)=\frac{1}{2(\pi E_{t,x}t)^{1/2}}\exp\left(-\frac{x^2}{4E_{t,x}t}\right) \tag{5-46}$$

源强为 $Q$ 时的浓度分布为：

$$C(x,t)=\frac{Q}{2(\pi E_{t,x}t)^{1/2}}\exp\left(-\frac{x^2}{4E_{t,x}t}\right) \tag{5-47}$$

三维时：

$$C(x,y,z,t)=\frac{Q}{8(\pi^3 E_{t,x}E_{t,y}E_{t,z}t^3)^{1/2}}\exp\left[-\frac{1}{4t}\left(\frac{x^2}{E_{t,x}}+\frac{y^2}{E_{t,y}}+\frac{z^2}{E_{t,z}}\right)\right] \tag{5-48}$$

令

$$\sigma_x^2=2E_{t,x}t$$

则

$$C(x,y,z,t)=\frac{Q}{(2\pi)^{3/2}\sigma_x\sigma_y\sigma_z}\exp\left[-\left(\frac{x^2}{2\sigma_x^2}+\frac{y^2}{2\sigma_y^2}+\frac{z^2}{2\sigma_z^2}\right)\right] \tag{5-49}$$

式中　$\sigma_x$，$\sigma_y$，$\sigma_z$——下风向、横风向和竖直风向的扩散系数，m。

有风时，气云中心按风速运动，做坐标变换即得：

$$C(x,y,z,t)=\frac{Q}{(2\pi)^{3/2}\sigma_x\sigma_y\sigma_z}\exp\left[-\left(\frac{(x-\bar{u}_x t)^2}{2\sigma_x^2}+\frac{y^2}{2\sigma_y^2}+\frac{z^2}{2\sigma_z^2}\right)\right] \tag{5-50}$$

式中　$\bar{u}_x$——环境平均风速，m/s。

B　连续点源

有风条件下连续点源扩散的浓度分布为：

$$C(x,y,z)=\frac{Q}{4\pi x(E_{t,y}E_{t,z})^{1/2}}\exp\left[-\frac{\bar{u}_x}{4x}\left(\frac{y^2}{E_{t,y}}+\frac{z^2}{E_{t,z}}\right)\right] \tag{5-51}$$

令

$$\sigma_x^2=2E_{t,x}t=\frac{2E_{t,x}x}{\bar{u}_x}$$

$$\sigma_y^2=2E_{t,y}t=\frac{2E_{t,y}x}{\bar{u}_x} \tag{5-52}$$

$$\sigma_z^2=2E_{t,z}t=\frac{2E_{t,z}x}{\bar{u}_x}$$

则

$$C(x,y,z)=\frac{Q}{2\pi\bar{u}_x\sigma_y\sigma_z}\exp\left[-\left(\frac{y^2}{2\sigma_y^2}+\frac{z^2}{2\sigma_z^2}\right)\right] \tag{5-53}$$

#### 5.5.2.3　有界点源扩散

一般把地面视为镜子一样可以完全反射有害物质，见图 5-11。有害物质的实际浓度为由真实源计算的浓度和由与真实源对称的虚源计算的浓度之和。

A 高架连续点源

设泄漏源有效高度为 $H$，取其在地面投影为坐标原点，$x$ 轴指向风向，如图 5－12 所示。考虑地面反射作用，可得高架连续点源泄漏的浓度分布：

$$C(x、y、z;H)=\frac{Q}{2\pi\bar{u}\sigma_y\sigma_z}\exp\left(-\frac{y^2}{2\sigma_y^2}\right)\left\{\exp\left[-\frac{(z-H)^2}{2\sigma_z^2}\right]+\exp\left[-\frac{(z+H)^2}{2\sigma_z^2}\right]\right\} \tag{5-54}$$

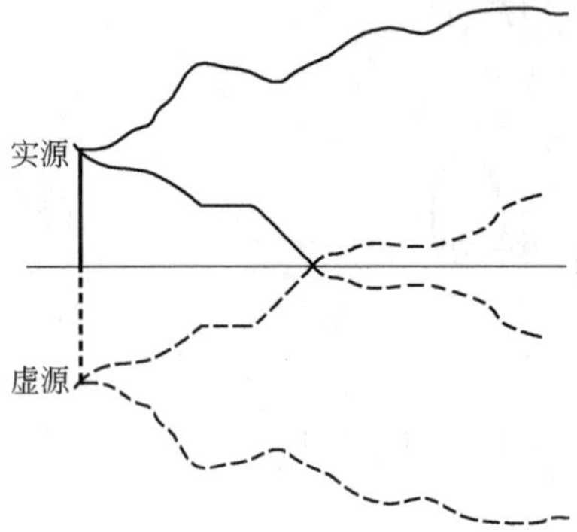


图 5－11 有界点源反射图

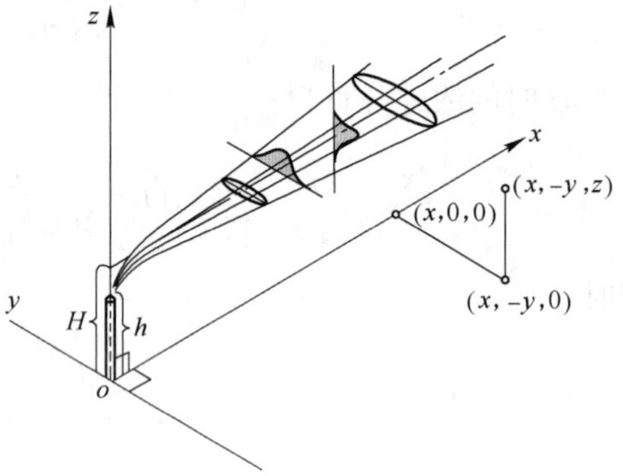


图 5－12 坐标示意图

高架连续源地面浓度，即当 $z=0$ 时：

$$C(x,y,0;H)=\frac{Q}{\pi\bar{u}\sigma_y\sigma_z}\exp\left(-\frac{y^2}{2\sigma_y^2}\right)\exp\left(-\frac{H^2}{2\sigma_z^2}\right) \tag{5-55}$$

高架连续点源地面轴向浓度，即当 $y=0$，$z=0$ 时：

$$C(x,0,0;H)=\frac{Q}{\pi\bar{u}\sigma_y\sigma_z}\exp\left(-\frac{H^2}{2\sigma_z^2}\right) \tag{5-56}$$

高架连续点源的地面最大浓度：

$$C_{\max}=\frac{2Q}{\pi e\bar{u}H^2}\cdot\frac{\sigma_z}{\sigma_y} \tag{5-57}$$

即当 $y=0$，$z=0$ 时，假设 $\sigma_y/\sigma_z=a=$ 常数时，对 $\sigma_z$ 求导并令其等于 0，可得：

$$\sigma_z|_{x=x_{\max}}=\frac{H}{\sqrt{2}} \tag{5-58}$$

地面连续点源扩散模式，即当 $H=0$ 时：

$$C(x,y,z;0)=\frac{Q}{\pi\bar{u}\sigma_y\sigma_z}\exp\left(-\frac{y^2}{2\sigma_y^2}\right)\exp\left(-\frac{z^2}{2\sigma_z^2}\right) \tag{5-59}$$

地面连续点源轴线的浓度，即当 $y=0$，$z=0$，$H=0$ 时：

$$C(x,0,0;0)=\frac{Q}{\pi\bar{u}\sigma_y\sigma_z} \tag{5-60}$$

B 高架瞬时点源

设释放源有效高度为 $H$，取释放源在地面投影为坐标原点，进行坐标变换并考虑地面的反射作用，则可将无边界瞬时点源扩散模型转换为高架瞬时点源模型。

无风时：

$$C(x,y,z,t)=\frac{Q}{(2\pi)^{3/2}\sigma_x\sigma_y\sigma_z}\exp\left(-\frac{x^2}{2\sigma_x^2}-\frac{y^2}{2\sigma_y^2}\right)\left[-\exp\frac{(z-H)^2}{2\sigma_z^2}-\exp\frac{(z-H)^2}{2\sigma_z^2}\right] \tag{5-61}$$

有风时：

$$C(x,y,z,t)=\frac{2Q}{(2\pi)^{3/2}\sigma_x\sigma_y\sigma_z}\exp\left[-\left(\frac{(x-\overline{u}_x t)^2}{2\sigma_x^2}+\frac{y^2}{2\sigma_y^2}+\frac{z^2}{2\sigma_z^2}\right)\right] \tag{5-62}$$

地面源，$H=0$：

$$C(x,y,z,t)=\frac{2Q}{(2\pi)^{3/2}\sigma_x\sigma_y\sigma_z}\exp\left[-\left(\frac{x^2}{2\sigma_x^2}+\frac{y^2}{2\sigma_y^2}+\frac{z^2}{2\sigma_z^2}\right)\right] \tag{5-63}$$

#### 5.5.2.4 大气稳定度与扩散参数

A 大气稳定度分级

（1）帕斯奎尔（Pasquill）分级法。帕斯奎尔（Pasquill）根据天空中观测的风速、云量、云状和日照等天气资料，将大气的扩散能力分为六个稳定度级别，见表 5-16。吉福德（Gifford）在此基础上建立了扩散系数与下风向距离的函数关系，并绘成 $P-G$ 曲线图。根据大气稳定度级别查图即可知道扩散参数。

**表 5-16 大气稳定度级别划分表**

| 地面风速 /m·s$^{-1}$ | 白天太阳辐射 | | | 阴天的白天或夜间 | 有云的夜间 | |
|---|---|---|---|---|---|---|
| | 强 | 中 | 弱 | | 薄云遮天或低云≥5/10 | 云量≤4/10 |
| <2 | A | A—B | B | D | | |
| 2~3 | A—B | B | C | D | E | F |
| 3~5 | B | B—C | C | D | D | E |
| 5~6 | C | C—D | D | D | D | D |
| >6 | C | D | D | D | D | D |

注：1. A—极不稳定，B—不稳定，C—弱不稳定，D—中性，E—弱稳定，F—稳定；
2. A—B 按 A、B 数据内插；
3. 规定日落前 1h 至日出后 1h 为夜间；
4. 不论什么天气状况，夜晚前后各 1h 算中性；
5. 仲夏晴天中午为强日照，寒冬中午为弱日照（中纬度）；
6. 云量：目视估计云蔽天空的分数。观测时，将天空划分为 10 份，为之遮蔽的分数即为云量，无云则为零。

这种稳定度级别的划分方法不很严格，对同一天气状况，不同的人可能选用不同的稳定度级别。因此，不少人提出了改进方法，如我国的 GB/T 13201—91。

（2）P-T 法。特纳尔（Turner）提出的一套根据太阳高度角和云高、云量确定太阳辐射等级，再由辐射等级和 10m 高处风速确定稳定度级别的方法。

B 扩散参数的表示

扩散参数和下风向距离的关系以函数形式表示使用比较方便，幂函数形式是一种常用的表示方法：

$$\sigma_y=ax^b \qquad \sigma_z=cx^d \tag{5-64}$$

式中的扩散参数系数见表 5-17。

**表 5-17 世界银行推荐的扩散参数系数表**

| 稳定度 | 系数 | | | |
|---|---|---|---|---|
| | $a$ | $b$ | $c$ | $d$ |
| A | 0.527 | 0.865 | 0.28 | 0.90 |
| B | 0.371 | 0.866 | 0.23 | 0.85 |
| C | 0.209 | 0.897 | 0.22 | 0.80 |
| D | 0.123 | 0.905 | 0.20 | 0.76 |
| E | 0.098 | 0.902 | 0.15 | 0.73 |
| F | 0.065 | 0.902 | 0.12 | 0.67 |

5.5.2.5 虚拟点源

A 点源

释放源的几何尺寸为0，相应的浓度为无穷大。一般的小尺寸泄漏可采用式（5-65）计算。

$$\sigma_y = ax^b \qquad \sigma_z = cx^d \tag{5-65}$$

B 虚拟点源

虚拟点源见图 5-13。

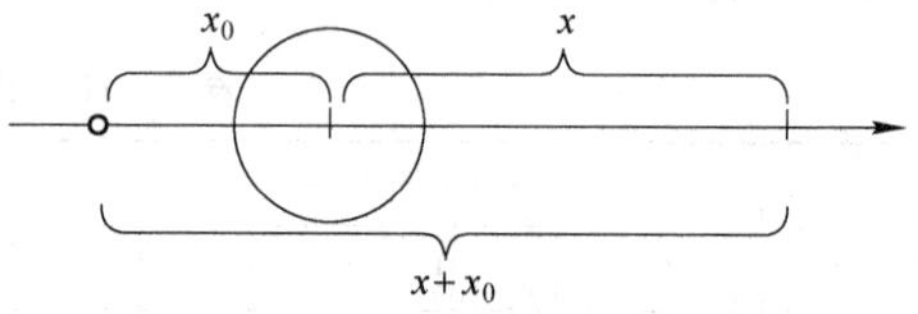

图 5-13 虚拟点源示意图

C 各情形的虚拟点源

（1）重气云或重气云羽。在转变点，重气云团是高度为 $H$、半径为 $R$ 的圆柱体，重气云羽的截面是高为 $H$、半宽为 $L$ 的矩形。

设想在转变点，风向上某点有一虚拟点源，该点源按高斯模型处理，在转变点处中心线的浓度等于转变点处云团或云羽的浓度，水平扩散系数为 $\sigma_{y0}$，垂直扩散系数为 $\sigma_{z0}$。令：

$$\sigma_{y0} = \frac{R}{2.14} \quad 或 \quad \frac{L}{2.14} \tag{5-66}$$

$$\sigma_{z0} = \frac{H}{2.14} \tag{5-67}$$

根据扩散系数与下风向距离的关系可以反算出转变点到虚拟点源的距离 $xy$ 和 $xz$。$xy$ 和 $xz$ 可以不相等。

关于液池蒸发，蒸发的气体呈密度均匀的圆柱体，处理方法与重气扩散相同。

（2）闪蒸与绝热扩散气云。气云瞬时绝热膨胀，采用绝热扩散模型处理，可得到扩散结束后半球形气云的半径和密度。

将气云半径作为该点的高斯扩散的水平和垂直扩散系数，根据扩散系数与距离的关系计算虚拟点源的位置，然后按高斯点源模型处理。

（3）喷射扩散。喷射扩散的转变点处，浓度为中轴线浓度 10% 的圆的直径，作为高斯扩散在此点的扩散系数，用它来计算虚拟点源的位置。由于喷射扩散的稀释速度比高斯扩散快，所以虚拟点源在泄漏口的上风方向。

5.5.2.6 计算示例

用高斯连续地面点源模型计算丙烷泄漏扩散情况，泄漏质量流量为1kg/s。

将扩散系数代入高斯连续地面点源模式，得到下风向任意点浓度的计算式，给定浓度可求相应坐标。图5-14是采用Mathematica绘制的等浓度图，图中三条曲线从内到外依次为爆炸下限（41g/$m^3$）、中度危害浓度（18g/$m^3$）和最高允许浓度（1g/$m^3$）。

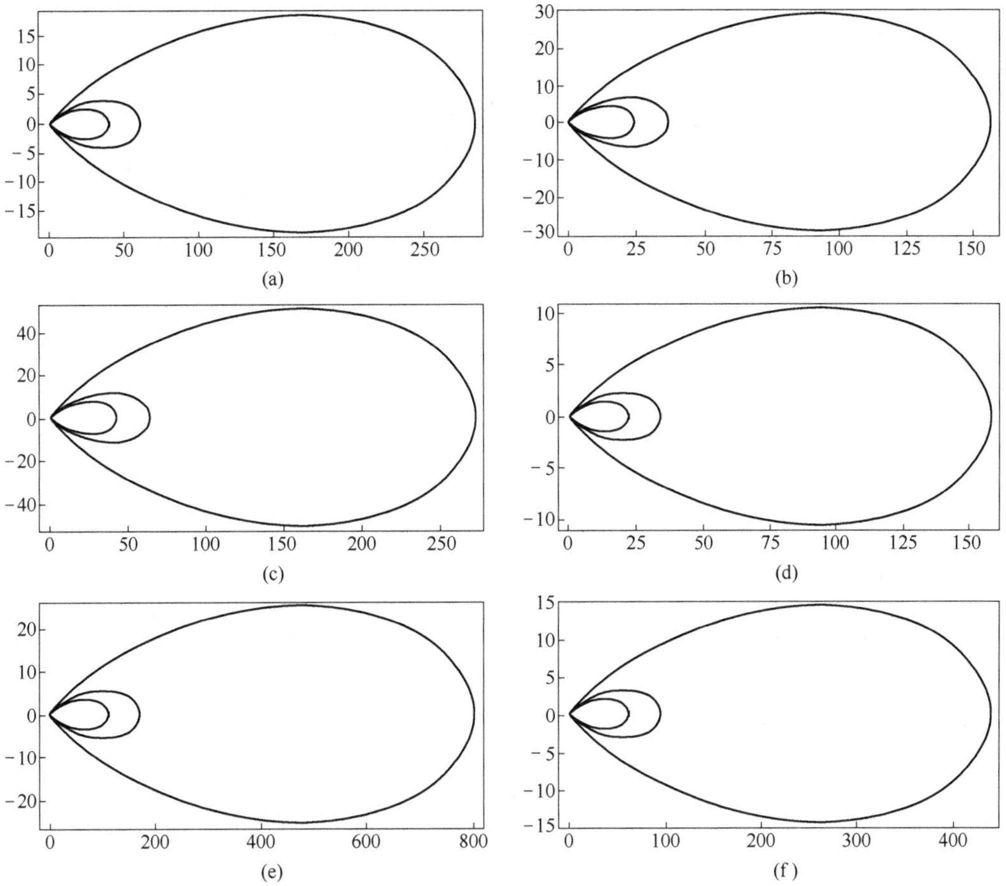


图5-14 丙烷蒸气扩散等浓度图

（a）大气稳定度A级，风速1m/s；（b）大气稳定度A级，风速3m/s；
（c）大气稳定度D级，风速1m/s；（d）大气稳定度D级，风速3m/s；
（e）大气稳定度F级，风速1m/s；（f）大气稳定度F级，风速3m/s

## 5.6 火灾事故后果分析

易燃、易爆的液体、气体泄漏后遇到引燃源就会被点燃而燃烧。它们被点燃后的燃烧方式如下：

（1）池火，液体泄漏后在地面或水面燃烧。

（2）喷射火，气体从裂口喷出后立即燃烧，如同火焰喷射器。

(3) 火球，又称沸腾液体扩展蒸气云爆炸。压力容器内液化气体过热使容器爆炸，内容物泄漏并被点燃，产生强大的火球；泄漏的可燃气云或蒸气与空气混合后被点燃，发生预混燃烧。

(4) 突发火，泄漏的可燃气体在空气中扩散后发生的滞后燃烧，不产生冲击波。

火灾通过热辐射的方式影响周围环境。热辐射的后果一般用热辐射通量与热辐射强度来衡量。热辐射通量（简称热通量）是指单位时间、单位面积发射或接收的热量，通常以 $q$ 表示。热辐射强度（简称热强度）是指热通量与热通量作用时间的乘积，通常以 $I$ 表示。

当火灾产生的热辐射强度足够大时，可使周围的物体燃烧或变形。强烈的热辐射可能烧伤、烧死人员，造成财产损失。热辐射造成伤害或损坏的情况取决于热辐射强度，并有相应的损失等级。表5－18为不同热辐射强度造成的伤害和损失情况。

**表5－18 不同热辐射强度造成的伤害和损失**

| 热辐射通量/$kW \cdot m^{-2}$ | 对设备的损坏 | 对人的损害 |
|---|---|---|
| 37.5 | 操作设备全部损坏 | 1%死亡/10s |
| 25 | 在无火焰、长时间辐射时，木材燃烧的最小能量 | 重大损伤/10s<br>100%死亡/1min |
| 12.5 | 有火焰时，木材燃烧、塑料溶化的最低能量 | 一度烧伤/10s<br>1%死亡/1min |
| 4.0 | | 20s以上感觉疼痛 |
| 1.5 | | 长期辐射无不舒服 |

### 5.6.1 热辐射破坏准则

常见的热辐射破坏准则可以归纳为：热通量准则、热强度准则及热通量－热强度准则。

#### 5.6.1.1 热通量准则

以热通量作为衡量目标是否被破坏的参数。目标接受到的热通量大于或等于临界热通量，目标被破坏；否则，目标不被破坏。

适用范围为热通量作用的时间比目标达到热平衡所需要的时间长。

#### 5.6.1.2 热强度准则

以目标接收到的热强度作为目标是否被破坏的唯一参数。目标接收到的热强度大于或等于临界热强度时，目标被破坏；否则，目标不被破坏。

适用范围为作用于目标的热通量持续时间非常短，以至于目标接收到的热量来不及散失掉。

#### 5.6.1.3 热通量－热强度准则

当热通量准则或热强度准则的适用条件均不具备时，应该使用热通量－热强度准则。

热通量－热强度准则认为，目标能否被破坏不能由热通量或热强度一个参数决定，而必须由它们的组合来决定。

如果以热通量 $q$ 和热强度 $I$ 分别作为横坐标和纵坐标，那么，目标破坏的临界状态对应 $q-I$ 平面有一条临界曲线，见图5－15。

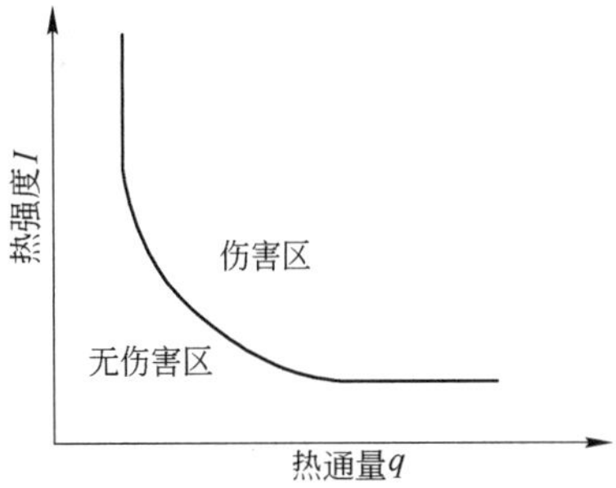

图5－15 热通量－热强度曲线

## 5.6.2 池火

### 5.6.2.1 池火概述

可燃性液体泄漏后流到地面形成液池，或流到水面并覆盖水面，遇到引火源而形成池火。如泄漏到地面上、堤坝内液体的燃烧，敞开的容器内液体的燃烧，水面上液体燃烧等。

池火模型一般按圆形液面计算，所以其他形状的液池应换算为等面积的圆池。

无边界阻挡的连续泄漏，随着液池面积扩大燃烧速度加快，当燃烧速度等于泄漏速度时，液池直径达到最大。

最大直径可按式（5－68）计算：

$$D=2\sqrt{\frac{Q}{\pi m_f}} \tag{5-68}$$

式中 $D$——液池直径，m；

$Q$——液体泄漏流量，kg/s；

$m_f$——液体单位面积燃烧速率，kg/(m$^2$·s)。

### 5.6.2.2 液体燃烧速率

不考虑液池大小对燃烧速率的影响时，常采用式（5－69）和式（5－70）计算液体单位面积燃烧速率。

当液池中可燃物沸点高于环境温度时：

$$m_f=\frac{cH_c}{c_p(T_b-T_a)+H_v} \tag{5-69}$$

液体沸点低于环境温度时：

$$m_f=\frac{cH_c}{H_v} \tag{5-70}$$

式中 $m_f$——液体单位面积燃烧速率，kg/(m$^2$·s)；

$c$——常数，0.001kg/(m$^2$·s)；

$H_c$——液体燃烧热，J/kg；

$H_v$——液体在常压沸点下的汽化热，J/kg；

$c_p$——液体的比定压热容，J/(kg·K)；

$T_b$——液体的沸点，K；

$T_a$——环境温度，K。

### 5.6.2.3 池火高度

无风时：

$$H=42D\left(\frac{m_f}{\rho_a\sqrt{gD}}\right)^{0.61} \tag{5-71}$$

有风时：
$$H' = 55D\left(\frac{m_f}{\rho_a\sqrt{gD}}\right)^{0.67}\left(\frac{u}{u_c}\right)^{-0.21} \tag{5-72}$$

式中 $\rho_a$——空气密度，$kg/m^3$；

$g$——重力加速度；$9.8m/s^2$；

$u$——10m 高处风速，m/s；

$u_c$——特征风速。

如果 $u < u_c$，则 $u/u_c$ 取1。式（5－71）和式（5－72）表明，液池直径越大，火焰越高；有风时火焰高度有所减少，但是，火焰向下风方向倾斜，加重了下风方向的热辐射危害，还可能危及附近高大设备。

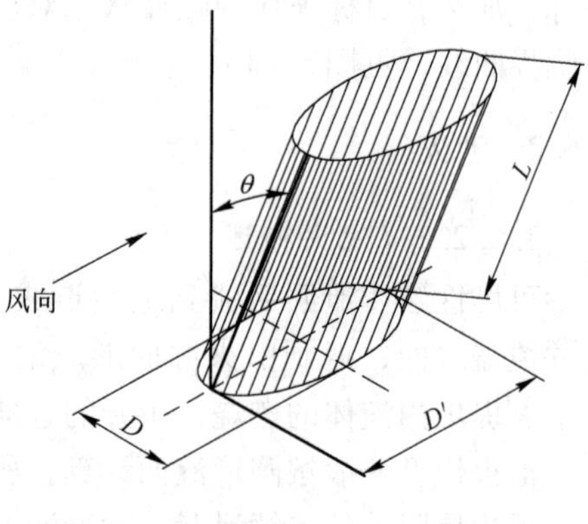


图5－16　火焰在风作用下扩展示意

如图5－16 所示，火焰在风作用下向下风扩展，风向上直径为：

$$D' = 1.5D[u^2/(gD)]^{0.069} \tag{5-73}$$

风向上直径 $D'$ 与原液池直径 $D$ 之差称为后拖量。

火焰倾斜角可以按式（5－74）计算：

$$\frac{\tan\theta}{\cos\theta} = 0.666\left(\frac{u}{gD}\right)^{0.333}\left(\frac{uD}{\nu}\right)^{0.117} \tag{5-74}$$

式中 $\nu$——空气运动黏度，$m^2/s$；

$\theta$——火焰倾角，(°)。

计算火焰倾角的式（5－74）中，下面的简单关系式能给出最好效果：

$$\cos\theta = \begin{cases} 1 & u/u_c < 1 \\ (u/u_c)^{-0.5} & u/u_c \geq 1 \end{cases} \tag{5-75}$$

### 5.6.2.4 热辐射通量

液池周围距池中心 $x$ 处的热辐射通量为：

$$q = E v_F \tau \tag{5-76}$$

式中 $q$——接受点热辐射通量，$W/m^2$；

$E$——池火表面热辐射通量，$W/m^2$；

$v_F$——几何视角因子；

$\tau$——大气透射率。

（1）表面热辐射通量 $E$。假设燃料燃烧的能量从圆柱状池火焰的侧面和上面均匀向外辐射，则池火焰表面热辐射能量为：

$$E = \frac{0.25\pi D^2 f m_f H_c}{0.25\pi D^2 + \pi DL} \tag{5-77}$$

式中 $f$——热辐射系数，范围为0.13～0.35，保守取值0.35。

考虑黑烟以及一氧化碳、水蒸气等，火焰表面热辐射能量可按式（5－78）计算：

$$E = E_f e^{-0.12D} + E_s(1 - e^{-0.12D}) \tag{5-78}$$

式中 $E_f$——火焰可见部分最大发射能量，取$140kW/m^2$；

$E_s$——火焰黑烟部分最大发射能量，取 $20kW/m^2$。

式（5－78）适用于含大量黑烟的碳氢化合物燃烧的情况。

（2）几何视角因子 $v_F$。$v_F$ 指辐射接受面从辐射表面接收到的辐射量占总辐射量的比率，图 5－17 显示了 $dA_1$ 及 $dA_2$ 两个微面之间的辐射关系。

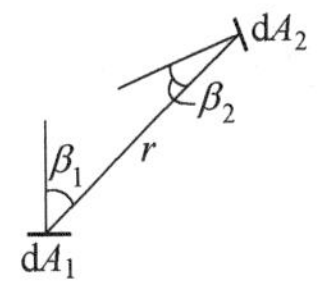


图 5－17　$dA_1$ 及 $dA_2$ 两个微面之间的辐射交换示意图

$$v_{FdA_1\to dA_2}=\int_{A_1}\frac{\cos\beta_1\cos\beta_2}{\pi r^2}dA_1 \qquad (5-79)$$

$$v_F=\frac{1}{\pi}\frac{a}{b}\frac{a^2+b^2+1}{\sqrt{a^2+(b+1)^2}\sqrt{a^2+(b-1)^2}}\times\arctan\left[\frac{a^2+(b+1)^2}{a^2+(b-1)^2}\right]^{1/2}\left(\frac{b-1}{b+1}\right)^{1/2}+\frac{1}{b}\arctan\frac{a}{b^2-1}-\frac{a}{b}\arctan\left(\frac{b-1}{b+1}\right)^{1/2} \qquad (5-80)$$

式中，$a=2L/D$，$b=2x/D$。

$L$，$x$，$D$ 之间关系见图 5－18。

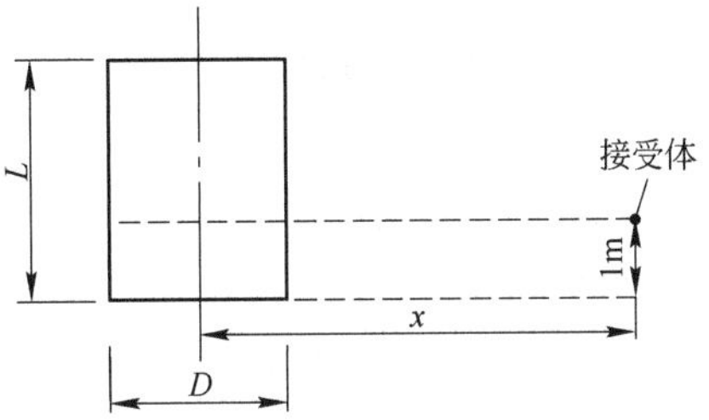


图 5－18　$L$，$x$，$D$ 关系图

（3）大气透射率 $\tau$。考虑水蒸气、二氧化碳等对热辐射的吸收，常用的一种计算方法是：

$$\tau=1-0.058\ln x \qquad (5-81)$$

另一种常用计算公式：

$$\tau=1.11x^{-0.09} \qquad (5-82)$$

式（5－81）和式（5－82）的计算结果非常接近。作为保守的估计，取 $\tau=1$ 也可。

（4）点源模型。假设全部热量由池中心点发出：

$$q=\frac{fm_fH_c\tau}{4\pi x^2} \qquad (5-83)$$

使用式（5－83）时通常可假定大气透射率为 1。

### 5.6.3　喷射火

高压气体从裂口高速喷出后被点燃，就形成喷射火（见图 5－19）。喷射火的长度可以认为等于喷口到燃烧浓度下限的长度。

喷射火的热量认为是从中心轴线上一系列相等的辐射源发出，每一点源的热通量为：

$$E=fQH_c/n \qquad (5-84)$$

式中　$f$——燃烧效率因子，取 0.35；

$n$——假设的点源数；

$Q$——泄漏流量，kg/s。

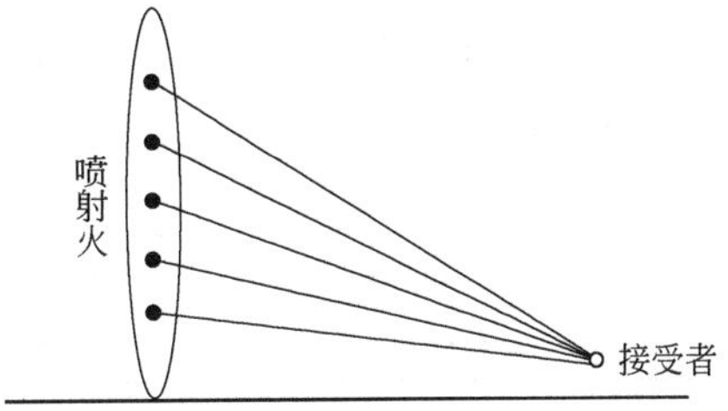


图 5－19　喷射火

则距离点源距离 $x_i$ 处某点接受的热辐射通量为：

$$q_i=\frac{X_pE}{4\pi x_i^2} \qquad (5-85)$$

式中 $X_p$——发射因子，取0.2。

总热通量是各点辐射的和：

$$q = \sum_{i=1}^{n} q_i \tag{5-86}$$

注意：

（1）辐射点源的数目可以任意选取，但对于后果分析来说，取5点即可。

（2）该模型没有考虑风的影响，因为一般喷射速度比风速大得多。

（3）在低压喷射时，风速的影响比较明显，在下风向接受热量会更多。

（4）如果风使喷射火焰偏离了轴线，则该模型不适用。

### 5.6.4 火球

当压力容器受外界热量的作用使槽壁强度下降并突然破坏，储存的过热液体或液化气体突然释放并被点燃，形成巨大火球。火球也称为沸腾液体扩展蒸气爆炸。火球的危害主要是热辐射而不是爆炸冲击波，强烈的热辐射可能造成严重的人员伤亡和财产损失。

火球直径： $$D = 5.8W^{1/3} \tag{5-87}$$

火球持续时间： $$t = 0.45W^{1/3} \tag{5-88}$$

式中 $W$——火球中消耗的可燃物的质量，kg。

对于单罐储存，$W$ 取罐容量的50%；对于双罐储存，$W$ 取罐容量的70%；对于多罐储存，$W$ 取罐容量的90%。

火球在燃烧时一般会升离地面，其高度也有模型描述，保守的估计可以认为火球没有离开地面。其他常见模型见表5－19。

**表5－19 常见火球模型**

| 模　型 | $D = aW^b$ | | $t = cW^d$ | |
|---|---|---|---|---|
| | $a$ | $b$ | $c$ | $d$ |
| Lihou 和 Maund | 3.51 | 0.33 | 0.32 | 0.33 |
| Roberts | 5.8 | 0.33 | 0.45 | 0.33 |
| Pietersen，TNO | 6.48 | 0.325 | 0.825 | 0.26 |
| Williamson 和 Mann | 5.88 | 0.333 | 1.09 | 0.167 |
| Moorhouse 和 Pritchard | 5.33 | 0.327 | 1.09 | 0.327 |
| Hasegawa 和 Sato | 5.28 | 0.277 | 1.1 | 0.097 |
| Fay 和 Lews | 6.28 | 0.33 | 2.53 | 0.17 |
| Lihou 和 Maund | 6.36 | 0.325 | 2.57 | 0.167 |
| Raj P K | 5.45 | 0.333 | 1.34 | 0.167 |

距火球在地面投影处 $x$ 的热辐射通量为：$q = Ev_F\tau$ （5－89）

火球表面热辐射通量为： $$E = \frac{fWH_c}{\pi D^2 t} \tag{5-90}$$

上式实际是假定火球在持续时间内辐射热量恒定不变。

$f$是燃烧辐射分数，是容器压力的函数：

$$f = f_1 p^{f_2} \tag{5-91}$$

式中 $f_1$，$f_2$——常数，$f_1 = 0.27$，$f_2 = 0.32$；

$p$——容器内压力，MPa。

在没有可靠数据时，$f$可取0.3。

视角因子 $v_F$（见图5-20）考虑最简单、最保守的情况：

$$v_F = \frac{D^2}{4l^2} \tag{5-92}$$

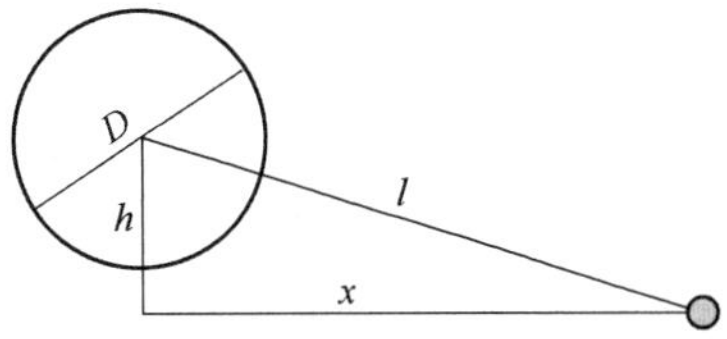

图5-20 视角因子示意图

所以

$$q = \frac{fWH_c\tau}{4\pi t(h^2 + x^2)} \tag{5-93}$$

忽略火球高度：

$$q = \frac{fWH_c\tau}{4\pi t x^2} \tag{5-94}$$

### 5.6.5 闪火

闪火是可燃蒸气云的非爆炸燃烧；燃烧速度虽然很快，但比爆炸慢得多；危害主要是热辐射而没有冲击波。

有关闪火的后果分析研究还很不充分，一般可以认为蒸气云浓度在气体爆炸上、下限之间的范围为闪火范围。

闪火的热辐射也可以采用适当的模型描述，但考虑到蒸气云本身的形状已经难以确定，而闪火持续时间又很短，因此一般后果分析可不考虑其热辐射效应，只考虑闪火范围内的伤害。一般可认为闪火范围内的室外人员将全部烧死，建筑物内将有部分人被烧死。在缺乏资料时，可以认为室内的死亡率为0。

### 5.6.6 热辐射伤害概率模型

热辐射伤害也常用概率模型描述。概率（$P_r$）与伤害百分率（$D$）的关系为：

$$D = \int_{\infty}^{Pr-5} \exp\left(-\frac{u^2}{2}\right) du \tag{5-95}$$

具体应用时，可参考表5-20进行换算。

**表5-20 概率与伤害百分率的换算**

| D/% | 0 | 1 | 2 | 3 | 4 | 5 | 6 | 7 | 8 | 9 |
|---|---|---|---|---|---|---|---|---|---|---|
| 0 | | 2.67 | 2.95 | 3.12 | 3.25 | 3.36 | 3.45 | 3.52 | 3.59 | 3.66 |
| 10 | 3.72 | 3.77 | 3.82 | 3.87 | 3.92 | 3.96 | 4.01 | 4.05 | 4.08 | 4.12 |
| 20 | 4.16 | 4.19 | 4.23 | 4.26 | 4.29 | 4.33 | 4.36 | 4.39 | 4.42 | 4.45 |
| 30 | 4.48 | 4.50 | 4.53 | 4.56 | 4.59 | 4.61 | 4.64 | 4.67 | 4.69 | 4.72 |
| 40 | 4.75 | 4.77 | 4.80 | 4.82 | 4.85 | 4.87 | 4.90 | 4.92 | 4.95 | 4.97 |
| 50 | 5.00 | 5.03 | 5.05 | 5.08 | 5.10 | 5.13 | 5.15 | 5.18 | 5.20 | 5.23 |
| 60 | 5.25 | 5.28 | 5.31 | 5.33 | 5.36 | 5.39 | 5.41 | 5.44 | 5.47 | 5.50 |

续表 5-20

| D/% | 0 | 1 | 2 | 3 | 4 | 5 | 6 | 7 | 8 | 9 |
|---|---|---|---|---|---|---|---|---|---|---|
| 70 | 5.52 | 5.55 | 5.58 | 5.61 | 5.64 | 5.67 | 5.71 | 5.74 | 5.77 | 5.81 |
| 80 | 5.84 | 5.88 | 5.92 | 5.95 | 5.99 | 6.04 | 6.08 | 6.13 | 6.18 | 6.23 |
| 90 | 6.28 | 6.34 | 6.41 | 6.48 | 6.55 | 6.64 | 6.75 | 6.88 | 7.05 | 7.33 |
| 99 | | 0.1 | 0.2 | 0.3 | 0.4 | 0.5 | 0.6 | 0.7 | 0.8 | 0.9 |
| | | 7.37 | 7.41 | 7.46 | 7.51 | 7.58 | 7.65 | 7.75 | 7.88 | 8.09 |

表 5-20 中，第一行和第一列的数值为伤害百分率，伤害百分率 =（百位数 ×10 + 个位数）×100%，比如伤害百分率为 22% 时，可以把 22% 看作 20% +2%，然后第一列中 20% 所在的行与第一行中 2% 所在的列交叉读数，即可得到伤害百分率为 22% 时的概率值 $P_r$ 为 4.23。反过来，$P_r=5$ 时，伤害百分率为 50%。

（1）皮肤裸露时的死亡概率：

$$P_r = -36.38 + 2.56\ln(tq^{4/3}) \tag{5-96}$$

（2）有衣服保护时（20% 皮肤裸露）的死亡概率：

$$P_r = -37.23 + 2.56\ln(tq^{4/3}) \tag{5-97}$$

（3）有衣服保护时（20% 皮肤裸露）的二度烧伤概率：

$$P_r = -43.14 + 3.0188\ln(tq^{4/3}) \tag{5-98}$$

（4）有衣服保护时（20% 皮肤裸露）的一度烧伤概率：

$$P_r = -39.83 + 3.0188\ln(tq^{4/3}) \tag{5-99}$$

式中 $t$——裸露时间，s；

$q$——热辐射通量，$W/m^2$。

后果分析时取值：

（1）暴露时间。对于火球，采用火球持续时间；对于池火和喷射火，可取 30s 或 40s。

（2）伤害百分率。通常都按 50% 伤害百分率计算。例如按 50% 死亡率划定死亡范围，该范围表明范围内、外死亡人数各占一半；也可以认为死亡范围内人员全部死亡，范围外无一人死亡。

## 5.7 爆炸后果分析

### 5.7.1 爆炸伤害准则

爆炸伤害准则有：

（1）超压准则。超压准则认为，爆炸波是否对目标造成伤害是由爆炸波超压唯一决定的，只有当爆炸波超压大于某一临界值时，才会对目标造成一定伤害。很明显，超压准则没有考虑正相持续时间。理论和实验都表明，爆炸破坏效应不仅与爆炸超压有关，也与超压持续时间有关，持续时间长则破坏更大。尽管如此，由于爆炸波超压容易测量和估计，所以超压准则是衡量爆炸破坏效应最常用的准则。

（2）冲量准则。冲量准则是指爆炸波能否对目标造成伤害，完全取决于爆炸波冲量大小，如果冲量大于临界值，则目标被破坏。但是，有一点是明显的，对于一个很小的超压，作用时间再长也不会产生任何伤害。因此，仅考虑冲量也是不完全的。

（3）超压－冲量准则。超压－冲量准则综合考虑了超压和冲量两个方面，如果超压和冲量的共同作用满足某一临界条件，目标就被破坏。超压－冲量准则可以用下式表示：

$$(\Delta p - p_{cr})(I - I_{cr}) = C \tag{5-100}$$

式中 $\Delta p$——超压，MPa；

$p_{cr}$——临界超压，MPa；

$I$——冲量，Pa·s；

$I_{cr}$——临界冲量，Pa·s；

$C$——常数。

### 5.7.2 凝聚相爆炸伤害模型

冲击波波阵面上的超压与产生冲击波的能量有关，同时也与距离爆炸中心的远近有关。冲击波的超压与爆炸中心距离的关系为：

$$\Delta p \propto R^{-n} \tag{5-101}$$

式中 $\Delta p$——冲击波波面上的超压，MPa；

$R$——距爆炸中心的距离，m；

$n$——衰减系数。

衰减系数在空气中随着超压的大小而变化，在爆炸中心附近内为2.5～3；当超压在0.1～1MPa时，$n=2$；小于0.1MPa时，$n=1.5$。

实验数据表明，不同数量的同类炸药发生爆炸时，如果距离爆炸中心的距离$R$之比与炸药量$q$三次方根之比相等，则所产生的冲击波超压相同，用式（5－102）表示：

$$\frac{R}{R_0} = \left(\frac{q}{q_0}\right)^{\frac{1}{3}} = \alpha \tag{5-102}$$

则

$$\Delta p = \Delta p_0 \tag{5-103}$$

式中 $R$——目标与基准爆炸中心的距离，m；

$R_0$——目标与基准爆炸中心的相当距离，m；

$\Delta p$——目标处的超压，MPa；

$\Delta p_0$——基准目标处的超压，MPa；

$q$——爆炸时产生冲击波所消耗的能量折合为能释放相同能量的TNT炸药的质量，kg；

$q_0$——基准爆炸能量折合为能释放相同能量的TNT炸药的质量，kg；

$\alpha$——炸药爆炸试验的模拟比。

则式（5－103）也可写为：

$$\Delta p(R) = \Delta p_0(R/\alpha) \tag{5-104}$$

如$q_0=1000$kg TNT炸药爆炸时，超压为0.018MPa的距离$R_0=60$m。则$q=1$kg TNT炸药爆炸时，超压0.018MPa的距离$R=6$m。

将爆炸物换算为具有相等能量的TNT($q$)，TNT能量按4500kJ/kg计算。

求$R$处超压：由$R_0=R/\alpha$查$R_0$相应的超压即得。

求给定超压的 $R$ 值：查表5－21得超压相应的 $R_0$，则 $R=R_0\alpha$。

破坏后果可从超压破坏表5－22和表5－23中查得。

**表5－21　1000kg TNT爆炸时的冲击波超压**

| $R_0$/m | 5 | 6 | 7 | 8 | 9 | 10 | 12 |
|---|---|---|---|---|---|---|---|
| $\Delta p_0$/MPa | 2.94 | 2.06 | 1.67 | 1.27 | 0.95 | 0.76 | 0.50 |
| $R_0$/m | 14 | 16 | 18 | 20 | 25 | 30 | 35 |
| $\Delta p_0$/MPa | 0.33 | 0.235 | 0.17 | 0.126 | 0.079 | 0.057 | 0.043 |
| $R_0$/m | 40 | 45 | 50 | 55 | 60 | 65 | 70 |
| $\Delta p_0$/MPa | 0.033 | 0.027 | 0.0235 | 0.0205 | 0.018 | 0.016 | 0.0143 |

**表5－22　冲击波超压对人体的伤害作用**

| 超压 $\Delta p$/MPa | 伤害作用 | 伤害距离 $R$/m | 超压 $\Delta p$/MPa | 伤害作用 | 伤害距离 $R$/m |
|---|---|---|---|---|---|
| 0.02～0.03 | 轻微作用 | 3.6～4.1 | 0.05～0.10 | 听觉器官损伤或骨折 | 2.4～3.1 |
| 0.03～0.05 | 内脏严重损伤 | 3.1～3.6 | >0.1 | 大部分人员死亡 | <2.4 |

**表5－23　冲击波超压对建筑物的破坏作用**

| 超压 $\Delta p$/MPa | 伤害作用 | 伤害距离 $R$/m | 超压 $\Delta p$/MPa | 伤害作用 | 伤害距离 $R$/m |
|---|---|---|---|---|---|
| 0.005～0.006 | 门窗玻璃部分破碎 | 6.2～6.6 | 0.06～0.07 | 木建筑厂房房柱折断，房架松动 | 2.7～2.9 |
| 0.006～0.015 | 受压面的门窗玻璃大部分破碎 | 4.6～6.2 | 0.07～0.10 | 砖墙倒塌 | 2.4～2.7 |
| 0.015～0.02 | 窗框破坏 | 4.2～4.6 | 0.10～0.20 | 防震钢筋混凝土破坏，小房屋倒塌 | 1.9～2.4 |
| 0.02～0.03 | 墙裂缝 | 3.6～4.2 | 0.20～0.30 | 大型钢架结构破坏 | 1.7～1.9 |
| 0.04～0.05 | 墙大裂缝 | 3.1～3.3 | | | |

## 5.7.3　蒸气云爆炸伤害模型——TNT当量法

原理：将参与爆炸的可燃气体释放的能量折合为能释放相同能量的TNT炸药的量，这样，就可以利用有关TNT爆炸效应的实验数据预测蒸气云爆炸效应。

$$W_{TNT}=\frac{\alpha\beta W_f Q_f}{Q_{TNT}} \tag{5-105}$$

式中　$W_{TNT}$——蒸气云的TNT当量，kg；

$\alpha$——蒸气云爆炸的效率因子，表明参与爆炸的可燃气体的分数，一般取3%或4%。

$\beta$——常数，地面爆炸时取1.8。

$W_f$——蒸气云中燃料的总质量，kg；

$Q_f$——蒸气的燃烧热，MJ/kg；

$Q_{TNT}$——TNT 的爆热，一般取 4.52MJ/kg。

爆炸中心与给定超压间的距离可以按式（5－106）计算：

$$x = 0.3967 W_{TNT}^{1/3} \exp[3.5031 - 0.7241 \ln\Delta p + 0.0398 (\ln\Delta p)^2] \quad (5-106)$$

式中 $x$——距离，m；

$\Delta p$——超压，psi（1psi＝6.9kPa）。

TNT 当量法的缺陷：爆炸性蒸气体积很大，显然不能用点源描述，因此，TNT 当量法产生误差是很自然的。

TNT 当量法的主要限制是：高估了近场处的超压；低估了远场的破坏效应。

### 5.7.4 爆炸伤害概率模型

超压致死的概率模型：

$$P_r = 2.47 - 1.37 \ln\Delta p \quad (5-107)$$

式中 $P_r$——概率；

$\Delta p$——超压，psi（1psi＝6.9kPa）。

$P_r = 5$ 时的死亡率为 50%，根据式（5－107）可求出相应的超压是 13.1psi（90.4kPa）。

下面是常用的一个根据超压－冲量准则和概率模型得到的死亡半径公式：

$$R_{0.5} = 13.6 \left( \frac{W_{TNT}}{1000} \right)^{0.37} \quad (5-108)$$

财产损失半径可按下式计算：

$$R = \frac{4.6 W_{TNT}^{1/3}}{\left[ 1 + \left( \frac{3175}{W_{TNT}} \right)^2 \right]^{1/6}} \quad (5-109)$$

### 5.7.5 物理爆炸后果分析

物理爆炸如压力容器破裂时，气体膨胀所释放的能量（即爆破能量）不仅与气体压力和容器的容积有关，而且与介质在容器内的物性相态有关。有的介质以气态存在，如空气、氧气、氢气等，有的以液态存在，如液氨、液氯等液化气体、高温饱和水等。容积与压力相同而相态不同的介质，在容器破裂时产生的爆破能量也不同，爆炸过程也不完全相同，其能量计算公式也不同。

5.7.5.1 压缩气体与水蒸气容器爆破能量

当压力容器中介质为压缩气体，即以气态形式存在而发生物理爆炸时，其释放的爆破能量为：

$$E_g = \frac{pV}{\kappa - 1} \left[ 1 - \left( \frac{0.1013}{p} \right)^{\frac{\kappa - 1}{\kappa}} \right] \times 10^3 \quad (5-110)$$

式中 $E_g$——气体爆破能量，kJ；

$p$——容器内气体的绝对压力，MPa；

$V$——容器的容积，$m^3$；

$\kappa$——气体的等熵指数，即气体的比定压热容与比定容热容的比值。

常用气体的等熵指数数值如表 5－24 所示。

**表 5－24 常用气体的等熵指数**

| 气体名称 | 空气 | 氮 | 氧 | 氢 | 甲烷 | 乙烷 | 乙烯 | 丙烷 | 一氧化碳 |
|---|---|---|---|---|---|---|---|---|---|
| $\kappa$ 值 | 1.4 | 1.4 | 1.397 | 1.412 | 1.316 | 1.18 | 1.22 | 1.13 | 1.395 |
| 气体名称 | 二氧化碳 | 一氧化氮 | 二氧化氮 | 氨气 | 氯气 | 过热蒸汽 | 饱和蒸汽 | 氢氰酸 | |
| $\kappa$ 值 | 1.295 | 1.4 | 1.31 | 1.32 | 1.35 | 1.3 | 1.135 | 1.31 | |

从表 5－24 可看出，空气、氮、氧、氢及一氧化碳、一氧化氮等气体的等熵指数均为 1.4 或近似 1.4，如用 $\kappa=1.4$ 代入式（5－110）中，得到气体的爆破能量为：

$$E_g=2.5pV\left[1-\left(\frac{0.1013}{p}\right)^{0.2857}\right]\times10^3 \tag{5-111}$$

令

$$C_g=2.5p\left[1-\left(\frac{0.1013}{p}\right)^{0.2857}\right]\times10^3$$

则可简化为：

$$E_g=C_gV \tag{5-112}$$

式中 $C_g$——常用压缩气体爆破能量系数，$kJ/m^3$。

压缩气体爆破能量系数 $C_g$ 是压力 $p$ 的函数，各种常用压力下的气体爆破能量系数如表 5－25 所示。

**表 5－25 常用压力下的气体容器爆破能量系数（$\kappa=1.4$ 时）**

| 压力 $p$/MPa | 0.2 | 0.4 | 0.6 | 0.8 | 1.0 | 1.6 | 2.5 |
|---|---|---|---|---|---|---|---|
| 爆破能量系数 $C_g/kJ\cdot m^{-3}$ | $2\times10^2$ | $4.6\times10^2$ | $7.5\times10^2$ | $1.1\times10^3$ | $1.4\times10^3$ | $2.4\times10^3$ | $3.9\times10^3$ |
| 压力 $p$/MPa | 4.0 | 5.0 | 6.4 | 15.0 | 32 | 40 | |
| 爆破能量系数 $C_g/kJ\cdot m^{-3}$ | $6.7\times10^3$ | $8.6\times10^3$ | $1.1\times10^4$ | $2.7\times10^4$ | $6.5\times10^4$ | $8.2\times10^4$ | |

如将 $\kappa=1.135$ 代入式（5－110），可得干饱和蒸气容器爆破能量为：

$$E_g=7.4pV\left[1-\left(\frac{0.1013}{p}\right)^{0.1189}\right]\times10^3 \tag{5-113}$$

式（5－113）计算水蒸气的爆破能量，因为没有考虑水蒸气干度的变化及其他的一些影响，所以存在较大的误差，但它可以不用查对热力性质而直接计算，对危险性评价可提供参考。

各种常用压力下的干饱和水蒸气容器爆破能量系数如表 5－26 所示，对于常压下的干饱和蒸汽容器的爆破能量可按式（5－114）计算：

$$E_s=C_sV \tag{5-114}$$

式中 $E_s$——水蒸气的爆破能量，kJ；

$V$——水蒸气的体积，$m^3$；

$C_s$——干饱和水蒸气爆破能量系数，$kJ/m^3$。

**表 5－26 常用压力下干饱和水蒸气容器爆破能量系数**

| 压力 $p$/MPa | 0.3 | 0.5 | 0.8 | 1.3 | 2.5 | 3.0 |
|---|---|---|---|---|---|---|
| 爆破能量系数 $C_s/kJ\cdot m^{-3}$ | $4.37\times10^2$ | $8.31\times10^2$ | $1.5\times10^3$ | $2.75\times10^3$ | $6.24\times10^3$ | $7.77\times10^3$ |

5.7.5.2 介质全部为液体时的爆破能量

通常用液体加压时所做的功作为常温液体压力容器爆炸时释放的能量。

$$E_1 = \frac{(p-1)^2 V\beta_t}{2} \tag{5-115}$$

式中 $E_1$——常温液体压力容器爆炸时释放的能量，kJ；

$p$——液体的压力（绝），Pa；

$V$——容器的容积，$m^3$；

$\beta_t$——液体在压力 $p$ 和温度 $t$ 下的压缩系数，$Pa^{-1}$。

5.7.5.3 液化气体与高温饱和水的爆破能量

液化气体和高温饱和水一般在容器内以气液两态存在，当容器破裂发生爆炸时，除了气体的急剧膨胀做功外，还有过热液体激烈的蒸发过程。在大多数情况下，这类容器内的饱和液体占容器介质重量的绝大部分，它的爆破能量比饱和气体要大得多，一般计算时不考虑气体膨胀做的功。过热状态下液体在容器膨胀破裂时释放出爆破能量可以按下式计算：

$$E = [(H_1 - H_2) - (S_1 - S_2)T_1]W \tag{5-116}$$

式中 $E$——过热状态下液体的爆破能量，kJ；

$H_1$——爆炸前液化液体的焓，kJ/kg；

$H_2$——在大气压力下饱和液体的焓，kJ/kg；

$S_1$——爆炸前液化液体的熵，kJ/(kg·℃)；

$S_2$——在大气压力下饱和液体的熵，kJ/(kg·℃)；

$T_1$——介质在大气压力下的沸点，K；

$W$——饱和液体的质量，kg。

高温饱和水容器的爆破能量按式（5-117）计算：

$$E_w = C_w V \tag{5-117}$$

式中 $E_w$——高温饱和水容器的爆破能量，kJ；

$V$——容器内饱和水所占的容积，$m^3$；

$C_w$——高温饱和水爆破能量系数，$kJ/m^3$，其值如表5-27所示。

**表5-27 常用压力下饱和水爆破能量系数**

| 压力 $p$/MPa | 0.3 | 0.5 | 0.8 | 1.3 | 2.5 | 3.0 |
|---|---|---|---|---|---|---|
| 能量系数 $C_w/kJ\cdot m^{-3}$ | $2.38\times10^4$ | $3.25\times10^4$ | $4.56\times10^4$ | $6.35\times10^4$ | $9.56\times10^4$ | $1.06\times10^5$ |

5.7.5.4 物理爆炸后果计算

压力容器爆破时，爆破能量在向外释放时以冲击波能量、碎片能量和容器残余变形能量三种形式表现出来。根据介绍，后两者所消耗的能量只占总爆破能量的3%～15%，也就是说，大部分的能量是产生空气冲击波。

冲击波的超压：计算压力容器爆破时对目标的伤害/破坏作用，可按下列程序进行。

（1）先根据容器内所装介质的特性，算出其爆破能量 $E$。

（2）将爆破能量 $E$ 转化为TNT当量 $W_{TNT}$。其关系为：

$$W_{\mathrm{TNT}} = E/Q_{\mathrm{TNT}} = E/4520 \tag{5-118}$$

（3）求出爆炸的模拟比，即 $\alpha = 0.1W_{\mathrm{TNT}}^{1/3}$ （5－119）

（4）求出在1000kg TNT爆炸试验中的相当距离 $R_0$，即 $R_0 = R/\alpha$。

（5）根据 $R_0$ 值在表5－21中找出距离为 $R_0$ 处的超压 $\Delta p_0$（中间值用插入法），此即所求距离为 $R$ 处的超压。

（6）根据超压 $\Delta p$，从表7－22和表7－23中找出对人员和建筑物的伤害和破坏作用。

或者比较粗略地计算物理危害半径。

重大死亡半径：
$$R_{重死} = 2.28\left(\frac{E}{Q_{\mathrm{TNT}}}\right)^{\frac{1}{3}} \tag{5-120}$$

死亡半径：
$$R_{死亡} = 3.25\left(\frac{E}{Q_{\mathrm{TNT}}}\right)^{\frac{1}{3}} \tag{5-121}$$

重伤半径：
$$R_{重伤} = 4.25\left(\frac{E}{Q_{\mathrm{TNT}}}\right)^{\frac{1}{3}} \tag{5-122}$$

轻伤半径：
$$R_{轻伤} = 5.6\left(\frac{E}{Q_{\mathrm{TNT}}}\right)^{\frac{1}{3}} \tag{5-123}$$

## 5.8 中　　毒

有毒物质泄漏后生成有毒蒸气云，它在空气中飘移、扩散，直接影响现场人员并可能波及居民区。大量毒物短时间内经皮肤、黏膜、呼吸道、消化道等途径进入人体，使机体受损并发生功能障碍，称之为急性中毒。慢性中毒是指毒物在不引起急性中毒的剂量条件下，长期反复进入机体所引起的机体在生理、生化及病理学方面的改变，出现临床症状、体征的中毒状态或疾病状态。事故后果分析中一般只考虑急性中毒。

急性中毒表现在四个方面：

（1）刺激。呼吸系统、皮肤、眼睛等可以感觉到刺激，一些物质在低浓度时就产生刺激，这样可以提醒人们寻求防护。

（2）麻醉。有些物质能影响人的反应能力，使采取防护措施或提醒别人时反应迟钝。

（3）窒息。大多数气体由于取代了空气中的氧气而造成窒息。有些物质，如一氧化碳，可以置换血液中的氧从而阻止氧进入人体组织。

（4）系统损害。有些物质能损害人体器官，其损害可能是暂时的，也可能是永久的。

毒物对人员的危害程度取决于毒物的性质、浓度和人员与毒物接触的时间等因素。有毒物质泄漏初期，其毒气形成气团密集在泄漏源周围，随后由于环境温度、地形、风力和湍流等影响使气团漂移、扩散，扩散范围变大，浓度减小。在后果分析中，往往不考虑毒物泄漏的初期情况，即工厂范围内的情况，而主要计算毒气团在空气中飘移、扩散的范围、浓度和接触毒物的人数等。其计算方法常用概率函数法。

### 5.8.1 描述毒物泄漏后果的概率函数法

概率函数法是通过人们在一定时间内接触一定浓度毒物造成影响的概率来描述毒物泄漏后果的一种方法。概率与中毒死亡率有直接关系，二者可以互相换算，参见表5－20，概率值在0～9之间。

概率值 $Y$ 与接触毒物浓度及接触时间的关系如下：

$$Y = A + B\ln(c^n t) \tag{5-124}$$

式中　$A$，$B$，$n$——取决于毒物性质的常数，见表5－28；

$c$——接触毒物的浓度，$\times 10^{-6}$；

$t$——接触毒物的时间，min。

**表5－28　一些常见毒物性质的有关参数**

| 物质名称 | $A$ | $B$ | $n$ | 参考资料 |
|---|---|---|---|---|
| 氯 | －5.3 | 0.5 | 2.75 | DCMR　1984 |
| 氨 | －9.82 | 0.71 | 2.0 | DCMR　1984 |
| 丙烯醛 | －9.93 | 2.05 | 1.0 | USCG　1977 |
| 四氯化碳 | 0.54 | 1.01 | 0.5 | USCG　1977 |
| 氯化氢 | －21.76 | 2.65 | 1.0 | USCG　1977 |
| 甲基溴 | －19.92 | 5.16 | 1.0 | USCG　1977 |
| 光气（碳酸氯） | －19.27 | 3.69 | 1.0 | USCG　1977 |
| 氢氟酸（单体） | －26.4 | 3.65 | 1.0 | USCG　1977 |

使用概率函数表达式时，必须计算评价点的毒性负荷（$c^n t$），因为在一个已知点，其毒性、浓度随着气团的稀释而不断变化，瞬时泄漏就是这种情况。确定毒物泄漏范围内某点的毒性负荷，可把气团经过该点的时间划分为若干区段，计算每个区段内该点的毒物浓度，得到各时间区段的毒性负荷，然后再求出总毒性负荷。

$$\text{总毒性负荷} = \sum \text{时间区段内毒性负荷} \tag{5-125}$$

通常，接触毒物的时间不会超过30min。因为在这段时间里人员可以逃离现场或采取保护措施。

当毒物连续泄漏时，某点的毒物浓度在整个云团扩散期间没有变化。当设定某死亡率时，由表5－20查出相应的概率 $Y$ 值，根据式（5－126）可计算出 $c$ 值：

$$c^n t = e^{\frac{Y-A}{B}} \tag{5-126}$$

按扩散公式可以进一步算出中毒范围。

如果毒物泄漏是瞬时的，则有毒气团通过某点的毒物浓度是变化的。此时，考虑浓度的变化情况，计算出气团通过该点的毒性负荷及该点的概率值 $Y$，然后查表5－20就可得出相应的死亡率。

### 5.8.2　有毒液化气体容器破裂时的毒害区估算

液化介质在容器破裂时会发生蒸气爆炸。当液化介质为有毒物质（如液氯、液氨、二氧化硫、氢氰酸等）时，爆炸后若不完全燃烧，便会造成大面积的毒害区域。

设有毒液化气体质量为 $W$(kg)，容器破裂前器内温度为 $t$(℃)，液体介质比定压热容为 $c_p$(kJ/(kg·℃))。当容器破裂时，若全部液体降温至标准沸点 $t_0$(℃)，则放出热量为：

$$Q_{放热} = Wc_p(t - t_0) \tag{5-127}$$

设这些热量全部用于器内液体的蒸发，且汽化热为 $H_v$(kJ/kg)，则其蒸发量为：

$$W' = \frac{Q}{H_v} = \frac{Wc_p(t - t_0)}{H_v} \tag{5-128}$$

若介质的相对分子质量为 $M_r$，则在沸点下蒸发蒸气的体积 $V_g$($m^3$) 为：

$$V_g = \frac{22.4W'}{M_r}\frac{273 + t_0}{273} = \frac{22.4Wc_p(t - t_0)}{M_rH_v}\frac{273 + t_0}{273} \tag{5-129}$$

为便于计算，现将压力容器最常用的液氨、液氯、氢氰酸等有毒物质的有关物理化学性能列于表 5－29 中。关于一些有毒气体的危险体积分数见表 5－30。

**表 5－29　一些有毒物质的有关物理化学性能**

| 物质名称 | 相对分子质量 $M_r$ | 沸点 $t_0$/℃ | 液体平均比定压热容 $c_p$/kJ·(kg·℃)$^{-1}$ | 汽化热 $H_v$/kJ·kg$^{-1}$ |
|---|---|---|---|---|
| 氨 | 17 | －33 | 4.6 | $1.37 \times 10^3$ |
| 氯 | 71 | －34 | 0.96 | $2.89 \times 10^2$ |
| 二氧化硫 | 64 | －10.8 | 1.76 | $3.93 \times 10^2$ |
| 丙烯醛 | 56.06 | 52.8 | 1.88 | $5.73 \times 10^2$ |
| 氢氰酸 | 27.03 | 25.7 | 3.35 | $9.75 \times 10^2$ |
| 四氯化碳 | 153.8 | 76.8 | 0.85 | $1.95 \times 10^2$ |

**表 5－30　有毒气体的危险体积分数**

| 物质名称 | 吸入 5～10min 致死的体积分数/% | 吸入 0.5～1h 致死的体积分数/% | 吸入 0.5～1h 致重病的体积分数/% |
|---|---|---|---|
| 氨 | 0.5 | | |
| 氯 | 0.09 | 0.0035～0.005 | 0.0014～0.0021 |
| 二氧化硫 | 0.05 | 0.053～0.065 | 0.015～0.019 |
| 氢氰酸 | 0.027 | 0.011～0.014 | 0.01 |
| 硫化氢 | 0.08～0.1 | 0.042～0.06 | 0.036～0.05 |
| 二氧化氮 | 0.05 | 0.032～0.053 | 0.011～0.021 |

若已知某种有毒物质的危险浓度，则可求出其在危险浓度下的有毒空气体积。如二氧化硫在空气中的体积分数达到 0.05% 时，人吸入 5～10min 即致死，则 $V_g$($m^3$) 的二氧化硫可以产生令人致死的有毒空气体积（$m^3$）为：

$$V = V_g \times 100/0.5 = 2000V_g \tag{5-130}$$

假设这些有毒空气以半球形向地面扩散，则可求出该有毒气体扩散半径为：

$$R = \sqrt[3]{\frac{V_g/\varphi}{(1/2) \times (4/3)\pi}} = \sqrt[3]{\frac{V_g/\varphi}{2.0944}} \tag{5-131}$$

式中　$R$——有毒气体扩散半径，m；

$\varphi$——有毒介质在空气中的危险体积分数，%。

# 5.9 事故后果分析应用实例

## 5.9.1 泄漏事故后果分析

本节介绍液氨储罐泄漏速率模拟计算。

某 $100m^3$ 卧式液氨储罐一焊接管断裂，泄漏口直径 1cm，分别按照气体、液体和两相泄漏计算最大泄漏流量。温度为 303K，压力为 1.17MPa，密度为 $1070kg/m^3$。按液体泄漏，液位高度 $h=1.5m$，且 $C_d$ 取 0.6；按气体泄漏，按声速流，且 $C_d$ 取 1；按两相流泄漏，$C_d$ 取 0.8。氨的常压沸点是 240K，$c_p=4.6J/(kg\cdot K)$，$H_v=1367J/kg$，绝热指数为 1.31。气相密度为 $5.48kg/m^3$。

解：(1) 按液体泄漏，$h=1.5m$，泄漏口面积 ($m^2$)：

$$A=(0.01/2)^2\times 3.14=7.85\times 10^{-5}$$

$$Q=C_dA\rho\sqrt{\frac{2(p-p_0)}{\rho}+2gh}$$

$$=0.6\times 7.85\times 10^{-5}\times 1070\sqrt{\frac{2\times(1.17-0.1)\times 10^6}{1070}+2\times 9.8\times 1.5}$$

$$=2.46$$

注：本例中 $Q$ 的单位均为 kg/s。

(2) 气体泄漏，按声速流：

$$Q=C_dpA\sqrt{\frac{\gamma M}{RT}\left(\frac{2}{\gamma+1}\right)^{\frac{\gamma+1}{\gamma-1}}}$$

$$=1\times 1.17\times 10^6\times 7.85\times 10^{-5}\sqrt{\frac{1.31\times 0.017}{8.314\times 303}\left(\frac{2}{1.31+1}\right)^{\frac{1.31+1}{1.31-1}}}$$

$$=0.16$$

(3) 两相流泄漏：

$$p_c=0.55p=0.55\times 1.17\times 10^6=643500$$

$$F_V=\frac{c_p(T-T_c)}{H_v}=\frac{4.6(303-240)}{1367}=0.21$$

这里 $T_c$ 采用的是常压沸点。

两相流中气相和液相混合物的平均密度 ($kg/m^3$) 为：

$$\rho=\frac{1}{\frac{F_V}{\rho_g}+\frac{1-F_V}{\rho_l}}=\frac{1}{\frac{0.21}{5.48}+\frac{1-0.21}{1070}}=25.6$$

则两相流排放泄漏量为：

$$Q=C_d A\sqrt{2\rho(p-p_c)}$$

$$=0.8\times 7.85\times 10^{-5}\sqrt{2\times 25.6\times(1170000-643500)}$$

$$=0.33$$

### 5.9.2 池火灾事故后果分析

以某甲醇罐区发生池火灾为例，对甲醇的燃烧速度、火焰高度、热辐射能量等数值进行模拟计算。已知液池半径为 11.3m。

解：(1) 甲醇的燃烧速度计算。

$$\frac{\mathrm{d}m}{\mathrm{d}t}=\frac{0.001H_\mathrm{c}}{c_p(T_\mathrm{b}-T_0)+H_\mathrm{v}}$$

$$=\frac{0.001\times20\times10^6}{2516\times(363.15-298.15)+1.1\times10^6}=0.016$$

式中 $\frac{\mathrm{d}m}{\mathrm{d}t}$——燃烧速度，kg/(s · m²)；

$H_\mathrm{c}$——液体燃烧热，J/kg（本例中取 $20\times10^6$）；

$c_p$——液体比定压热容，J/(kg · K)(2516)；

$T_\mathrm{b}$——液体沸点，K(363.15)；

$T_0$——环境温度，K(298.15)；

$H_\mathrm{v}$——液体汽化热，J/kg($1.1\times10^6$)。

(2) 池火灾火焰高度。

$$H=84r\left[\frac{m_\mathrm{f}}{\rho_\mathrm{a}(2gr)^{\frac{1}{2}}}\right]^{0.61}=84\times11.3\times\left[\frac{0.016}{1.29\times(2\times9.8\times11.3)^{\frac{1}{2}}}\right]^{0.61}=12.56$$

式中 $H$——火焰高度，m；

$\rho_\mathrm{a}$——周围空气的密度，kg/m³（一般可取 1.29）；

$g$——重力加速度，9.8m/s²。

(3) 甲醇燃烧时的总热通量。

$$\begin{aligned}Q&=(\pi r^2+2\pi rH)m_\mathrm{f}\eta H_\mathrm{c}/(72m_\mathrm{f}^{0.61}+1)\\&=(11.3^2+2\times11.3\times12.56)\times0.016\times3.14\times0.35\times\\&\quad 45.12\times10^6/[72\times(0.016)^{0.61}+1]\\&=48.5\times10^6\end{aligned}$$

式中 $Q$——总热通量，W；

$r$——液池半径，m(11.3)；

$\eta$——效率因子，一般可取 0.35。

(4) 热辐射强度为 $I$ 处距中心位置。

$$x=\sqrt{\frac{\lambda_\mathrm{c}Q}{4\pi I}}$$

式中 $I$——热辐射强度，W/m²；

$\lambda_\mathrm{c}$——空气导热系数，没有具体数值时，可取 1。

死亡区（辐射热强度 $I>37.5\mathrm{kW/m^2}$）半径（m）：

$$R_{死亡}=\sqrt{\frac{\lambda_\mathrm{c}Q}{4\pi\times37.5\times10^3}}=\sqrt{\frac{48.5\times10^6}{4\pi\times37.5\times10^3}}=10.1$$

重伤区（辐射热强度 $I>25\mathrm{kW/m^2}$）半径（m）：

$$R_{重伤}=\sqrt{\frac{\lambda_c Q}{4\pi\times25\times10^3}}=\sqrt{\frac{48.5\times10^6}{4\pi\times25\times10^3}}=12.4$$

轻伤区（辐射热强度 $I>12.5\text{kW/m}^2$）半径（m）：

$$R_{轻伤}=\sqrt{\frac{\lambda_c Q}{4\pi\times12.5\times10^3}}=\sqrt{\frac{48.5\times10^6}{4\pi\times12.5\times10^3}}=17.6$$

感觉区（辐射热强度 $I>4\text{kW/m}^2$）半径（m）：

$$R_{感觉}=\sqrt{\frac{\lambda_c Q}{4\pi\times4\times10^3}}=\sqrt{\frac{48.5\times10^6}{4\pi\times4\times10^3}}=31$$

结果汇总于表5－31。

**表5－31　池火灾的伤害破坏范围**

| 伤害破坏范围 | | 伤害破坏范围 | |
|---|---|---|---|
| 死亡半径/m | 10.1 | 轻伤半径/m | 17.6 |
| 重伤半径/m | 12.4 | 临界半径/m | 31 |

### 5.9.3　化学性爆炸事故后果分析

5.9.3.1　蒸气云爆炸事故模拟评价

某企业罐区有一个液氨储罐发生破损，有50%液氨泄漏，请对该液氨储罐泄漏事故后果进行分析。已知：$\alpha=0.4\%$，$\beta=1.8$，储罐中液氨的质量为5100kg，氨气的燃烧热为18.6MJ/kg。

解：当大量液氨泄漏到敞开空间后，如果没有立即点火，而是在空中扩散，与空气混合形成爆炸混合物，然后发生延迟点火，那么就会发生蒸气云爆炸。下面计算蒸气云爆炸的伤害、破坏范围。

（1）TNT当量（kg）计算。

$$W_{TNT}=\alpha W_f \beta Q_f/Q_{TNT}=4\%\times2550\times1.8\times18.6/4.520=755$$

（2）爆炸影响区域。

1）死亡区半径（m）：

$$R_{死亡}=13.6\times(W_{TNT}/1000)^{0.37}=13.6\times(755/1000)^{0.37}=12.3$$

2）重伤区半径（m）：

$$R_{重伤}=Z_{重伤}(E/p_0)^{1/3}$$

$$\Delta p=0.137Z^{-3}+0.119Z^{-2}+0.269Z^{-1}-0.019$$

可解出 $Z=0.996$

$$E=W_{TNT}\times Q_{TNT}$$

式中　$\Delta p$——引起人员重伤冲击波峰值，大约为44000Pa；

$p_0$——环境压力（压力101325Pa）；

$E$——爆炸总能量，J。

所以，$R_{重伤}=Z_{重伤}(E/p_0)^{1/3}$

$$=0.966\times(755\times4520000/101325)^{1/3}=31.2$$

3）轻伤区半径（m）：

$$R_{轻伤} = Z_{轻伤}(E/p_0)^{1/3}$$

$$\Delta p = 0.137Z^{-3} + 0.119Z^{-2} + 0.269Z^{-1} - 0.019$$

可解出 $Z = 1.672$

$$E = W_{TNT} \times Q_{TNT}$$

式中　$\Delta p$——引起人员重伤冲击波峰值，大约为17000Pa(0.173kgf/cm$^2$)。

所以，$R_{轻伤} = Z_{轻伤}(E/p_0)^{1/3}$

$= 1.672 \times (755 \times 4520000/101325)^{1/3} = 54$

4）财产损失半径（m）：

$$R = \frac{KW_{TNT}^{\frac{1}{3}}}{\left[1 + \left(\frac{3175}{W_{TNT}}\right)^2\right]^{\frac{1}{6}}} = \frac{4.6 \times 755^{\frac{1}{3}}}{\left[1 + \left(\frac{3175}{755}\right)^2\right]^{\frac{1}{6}}} = 68.2$$

5.9.3.2　火球事故后果分析

计算100t丁二烯储罐沸腾液体扩展蒸气云爆炸（火球）伤害区。

解：

火球直径（m）：　$D = 5.8W^{1/3} = 5.8 \times (0.5 \times 100000)^{1/3} = 213.7$

火球持续时间（s）：　$t = 0.45W^{1/3} = 0.45 \times (0.5 \times 100000)^{1/3} = 16.6$

根据死亡概率与热辐射通量（W/m$^2$）的关系：$q = \left[\frac{1}{t}\exp\left(\frac{P_r + 37.23}{2.56}\right)\right]^{3/4} = 28710.5$

伤害半径按50%伤害率计算。$P_r = 5$ 时，代入火球持续时间，计算热辐射通量 $q$。

根据 $q = \frac{f\,WH_c\tau}{4\pi t x^2}$，其中 $f$ 取0.3，$H_c = 50409$kJ/kg，$\tau = 1 - 0.058\ln x$，解得：死亡半径 $x = 291$m。

同样，

二度烧伤：$q = 19551.3$W/m$^2$，伤害半径：$x = 350$m。

一度烧伤：$q = 8574.5$W/m$^2$，伤害半径：$x = 519$m。

财产损失：$q = 26111.1$W/m$^2$，伤害半径：$x = 305$m。

其中财产损失按引燃木材所需热通量计算。根据以上计算结果，绘制丁二烯储罐沸腾液体扩展蒸气爆炸伤害范围，见图5－21。

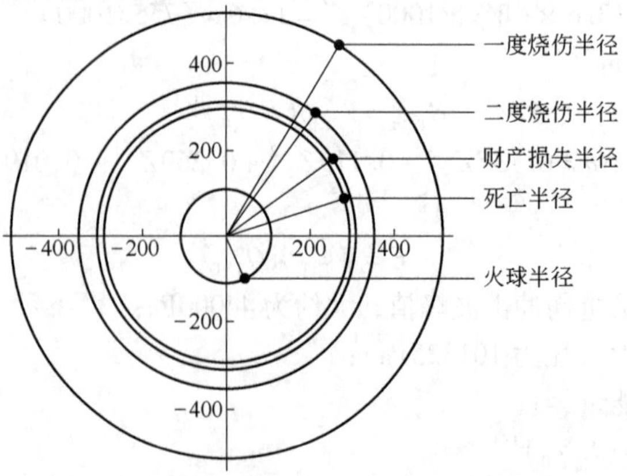


图5－21　丁二烯储罐沸腾液体扩展蒸气爆炸伤害范围

5.9.3.3 地下储罐爆炸

某地下甲醇储罐区，每个甲醇储罐的体积为60m³，请对其爆炸危害后果进行分析。

（1）爆炸能量计算。每个甲醇储罐的体积为60m³，根据最大危险原则，假设1个储罐全部充满甲醇与空气的爆炸性混合气体，而且处于爆炸极限的上限，即混合气体中甲醇含量为44%（体积分数）。甲醇在25℃时的饱和蒸汽压为16830Pa，则储罐内甲醇的质量（kg）为：

$$W_f = 16830 \times 60 \times 0.44 \times 32/(8.314 \times 298.15 \times 1000) = 5.736$$

TNT当量（kg）： $$W_{TNT} = \alpha W_f \beta Q_f / Q_{TNT}$$

式中 $\alpha$——蒸气云的TNT当量系数，取4%；

$W_f$——爆炸时燃烧掉的物质总质量，kg；

$\beta$——地面爆炸系数，取1.8；

$Q_f$——燃料的燃烧热，kJ/kg；

$Q_{TNT}$——TNT的爆热，4520kJ/kg。

故 $$W_{TNT} = 4\% \times 5.736 \times 1.8 \times 20000/4520 = 1.827$$

（2）爆炸危害后果计算。由于甲醇储罐埋地敷设，爆炸时周围土壤要吸收一部分能量，因此采用G. M. 莱克霍夫计算方法进行分析。

G. M. 莱克霍夫经过在砂质黏土中实验得出的冲击波超压与距离之间的关系式为：

$$\Delta p = 8\left(\frac{R}{\sqrt[3]{W_{TNT}}}\right)^{-3}$$

式中 $\Delta p$——爆炸冲击波超压，kgf/cm²（1kgf/cm² = 0.1MPa）；

$R$——爆炸中心到所研究点的距离，m；

$W_{TNT}$——TNT当量，kg。

利用此公式可得到任意距离处的冲击波超压。

发生爆炸时形成强大的冲击波，冲击波的超压可造成人员伤亡和建筑物的破坏。表5-22和表5-23分别列出了不同冲击波超压下建筑物的损坏和人员的伤害程度以及利用莱克霍夫关系式得到的距离。

由表5-22可知，当超压小于0.02MPa时，人员才能免于损伤，此时的安全距离为4.1m。根据表5-23可知，当超压小于0.005MPa时，建筑物才能免于遭受破坏，此时的安全距离为6.6m。

## 5.9.4 物理性爆炸事故后果分析

5.9.4.1 液氧储罐爆炸

试计算充装量为80%、介质温度为120K、压力为1.0MPa的5m³液氧储罐的爆破能量。此时的液氧密度为：30.41mol/L（即973.12kg/m³），$T_b$ = 90.05K。

解：爆破能量（kJ）为

$E = \{[-79.84-(-133.69)]-(3.44-2.94)\times 90.05\}\times 973.12\times 5\times 80\% = 34332$

$W_{TNT} = 34332/4520 = 7.6$

即相当于7.6kg的TNT爆炸能量。

5.9.4.2 压缩空气储罐爆炸

设有一压缩空气储罐，容积15m$^3$，压力1MPa（表压），运行时容器破裂爆炸，试计算储气罐爆破时的能量，试估算距离为10m处的冲击波超压。

解：储气罐破裂时的能量（kJ）：

$$\begin{aligned}E_g &= \frac{pV}{\kappa-1}\left[1-\left(\frac{0.1013}{p}\right)^{\frac{\kappa-1}{\kappa}}\right]\times 10^3\\ &= \frac{1.1\times 15}{1.4-1}\left[1-\left(\frac{0.1013}{1.1}\right)^{\frac{1.4-1}{1.4}}\right]\times 10^3\\ &= 20.38\times 10^3\end{aligned}$$

TNT当量(kg)：

$$W_{TNT} = \frac{20.38\times 10^3}{4520} = 4.51$$

与1000kg TNT的模拟比为：

$$\alpha = \left(\frac{4.51}{1000}\right)^{\frac{1}{3}} = 0.1652$$

与模拟试验中的相当距离（m）为：

$$R_0 = \frac{R}{\alpha} = \frac{10}{0.1652} = 60.53$$

查表5-21，用插入法求得离爆源10m处的冲击波超压为0.0178MPa。由表5-22和表5-23可查其对人员的伤害及对建筑物的破坏。

### 5.9.5 毒物泄漏事故后果分析

在某化工厂的合成工段有两个22m$^3$的氯乙烯单体中间储罐，每个储罐约存氯乙烯20t。氯乙烯的沸点$t_0=-13.4℃$，储罐为常温储存，取$t=37℃$，平均比热容$c_p=1.23$kJ/(kg·℃)，平均汽化热$H_v=330.25$kJ/kg。请计算一个氯乙烯储罐破裂时的毒害区。已知氯乙烯麻醉阈浓度为7.1%。

解：当一个氯乙烯储罐破裂时，其蒸发量（kg）为

$$W' = Wc_p(t-t_0)/H_v = 20000\times 1.23\times[37-(-13.4)]/330.25 = 3754.25$$

蒸发后产生的蒸气体积$V_g$(m$^3$)为：

$$\begin{aligned}V_g &= (22.4W'/M)[(273+t)/273]\\ &= (22.4\times 3754.25/62.5)\times[(273-13.4)/273] = 1279.5\end{aligned}$$

氯乙烯麻醉阈浓度$C'$为7.1%，则$V_g$(m$^3$)氯乙烯可以产生的使人麻醉的有毒空气体积（m$^3$）为：

$$V = V_g/C' = 1279.5\times 100/7.1 = 18021$$

假设这些有毒空气以半球形向地面扩散，则该有毒气体的扩散半径$R$(m)为：

$$R = (V/2.9044)^{1/3} = (18021/2.9044)^{1/3} = 18.4$$

## 思考题

5-1 液氯储罐（$\phi$2000mm×3000mm）泄漏速率模拟计算。请选取下述小、中、大三种典型泄漏事故作

评价对象，对泄漏速率进行模拟计算。

（1）小型泄漏事故：出现孔径为1mm 的泄漏孔，连续泄漏；

（2）中型泄漏事故：出现孔径为10mm 的泄漏孔，连续泄漏；

（3）大型泄漏事故：出现孔径为100mm 的泄漏孔，连续泄漏。

5-2 盐酸泄漏事故。20$m^3$ 盐酸储罐接口 DN50 管道断裂，造成盐酸持续泄漏 10min 的泄漏事故，请计算泄漏量。

5-3 丁二烯储罐蒸气云爆炸事故。计算 100t 丁二烯储罐蒸气云爆炸伤害区。

5-4 氮气钢瓶爆破危害后果估算。已知条件：氮气瓶体积 $V=0.04m^3$，使用压力 15.0MPa，绝对压力 $p=15.0MPa+0.1MPa=15.1MPa$，氮气的等熵指数 $\kappa=1.397$。

5-5 液氨储罐发生破裂泄漏的毒害区域估算。某企业有 1 台 10$m^3$ 的储氨器发生了泄漏，请估算其毒害区域。

# 6 重大事故危害后果数值模拟

**学习要求**

➢ 了解重大事故后果数值模拟的常用软件；

➢ 掌握重大事故危害后果数值模拟的基本方法。

## 6.1 数值模拟基础

### 6.1.1 基本控制方程

重大危害事故如气体泄漏、火灾、爆炸事故等都包含流动、传热传质、燃烧等分过程，而这些分过程均应满足基本物理守恒定律，这些基本守恒定律包括：质量守恒、动量守恒及能量守恒。控制方程是这些守恒定律的数学描述。这三个守恒定律在流体力学中由相应的方程来描述，并且对具体的研究问题有不同的表达形式。

6.1.1.1 质量守恒方程

任何流动问题都必须满足质量守恒定律。该定律可表述为：单位时间内流体微元体中质量的增加，等同于一时间间隔内流入该微元体的净质量。按照这一定律，可以得出质量守恒方程（mass conservation equation）：

$$\frac{\partial \rho}{\partial t}+\frac{\partial(\rho u)}{\partial x}+\frac{\partial(\rho v)}{\partial y}+\frac{\partial(\rho w)}{\partial z}=0 \tag{6-1}$$

引入矢量符合 $\mathrm{div}(\boldsymbol{a})=\nabla\cdot\boldsymbol{a}=\partial a_x/\partial x+\partial a_y/\partial y+\partial a_z/\partial z$，式（6－1）可写成：

$$\frac{\partial \rho}{\partial t}+\mathrm{div}(\rho\boldsymbol{a})=\nabla\cdot(\rho\boldsymbol{a})=0 \tag{6-2}$$

式中 $\rho$——密度；

$t$——时间；

$\boldsymbol{a}$——速度矢量，$u$、$v$ 和 $w$ 是速度矢量在 $x$、$y$ 和 $z$ 方向的分量。

上面给出的是瞬态三维可压流体的质量守恒方程。若流体不可压，密度 $\rho$ 为常数，式（6－1）变为：

$$\frac{\partial u}{\partial x}+\frac{\partial v}{\partial y}+\frac{\partial w}{\partial z}=0 \tag{6-3}$$

若流动处于稳态，则密度 $\rho$ 不随时间变化，式(6－1）变为：

$$\frac{\partial(\rho u)}{\partial x}+\frac{\partial(\rho v)}{\partial y}+\frac{\partial(\rho w)}{\partial z}=0 \tag{6-4}$$

质量守恒方程（6－1）或（6－2）常称作连续方程（continuity equation）。

#### 6.1.1.2 动量守恒方程

动量守恒定律可以表述为：微元体中流体的动量对时间的变化率等于外界作用在该微元体上的各种力之和。该定律实际上是牛顿第二定律。按照这一定律，可导出 $x$、$y$ 和 $z$ 三个方向的动量守恒方程（momentum conservation equation）：

$$\frac{\partial(\rho u)}{\partial t}+\text{div}(\rho u\boldsymbol{a})=-\frac{\partial p}{\partial x}+\frac{\partial\tau_{xx}}{\partial x}+\frac{\partial\tau_{yx}}{\partial y}+\frac{\partial\tau_{zx}}{\partial z}+F_x \qquad (6-5)$$

$$\frac{\partial(\rho v)}{\partial t}+\text{div}(\rho v\boldsymbol{a})=-\frac{\partial p}{\partial y}+\frac{\partial\tau_{xy}}{\partial x}+\frac{\partial\tau_{yy}}{\partial y}+\frac{\partial\tau_{zy}}{\partial z}+F_y \qquad (6-6)$$

$$\frac{\partial(\rho w)}{\partial t}+\text{div}(\rho w\boldsymbol{a})=-\frac{\partial p}{\partial z}+\frac{\partial\tau_{xz}}{\partial x}+\frac{\partial\tau_{yz}}{\partial y}+\frac{\partial\tau_{zz}}{\partial z}+F_z \qquad (6-7)$$

式中 $p$——流体微元体上的压力；

$\tau_{xx}$，$\tau_{xy}$，$\tau_{xz}$——等式因分子黏性作用而产生的作用在微元体表面上的黏性力 $\tau$ 的分量；

$F_x$，$F_y$，$F_z$——微元体上的体力，若体力只有重力，且 $z$ 轴竖直向上，则 $F_x=0$，$F_y=0$，$F_z=-\rho g$。

以上三式是对任何类型的流体（包括非牛顿流体）均成立的动量守恒方程。对于牛顿流体，黏性应力 $\tau$ 与流体的变形率成比例，有：

$$\begin{aligned}
&\tau_{xx}=2\mu\frac{\partial u}{\partial x}+\lambda\text{div}(\boldsymbol{a}) && \tau_{yy}=2\mu\frac{\partial v}{\partial y}+\lambda\text{div}(\boldsymbol{a})\\
&\tau_{zz}=2\mu\frac{\partial w}{\partial z}+\lambda\text{div}(\boldsymbol{a}) && \tau_{xy}=\tau_{yx}=\mu\left(\frac{\partial u}{\partial y}+\frac{\partial v}{\partial x}\right)\\
&\tau_{xz}=\tau_{zx}=\mu\left(\frac{\partial u}{\partial z}+\frac{\partial w}{\partial x}\right) && \tau_{yz}=\tau_{zy}=\mu\left(\frac{\partial v}{\partial z}+\frac{\partial w}{\partial y}\right)
\end{aligned} \qquad (6-8)$$

式中 $\mu$——动力黏度（dynamic viscosity）；

$\lambda$——第二黏度（second viscosity），一般可取 $\lambda=-2/3$。

将式（6－8）带入式（6－5）～（6－7），得：

$$\frac{\partial(\rho u)}{\partial t}+\text{div}(\rho u\boldsymbol{a})=\text{div}(\mu\cdot\text{grad}u)-\frac{\partial p}{\partial x}+S_u \qquad (6-9a)$$

$$\frac{\partial(\rho v)}{\partial t}+\text{div}(\rho v\boldsymbol{a})=\text{div}(\mu\cdot\text{grad}v)-\frac{\partial p}{\partial y}+S_v \qquad (6-9b)$$

$$\frac{\partial(\rho w)}{\partial t}+\text{div}(\rho w\boldsymbol{a})=\text{div}(\mu\cdot\text{grad}w)-\frac{\partial p}{\partial z}+S_w \qquad (6-9c)$$

式中，$\text{grad}(\ )=\partial(\ )/\partial x+\partial(\ )/\partial y+\partial(\ )/\partial z$；$S_u$、$S_v$ 和 $S_w$ 是动量守恒方程的广义源项：$S_u=F_x+s_x$，$S_v=F_y+s_y$，$S_w=F_z+s_z$，而其中的 $s_x$、$s_y$ 和 $s_z$ 的表达式如下：

$$s_x=\frac{\partial}{\partial x}\left(\mu\frac{\partial u}{\partial x}\right)+\frac{\partial}{\partial y}\left(\mu\frac{\partial v}{\partial x}\right)+\frac{\partial}{\partial z}\left(\mu\frac{\partial w}{\partial x}\right)+\frac{\partial}{\partial x}(\lambda\cdot\text{div}\boldsymbol{a}) \qquad (6-10a)$$

$$s_y=\frac{\partial}{\partial x}\left(\mu\frac{\partial u}{\partial y}\right)+\frac{\partial}{\partial y}\left(\mu\frac{\partial v}{\partial y}\right)+\frac{\partial}{\partial z}\left(\mu\frac{\partial w}{\partial y}\right)+\frac{\partial}{\partial y}(\lambda\cdot\text{div}\boldsymbol{a}) \qquad (6-10b)$$

$$s_z=\frac{\partial}{\partial x}\left(\mu\frac{\partial u}{\partial z}\right)+\frac{\partial}{\partial y}\left(\mu\frac{\partial v}{\partial z}\right)+\frac{\partial}{\partial z}\left(\mu\frac{\partial w}{\partial z}\right)+\frac{\partial}{\partial z}(\lambda\cdot\text{div}\boldsymbol{a}) \qquad (6-10c)$$

一般来讲，$s_x$、$s_y$ 和 $s_z$ 是小量，对于黏性为常数的不可压流体，$s_x=s_y=s_z=0$。

式（6－9）是动量守恒方程，简称动量方程，也称作运动方程，还称为 Naveier－

Stokes 方程。

6.1.1.3 能量守恒方程

能量守恒定律是包含有热交换的流动系统必须满足的基本定律。该定律可表述为：微元体中能量的增加率等于进入微元体的净热流量加上体力与面力对微元体所做的功。该定律实际是热力学第一定律。

流体的能量 $E$ 通常是内能 $E_i$、动能 $E_k=\frac{1}{2}(u^2+v^2+w^2)$ 和势能 $E_p$ 三项之和，可针对总能量 $E$ 建立能量守恒方程。但是，这样得到的能量守恒方程并不是很好用，一般是从中扣除动能的变化，从而得到关于内能 $E_i$ 的守恒方程。我们知道，内能 $E_i$ 与温度 $T$ 之间存在一定关系，即 $E_i=c_pT$，其中 $c_p$ 是比定压热容。这样，可得到以温度 $T$ 为变量的能量守恒方程：

$$\frac{\partial(\rho T)}{\partial t}+\mathrm{div}(\rho \boldsymbol{a} T)=\mathrm{div}\left(\frac{k}{c_p}\mathrm{grad}T\right)+S_T \tag{6-11}$$

该式可写成下面的展开形式：

$$\frac{\partial(\rho T)}{\partial t}+\frac{\partial(\rho uT)}{\partial x}+\frac{\partial(\rho vT)}{\partial y}+\frac{\partial(\rho wT)}{\partial z}=\frac{\partial}{\partial x}\left(\frac{k}{c_p}\frac{\partial T}{\partial x}\right)+\frac{\partial}{\partial y}\left(\frac{k}{c_p}\frac{\partial T}{\partial y}\right)+\frac{\partial}{\partial z}\left(\frac{k}{c_p}\frac{\partial T}{\partial z}\right)-\frac{\partial p}{\partial y}+S_T \tag{6-12}$$

式中 $k$——流体的传热系数；

$S_T$——流体的内热源及由于黏性作用流体机械能转换为热能的部分，有时简称为黏性耗散项。

常将式（6-11）或式（6-12）简称为能量方程。

6.1.1.4 组分质量守恒方程

在一个特定的系统中，可能存在质的交换，或者存在多种化学组分，每一种组分都需要遵守组分质量守恒定律。对于一个确定的系统而言，组分质量守恒定律可以表述为：系统内某种化学组分质量对时间的变化率，等于通过系统界面的净扩散通量与通过化学反应生成或消失的该组分的净生产率之和。

根据组分质量守恒定律，可写出组分 $w_i$ 的组分质量守恒方程：

$$\frac{\partial(\rho w_i)}{\partial t}+\nabla\cdot(\rho V w_i)=-\nabla\cdot J_i+R_i+S_i \tag{6-13}$$

式中 $w_i$——组分 $i$ 的质量分数；

$J_i$——组分 $i$ 的扩散通量；

$R_i$——系统内部单位时间内、单位体积通过化学反应消耗或生成该种组分的净生成率；

$S_i$——通过其他方式（如异相反应、相变）所生成该种组分的净生产率以及用户自己定义的其他质量源项。

各组分质量守恒方程之和就是连续性方程，各组分的质量分数之和等于1。所以，如果一个系统共有 $N$ 种组分，那么就只有 $N-1$ 个独立的组分质量守恒方程。第 $N$ 种组分的质量分数就用1减去其他由组分质量守恒方程求解出来 $N-1$ 种组分质量分数的和得到。因此，为了减小误差，第 $N$ 种组分往往选择为整个系统中质量分数最大的那种物质，例如在空气中，经常将 $N_2$（氮气）作为第 $N$ 种组分。

组分质量守恒方程常简称为组分方程（species equations）。一种组分的质量守恒方程实际就是一个浓度输运方程。当水流或空气在流动过程中携带有某种污染物时，污染物的传输过程包含对流和扩散两部分，污染物的浓度随时间和空间发生变化。因此，组分方程在有些情况下称为浓度输运方程，或浓度方程。

6.1.1.5 湍流的控制方程

湍流是自然界中非常普遍的流动类型,湍流运动的特征是在运动过程中流体质点具有不断的随机的相互掺混的现象,速度和压力等物理量在空间上和时间上都具有随机性质的脉动。

前面所叙述的连续性方程、动量方程、能量方程和组分质量守恒方程，无论对层流还是湍流都是适用的。但是对于湍流，最根本的模拟方法就是在湍流尺度的网格尺寸内求解三维瞬态的控制方程，这种方法称为湍流的直接数值模拟（direct numerical simulation，简称 DNS）。直接模拟需要分辨所有空间尺度上涡的结构和所有时间尺度上的涡的变化，所需要的网格数（约为雷诺数的 9/4 次方量级）和时间步长（$10^5$ 以上个积分步）要求都是非常苛刻的，对于如此微小的空间和如此巨大的时间步长，现有计算机的能力还很难达到，DNS 对内存空间及计算速度的苛刻要求使得它目前还只能用于一些低雷诺数的流动机理研究当中，无法用于真正意义上的工程计算。

针对目前的计算能力和某些情况下对湍流流动精细模拟的需要，形成了仅次于 DNS 又能用于工程的模拟方法：大涡模拟方法（large eddy simulation，简称 LES），即放弃对全尺度范围上涡的运动模拟，而只将比网格尺度大的湍流运动通过直接求解瞬态控制方程计算出来，而小尺度的涡对大尺度运动的影响则通过建立近似的模型来模拟。总体而言，LES 方法对计算机内存以及 CPU 速度要求仍然较高，但大大低于 DNS 方法，而且可以模拟湍流发展过程中的一些细节。目前在工作站和高档 PC 机上已经可以开展 LES 的工作。

在工程设计中通常只需要知道平均作用力和平均传热量等参数，即只需要了解湍流所引起的平均流场的变化。因此可以求解时间平均的控制方程组，而将瞬态的脉动量通过某种模型在时均方程中体现出来，即 RANS（Reynolds Averaged Navier – Stokes）模拟方法。经过时均之后，方程中出现了雷诺应力等脉动关联项，如式（6 – 14）中最后一项所示。为了封闭方程，一种方法是推导出雷诺应力等关联项的输运方程，即雷诺应力模型；另一种方法是将湍流应力类比于黏性应力，把雷诺应力表示成湍流黏性和应变之间的关系式，再寻求模拟湍流黏性的方法。常见的 RANS 模型包括：单方程（Spalart-Allmaras）模型，双方程模型（$k-\varepsilon$ 模型系列：标准 $k-\varepsilon$ 模型，RNG（重整群方法）$k-\varepsilon$ 模型，可实现 $k-\varepsilon$ 模型；$k-\omega$ 模型系列：标准 $k-\omega$ 模型和 SST $k-\omega$ 模型），雷诺应力模型等。

$$\frac{\partial(\rho u_i)}{\partial t}+\frac{\partial(\rho u_i u_j)}{\partial x_j}=-\frac{\partial p}{\partial x_i}+\frac{\partial}{\partial x_j}\left[\mu\left(\frac{\partial u_i}{\partial x_j}+\frac{\partial u_j}{\partial x_i}-\frac{2}{3}\delta_{ij}\frac{\partial u_k}{\partial x_k}\right)\right]+\frac{\partial}{\partial x_j}(-\rho\overline{u_i'u_j'}) \quad (6-14)$$

目前还没有一种湍流模型能模拟所有湍流流动，通常是某个湍流模型更适合模拟某种湍流现象，具体选择哪种湍流模型，需要根据所研究的物理问题、所拥有的计算资源、所掌握的理论知识和对湍流模型的理解来综合考虑。

### 6.1.2 计算区域离散化与网格划分

描述流体流动及传热等物理问题的基本方程为偏微分方程，想要得到它们的解析解或者近似解析解，在绝大多数情况下都是非常困难的，甚至是不可能的。但为了对这些问题进行研究，可以借助于代数方程组求解方法。离散化的目的就是将连续的偏微分方程组及其定解条件按照某种方法遵循特定的规则在计算区域的离散网格上转化为代数方程组，以得到连续系统的离散数值逼近解。离散化包括计算区域的离散化和控制方程的离散化。

6.1.2.1 计算区域离散化

通过计算区域的离散化，把参数连续变化的流场用有限个点代替。离散点的分布取决于计算区域的几何形状和求解问题的性质，离散点的多少取决于精度的要求和计算机可能提供的存储容量。

最常用的方法是，在计算区域中，作三簇坐标面，它们两两相交得出的三组交线，分别与三个坐标轴平行，这些交线构成了求解域中的差分网格。各交点称为网格的结点，两相邻结点之间的距离称为网格的步长。图 6-1 表示了结点 $P$ 及其周围与它相邻的六个结点 $E$，$W$，$N$，$S$，$H$ 和 $L$。一般来说，网格的步长是不相等的。在时间坐标上，也可定出有限个离散点，相邻两个离散点之间的距离称为时间步长。

在计算过程中，这些网格一般是固定不变的。但有时也采用所谓的浮动网格，即网格结点和边界的位置随流动而改变。

图 6-2 是网格线不与坐标轴平行的例子。

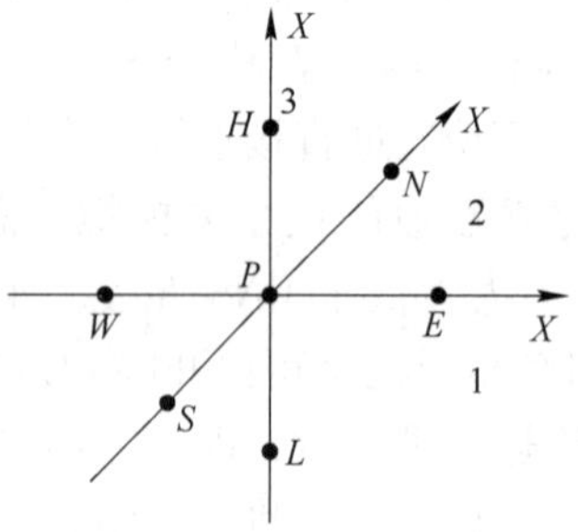


图 6-1 网格结点的符号

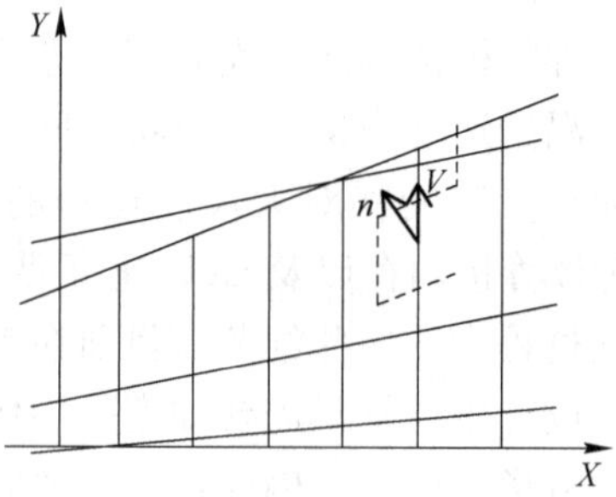


图 6-2 网格线不与坐标轴平行的例子

6.1.2.2 网格划分

为了在计算机上实现对连续物理系统的行为或状态的模拟，连续的方程必须离散化，在方程的求解域上（时间和空间）仅仅需要有限个点，通过计算这些点上的未知量而得到整个区域上的物理量的分布。有限差分、有限体积和有限元等数值方法都是通过这种方法来实现离散化的。这些数值方法非常重要的一部分就是实现对求解区域的网格划分。网格划分技术已经有几十年的发展历史了，到目前为止，结构化网格技术发展得比较成熟，而非结构化网格技术由于起步较晚，实现比较困难等方面的原因，还处于逐步成熟的阶段。

### 6.1.3 控制方程的离散化

微分方程的数值解就是用一组数字表示待定变量在定义域内的分布，离散化方法就是对这些有限点的待求变量建立代数方程组的方法。根据实际研究对象，可以把定义域分为若干个有限的区域，在定义域内连续变化的待求变量场，由每个有限区域上的一个或若干个点的待求变量值来表示。

由于所选取的结点间变量 $\phi$ 的分布形式不同，推导离散化方程的方法也不同。在各种数值方法中，控制方程的离散方法主要有有限差分法、有限元法、有限体积法、边界元法、谱方法等等。这里主要介绍最常用的有限差分法、有限元法及有限体积法。

#### 6.1.3.1 有限差分法

有限差分法（finite difference method，简称 FDM）是计算机数值模拟最早采用的方法，至今仍被广泛运用。该方法将求解域划分为差分网格，用有限个网格节点代替连续的求解域。有限差分法以泰勒级数展开等方法，把控制方程中的导数用网格节点上的函数值的差商代替进行离散，从而建立以网格节点上的值为未知数的代数方程组。该方法是一种直接将微分问题变为代数问题的近似数值解法，数学概念直观，表达简单，是发展较早且比较成熟的数值方法。对于有限差分格式，从格式的精度来划分，有一阶格式、二阶格式和高阶格式。从差分的空间形式来考虑，可分为中心格式和逆风格式。考虑时间因子的影响，差分格式还可以分为显格式、隐格式、显隐交替格式等。目前常见的差分格式，主要是上述几种形式的组合，不同的组合构成不同的差分格式。差分方法主要适用于有结构网格，网格的步长一般根据实际地形的情况和柯朗稳定条件来决定。

#### 6.1.3.2 有限元法

有限元法（finite element method，简称 FEM）与有限差分法都是广泛应用的流体力学数值计算方法。有限元法的基础是变分原理和加权余量法，其基本求解思想是把计算域划分为有限个互不重叠的单元，在每个单元内，选择一些合适的节点作为求解函数的插值点，将微分方程中的变量改写成由各变量或其导数的节点值与所选用的插值函数组成的线性表达式，借助于变分原理或加权余量法，将微分方程离散求解。采用不同的权函数和插值函数形式，便构成不同的有限元方法。

有限元方法最早应用于结构力学，后来随着计算机的发展慢慢用于流体力学的数值模拟。在有限元方法中，把计算域离散剖分为有限个互不重叠且相互连接的单元，在每个单元内选择基函数，用单元基函数的线形组合来逼近单元中的真解，整个计算域上总体的基函数可以看为由每个单元基函数组成的，则整个计算域内的解可以看作是由所有单元上的近似解构成。常见的有限元计算方法有里兹法和伽辽金法、最小二乘法等。根据所采用的权函数和插值函数的不同，有限元方法也分为多种计算格式。从权函数的选择来说，有配置法、矩量法、最小二乘法和伽辽金法，从计算单元网格的形状来划分，有三角形网格、四边形网格和多边形网格，从插值函数的精度来划分，又分为线性插值函数和高次插值函数等。不同的组合同样构成不同的有限元计算格式。

#### 6.1.3.3 有限体积法

有限体积法（finite volume method，简称 FVM）又称为控制容积法，是近年发展非常迅速的一种离散化方法，其特点是计算效率高。目前在 CFD 领域得到了广泛的应用。其基本思路是：将计算区域划分为网格，并使每个网格点周围有一个互不重复的控制体积；将待解的微分方程（控制方程）对每一个控制体积分，从而得到一组离散方程。其中的未知数是网格点上的因变量，为了求出控制体的积分，必须假定因变量值在网格点之间的变化规律。从积分区域的选取方法看来，有限体积法属于加权余量法中的子域法，从未知解的近似方法看来，有限体积法属于采用局部近似的离散方法。简言之，子域法加离散，就是有限体积法的基本方法。

有限体积法的基本思路易于理解，并能得出直接的物理解释。离散方程的物理意义，就是因变量在有限大小的控制体积中的守恒原理，如同微分方程表示因变量在无限小的控制体积中的守恒原理一样。有限体积法得出的离散方程，要求因变量的积分守恒对任意一组控制体积都得到满足，对整个计算区域，自然也得到满足。就离散方法而言，有限体积法可视作有限单元法和有限差分法的中间物。

控制体积法是着眼于控制体积的积分平衡，并以结点作为控制体积的代表的离散化方法。由于需要在控制体积上作积分，必须先设定待求变量在区域内的变化规律，即先假定变量的分布函数，然后将其分布代入控制方程，并在控制体积上积分，便可得到描述结点变量与相邻结点变量之间的关系的代数方程。由于是出自控制体积的积分平衡方程，得到的离散化方程将在有限尺度的控制体积上满足守恒原理。也就是说，不论网格划分的疏密情况如何，它的解都能满足控制体积的积分平衡。这个特点提供了在不失去物理上的真实性的条件下，选择控制体积尺寸有更大自由度，所以它被广泛地应用于传热与流动问题的数值求解计算。

### 6.1.4 初始条件与边界条件

对于流动和传热问题的求解，除了要满足三大控制方程以外，还要指定边界条件，对于非定常问题还要指定初始条件。目的是使方程有唯一确定的解。初始条件就是待求的非稳态问题在初始时刻待求变量的分布，它可以是常值，也可以是空间坐标的函数。关于边界条件的给定，通常有三类：第一类边界条件是给出边界上的变量值；第二类边界条件是给出边界上变量的法向导数值；第三类边界条件是给出边界上变量与其法向导数的关系式。不管是哪一类问题，只有当边界的一部分（哪怕是个别点）给出的是第一类边界条件，才能得到待求变量的绝对值。对于边界上只有第二类或第三类边界条件的问题，数值求解也同样只能得到待求变量的相对大小或分布，不能求得它的唯一解。

#### 6.1.4.1 初始条件

初始时刻 $t=t_0$ 时，流体运动所具有的初始状态可用常见物理量及其导数形式表示，如 $u=u(t_0)$，$T=T(t_0)$ 等。对于非稳态问题，所有计算变量在开始计算以前都应该有一个初始值，这样才有可能根据时间步长计算场变量随时间的变化，这就是初始条件。对数值计算来讲，初始条件的给定并不影响计算过程的实施，给定初始值即可，一般不需要另外处理。

#### 6.1.4.2 边界条件

边界条件就是在流体运动边界上控制方程应该满足的条件，一般不会对数值计算产生重要的影响。即使对于同一个流场的求解，随着方法的不同，边界条件和初始条件的处理方式也是不同的。下面结合 Fluent 对边界条件进行详细的讨论。

(1) 入口边界条件。入口边界条件就是指定入口处流动变量的值。常见的入口边界条件有：

1）速度入口边界条件：用于定义流动速度和流动入口的流动属性相关的标量。这一边界条件适用于不可压缩流，如果用于可压缩流会导致非物理结果，这是因为它允许驻点条件浮动。应注意不要让速度入口靠近固体妨碍物，因为这会导致流动入口驻点属性具有太高的非一致性。

2）压力入口边界条件：用于定义流动入口的压力和其他标量属性。适用于可压缩流和不可压缩流。压力入口边界条件可用于压力已知但是流动速度未知的情况。可用于浮力驱动的流动等许多实际情况。压力入口边界条件也可用来定义外部或无约束流的自由边界。

3）质量流动入口边界条件：用于已知入口质量流速的可压缩流动。在不可压缩流动中不必指定入口的质量流率，因为密度为常数时，速度入口边界条件就确定了质量流条件。当要求达到的是质量和能量流速而不是流入的总压时，通常就会适用质量入口边界条件。

（2）出口边界条件。

1）压力出口边界条件：压力出口边界条件需要在出口边界处指定表压（gauge pressure）。表压值的指定只用于亚声速流动。如果当地流动变为超声速，就不再使用指定表压了，此时压力要从内部流动中求出，包括其他的流动属性。在求解过程中，如果压力出口边界处的流动是反向的，回流条件也需要指定。如果对于回流问题指定了比较符合实际的值，收敛困难问题就不会明显。

2）压力远扬边界条件：Fluent 中使用的压力远扬条件用于模拟无穷远处的自由流条件，其中自由流马赫数和静态条件被指定。这一边界条件只适用于密度规律与理想气体相同的情况，对于其他情况要有效地近似无限远处的条件，必须将其放到所关心的计算物体的足够远处。例如，在机翼升力计算中远扬边界一般都要设到 20 倍弦长的圆周之外。

3）质量出口边界条件：当流动出口的速度和压力在解决流动问题之前是未知时，Fluent 会使用质量出口边界条件来模拟流动。不需要定义流动出口边界的任何条件（除非模拟辐射热传导、粒子的离散相或者分离质量流），Fluent 会从内部推导所需要的信息。然而，重要的是要清楚这一边界类型所受的限制。

（3）固体壁面边界条件。对于黏性流动问题，Fluent 默认设置是壁面无滑移条件，但也可以指定壁面切向速度分量（壁面平移或者旋转运动时），给出壁面切应力，从而模拟壁面滑移。可以根据当地流动情况，计算壁面切应力与流体换热情况。壁面热边界条件包括固定热通量、固定温度、对流换热系数、外部辐射换热、对流换热等。

（4）对称边界条件。对称边界条件应用于计算的物理区域（或者流动或者传热场）是对称的情况。在对称轴或者对称平面上，没有对流通量，因此垂直与对称轴或者对称平面的速度分量为 0。在对称轴或者对称平面上，没有扩散通量，即垂直方向上的梯度为 0。因此在对称边界上，垂直边界的速度分量为 0，任何量的梯度为 0。

计算中不需要给定任何参数，只需要确定合理的对称位置。该边界条件可以用于黏性流中的运动边界处理。

（5）周期性边界条件。如果流动的几何边界、流动和换热是周期性重复的，则可以采用周期性边界条件。Fluent 提供了两种周期性边界类型：一类是流体经过周期性重复后没有压降（cyclic）；另一类则有压降（periodic）。Fluent 在周期性边界处理流动就像反向周期性平面，和前面的周期性边界直接相邻一样。当计算流过邻近流体单元的周期性边界时，就会使用与反向周期性平面相邻的流体单元的流动条件。

## 6.2 半水煤气泄漏的模拟

### 6.2.1 Fluent 简介

Fluent 是由美国 FLUENT 公司于 1983 年推出的 CFD 软件。它是继 PHOENICS 软件之后的第二个投放市场的基于有限体积法的软件。Fluent 是目前功能最全面、适用性最广、国内使用最广泛的 CFD 软件之一。

Fluent 提供了非常灵活的网格特性，让用户可以使用非结构网格，包括三角形、四边形、四面体、六面体、金字塔形网格来解决具有复杂外形的流动，甚至可以用混合型非结构网格。它允许用户根据解的具体情况对网格进行修改（细化/粗化），非常适合于模拟具有复杂几何外形的流动。除此之外，为了精确模拟物理量变化剧烈的大梯度区域，如自由剪切层和边界层，Fluent 还提供了自适应网格算法。该算法既可以降低前处理的网格划分要求，又可以提高计算求解的精度。Fluent 可读入多种 CAD 软件的三维几何模型和多种 CAE 软件的网格模型。

Fluent 可用于二维平面、二维轴对称和三维流动分析，可完成多种参考系下的流场模拟、定常或非定常流动分析、不可压或可压流动计算、层流或湍流流动模拟、牛顿流体或非牛顿流体流动、惯性与非惯性坐标系中的流体流动、传热和热混合分析、化学组分混合和反应分析、多相流分析、固体与流体耦合传热分析、多孔介质分析、运动边界层追踪等。针对上述每一类问题，Fluent 都提供了优秀的数值模拟格式供用户选择。因此，Fluent 已广泛应用于化学工业、环境工程、航天工程、汽车工业、电子工业和材料工业等。

Fluent 可让用户定义多种边界条件，如流动入口及出口边界条件、壁面边界条件等，可采用多种局部的笛卡儿和圆柱坐标系的分量输入，所有边界条件均可以随着空间和时间的变化，包括轴对称和周期变化等。Fluent 提供的用户自定义子程序功能，可让用户自行设定连续方程、动量方程、能量方程或组分输运方程中的体积源项，自定义边界条件、初始条件、流体的物性、添加新的标量方程和多孔介质模型等。Fluent 的湍流模型包括 $k-\varepsilon$ 模型、Reynolds 应力模型、LES 模型、标准壁面函数、双层近壁模型等。

Fluent 是用 C 语言写的，可实现动态内存分配及高级数据结构，具有很大的灵活性与很强的出来能力，此外，Fluent 使用 Client/Server 结构，它允许同时在用户桌面工作站和强有力的服务器上分离地运行程序。在 Fluent 中，解的计算与显示可以通过交互式的用户界面来完成。用户界面是通过 Scheme 语言写的，高级用户可以通过写菜单宏及菜单函数自定义及优化界面。用户还可以使用基于 C 语言的用户自定义函数功能对 Fluent 进行扩展。

6.2.1.1 Fluent 的运行

Fluent 的运行可以按照路径：开始→程序→Fluent Inc Products→Fluent 6.3.26→Fluent 6.3.26 或桌面上的快捷方式启动。启动 Fluent 后出现如图 6－3 所示的对话框。其中 2d 表示二维单精度求解器；2ddp 表示二维双精度求解器；3d 表示三维单精

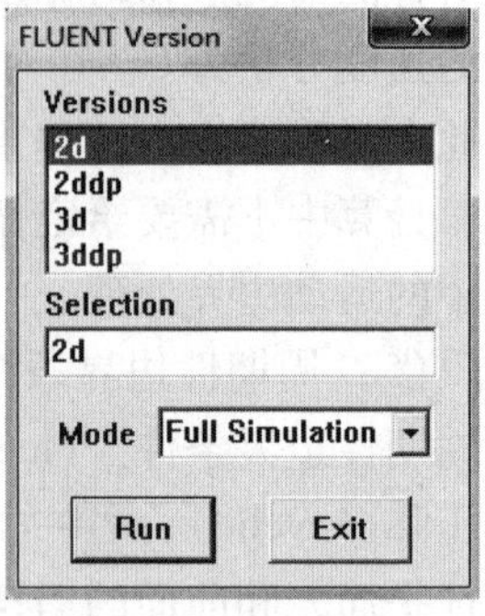


图 6－3 Fluent 求解器

度求解器；3ddp 表示三维双精度求解器。

在所有的操作系统上都可以进行单精度和双精度计算。对于大多数情况来说，单精度计算已经足够，但在下面这些情况下需要使用双精度计算：

（1）计算域非常狭长（比如细长的管道），用单精度表示节点坐标可能不够精确。

（2）如果计算域是许多由细长管道连接起来的容器，各个容器内的压强各不相同。如果某个容器的压强特别高的话，那么在采用同一个参考压强时，用单精度表示其他容器内压强可能产生较大的误差，这时可以考虑使用双精度求解器。

（3）在涉及两个区域之间存在很大的热交换，或者网格的长细比很大时，用单精度可能无法正确传递边界信息，并导致计算无法收敛，或精度达不到要求，这时也可以考虑采用双精度求解器。

6.2.1.2 Fluent 求解方法的选择

Fluent 提供了非耦合求解、耦合隐式求解以及耦合显示求解三种方法。非耦合求解方法用于不可压缩或低马赫数压缩性流体的流动。耦合求解方法则可以用在高速可压缩流动。Fluent 默认设置是非耦合求解，但对于高速可压缩流动，或需要考虑体积力（浮力或离心力）的流动，求解问题时网格要比较密，建议采用耦合隐式求解方法求解能量和动量方程，可较快地得到收敛解，缺点是需要的内存比较大（是非耦合求解迭代时间的 1.5 ~ 2.0 倍）。如果必须要耦合求解，但机器内存不够时，可以考虑用耦合显示解法器求解问题。该解法器也耦合了动量、能量及组分方程，但内存却比隐式求解方法小，缺点是收敛时间比较长。

6.2.1.3 Fluent 模拟步骤

利用 Fluent 软件进行求解的步骤如下：

（1）确定几何形状，生成计算网格。

（2）选择求解器（2d 或 3d 等）。

（3）输入并检查网格。

（4）选择求解方程：层流或湍流（或无黏流）、化学组分或化学反应、传热模型等；确定其他需要的模型：如风扇、热交换器、多孔介质等模型。

（5）确定流体的材料物性。

（6）确定边界类型及边界条件。

（7）设置计算控制参数。

（8）流场初始化。

（9）求解计算。

（10）保存计算结果，进行后处理。

### 6.2.2 应用示例

某半水煤气柜设计容量为 10000m$^3$，直径 20m。假设泄漏发生时气柜高度为 20m，工作压力 3.92kPa（400mm$H_2O$）。如图 6－4 所示，泄漏裂口位于气柜底端距地面高 2m 处，泄漏面积等效折算成半径为 0.5m 的圆面。半水煤气主要组成成分为 40.21% $H_2$，30.37% CO，20.65% $N_2$，7.01% $CO_2$ 和 1.46% $CH_4$。环境压力为 101.325kPa，温度为 27℃，空气

运动黏性系数取为 $1.5\times10^{-5}m^2/s$。

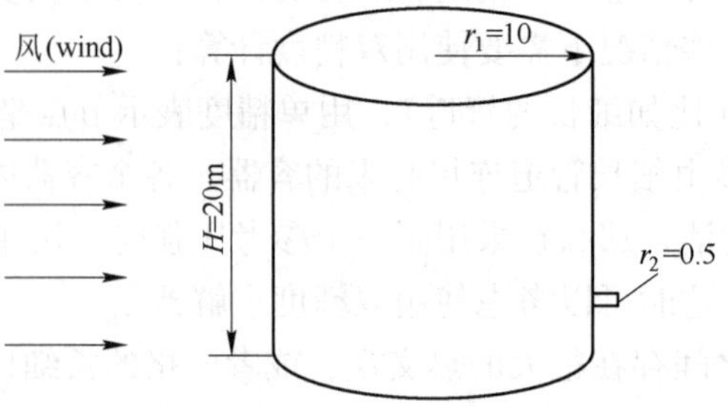


图6－4 半水煤气柜模型

选定计算区域为 $80m(G_x)\times40m(G_z)\times150m(G_y)$，如图6－5所示。气柜背风面以及泄漏口附近压力梯度变化较大，因此在泄漏口附近进行网格加密。空气入口和泄漏口的边界条件定义为velocity-inlet，罐体地面定义为wall，其他面定义为outflow。

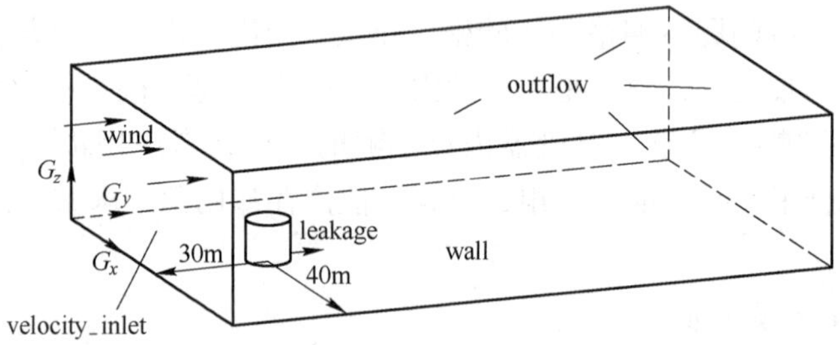


图6－5 计算区域和边界条件

6.2.2.1 气体泄漏扩散过程

图6－6给出了泄漏发生10s、20s和30s时气柜中截面上的甲烷摩尔分数分布。从图中可以看出，气体的扩散过程主要受到三个因素的影响，即射流动量、浮力以及环境风速。

（1）射流动量。当煤气气柜发生破裂后，由于内外压差很大，半水煤气会以高速喷射而出。此时泄漏出的高速气流与空气混合形成的轴向蔓延速度远远大于环境风速，其高速喷射扩散过程主要受泄漏源本身特征参数控制，如气体压强、温度和泄漏口面积等。随着喷射距离的增大，卷吸的空气越来越多，受到的阻力也越来越大，喷射速度会逐渐下降。当速度降到和环境风速差不多时，初始喷射阶段结束，扩散开始主要受浮力和环境风速影响。

（2）浮力。由于甲烷的密度比空气密度小，此时在浮力作用下向上运动。在初始阶段，浮力作用对扩散影响很小，但初始喷射结束以后，浮力开始对气云扩散起主导作用。随着扩散的持续进行，气云密度和空气密度差会减小，最终浮力作用可以忽略不计。

（3）环境风速。在浮力作用可以忽略之后，环境风速在扩散中起主导作用。在环境风速作用下，泄漏气体在随风运动的同时，存在着从高浓度向低浓度的传质过程。随着扩散距离的增加，最终泄漏气体浓度趋于0。

6.2.2.2 爆炸区域

研究表明半水煤气的爆炸极限是［7.66%，75.80%］。因此，半水煤气泄漏到空气中

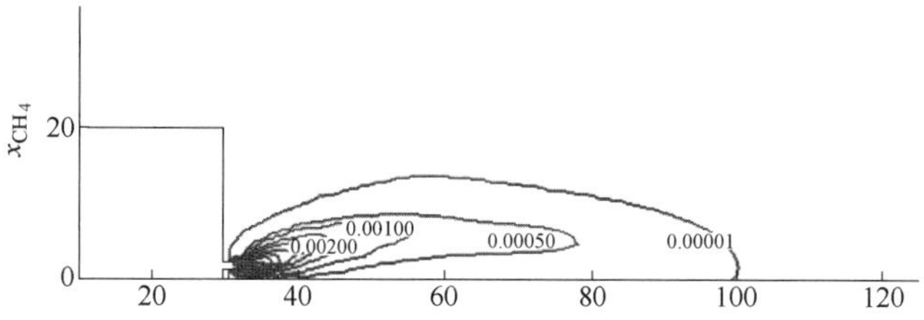

(a)

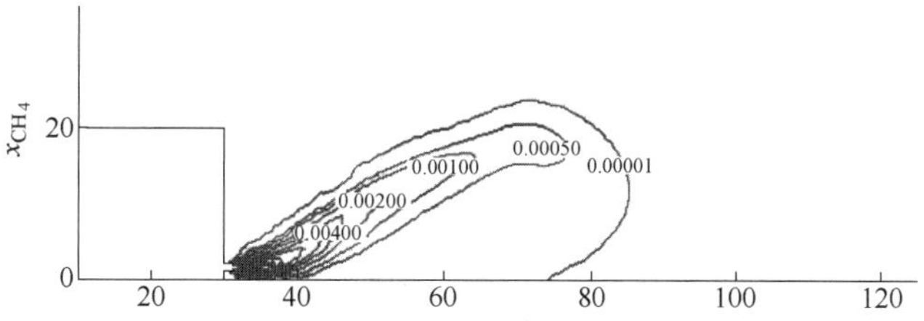

(b)

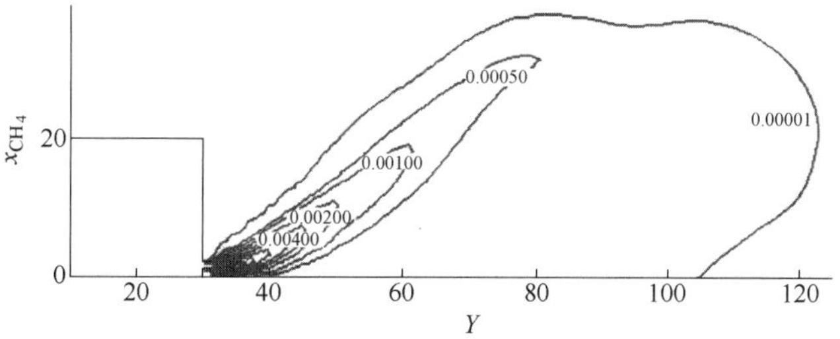

(c)

图 6－6　不同时刻 $Y=40$ 截面上甲烷摩尔分数等值线图

（a）$t=10$s；（b）$t=20$s；（c）$t=30$s

后如果下游区域空气体积分数介于［24.20%，92.34%］之间，就有发生爆炸的危险性。图 6－7 所示为在不同风速作用下，泄漏时间为 300s 时，气柜下游区域空气摩尔分数分布等值线图。

从图 6－7（a）可以看出，空气速度为 0.5m/s 时，达到爆炸极限的区域主要位于泄漏口下游 10m 范围内。这是因为喷射出来的半水煤气在浮力和动量的共同作用下主要向斜上方扩散，而较小的空气速度又不足以将喷射出来的气体完全吹向下游区域。从图 6－7（b）可以看出，存在爆炸可能性的范围主要位于泄漏口斜下游方向 20m 范围内的狭长区域内。这表明随着空气速度的增大，爆炸范围也有所增加。同时气体的扩散方向也发生了改变，这是由气柜的扰流作用造成的。从图 6－7（c）可以看出，当空气速度进一步增大到 10m/s 时，可能发生爆炸的区域范围反而减小了。这表明当风速增大到一定程度时，稀释作用逐渐增强并开始占据主导地位。

#### 6.2.2.3　CO 致死区域

研究表明当空气中 CO 的浓度超过 1220ppm（根据软件的需求，直接以 ppm 计量）时，就能使人立即死亡。图 6－8 为在不同风速作用下，泄漏发生 300s 时气柜下游区域高度为 2m 处一氧化碳摩尔分数分布等值线图。

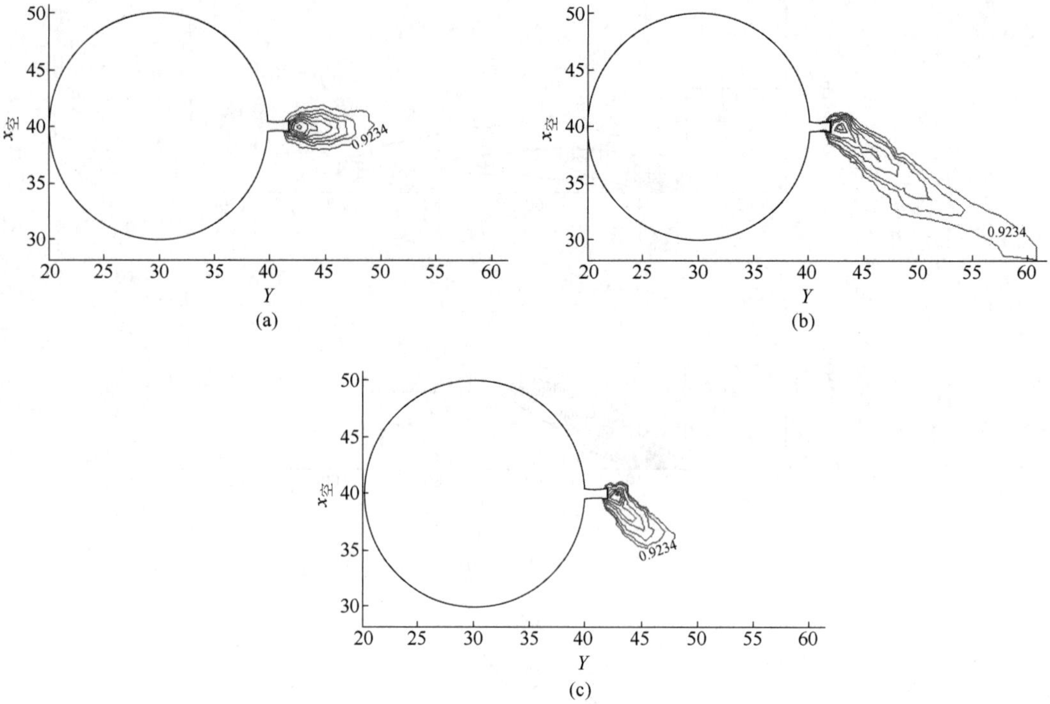


图 6－7　$t=300$s 时空气摩尔分数分布图

（a）$v=0.5$m/s；（b）$v=5$m/s；（c）$v=10$m/s

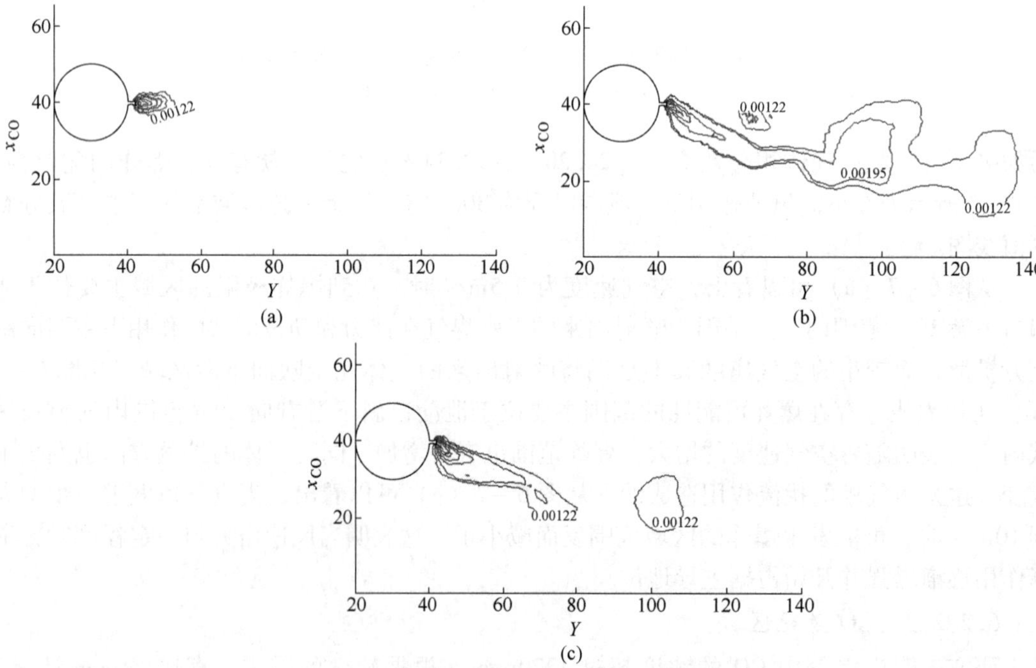


图 6－8　$t=300$s 时高度 2m 处 CO 摩尔分数分布图

（a）$v=0.5$m/s；（b）$v=5$m/s；（c）$v=10$m/s

从图6－8（a）中可以看出，当空气速度为0.5m/s时，致死区域主要位于泄漏口下游14m、宽度为7m的矩形区域内。这表明风速较小时，主导气体扩散的主要因素是自身的动量和浮力，因此气体扩散得很慢。从图6－8（b）中可以看出，当空气速度为5m/s时，致死区域范围扩大到下游100m处，这是因为增大风速能够使圆柱绕流产生的漩涡脱落，而这些脱落的涡就会携带有毒气体向下游方向流动，相当于增强了气体的输运能力，从而大大增加致死区域的范围。从图6－8（c）中可以看出，当空气来流速度增加到10m/s时，致死浓度区域范围明显减小，这是因为较大的风速具有更强的稀释能力，从而稀释了下游的危险性气体。

## 6.3 液氨储罐泄漏的模拟

### 6.3.1 PHAST简介

目前针对石化行业的后果定量分析软件较多，如挪威船级社（DNV）开发的PHAST软件、壳牌公司（SHELL）开发的FRED软件、荷兰应用技术研究院（TNO）开发的DAMAGE软件等。其中PHAST软件是典型的商业型后果模型软件，在安全管理和技术评价领域较为权威，它有比较全面的危险物质数据库和一系列事故模型，适用范围很广。

DNV PHAST软件，全称process hazard analysis software tool，是挪威船级社DNV公司开发的。该软件还包括SAFETI（software for assessment of flammable，explosive and toxic impacts）部分。其中PHAST用于物料泄漏、扩散过程及事故后果的模拟计算，能给出有毒云团的扩散范围、可燃物质的燃烧热辐射、爆炸冲击波程度和范围，可为事故发生后的现场控制、采取相应的安全对策措施等提供科学的依据。SAFETI是用于定量风险分析和危险性评价的软件，它对物料泄漏、扩散过程、事故后果及风险值进行模拟计算，给出可能的事故风险范围及指定点的风险值，可实现定量风险分析。由于软件内部集合了化工行业大部分的物质（尤其是易燃、易爆、有毒等危险物质）相对较全的物料参数（熔点、沸点、燃点、爆炸极限、临界压力、毒害性等）、卫生标准下的各等级标准、危害程度的分级标准以及对以往事故的大量搜集得出的对比数据等，该软件模拟得出的数据与现实吻合度很高，应用十分广泛。

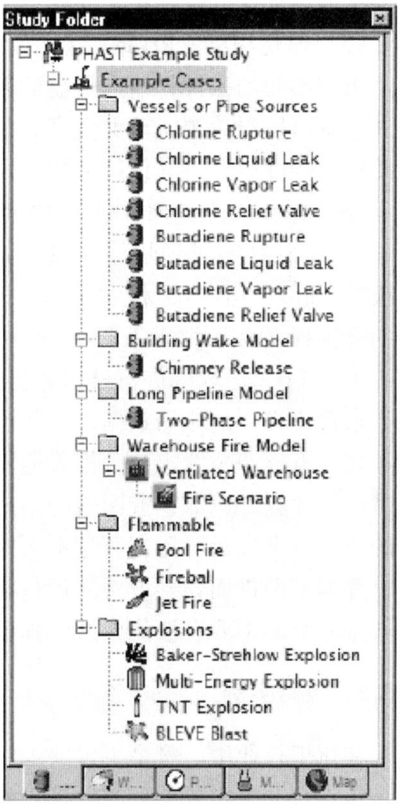

图6－9 软件模型汇总图

图6－9为实例中所列出的可用模型。总体可分为五大类：容器、管道泄漏模型；建筑模型；长管道泄漏模型；仓库火灾模型；燃烧模型及爆炸模型等。

（1）容器、管道泄漏模型。容器及管道内部物质的泄漏可用此模型进行计算。例如以下事故情景：罐体破裂、罐体不同大小孔径泄漏、管线断裂、阀门泄漏、长管道不同大小孔径泄漏、罐顶失效等。泄漏形态又可分为气相泄漏、液相泄漏、气液两相泄漏等。收集不同的实例分析所需的数据，进行相关参数的输入，可得出相应的结果。如泄漏物质的扩散速率、泄漏物质浓度与距离的关系曲线、泄漏物质（有毒）的致死浓度范围、泄漏物质（可燃）的热辐射及爆炸超压危害范围等。

（2）建筑模型。此模型可用于建筑邻近位置的物料释放计算，该附近位置可以是建筑物内部，可以是靠近建筑物的地面，也可以为建筑顶部烟囱。

所有的建筑物都有其下风向低压回流区，该模型可计算回流区对释放物质的影响，绘制出回流区内以及靠近回流区的释放云图。

（3）长管道泄漏模型。当管道足够长（长度大于300倍的直径）时，计算管道全径破裂后的物料释放，或小孔泄漏（孔径远小于管道全径），需用此模型。对于短管道的全径破裂，则要用管道泄漏模型进行计算。

长管道的物料泄漏具有时间依赖性，会受到管道阀门闭合、管内物质流速、管道自身材料、泄漏外部环境、泄漏位置、泄漏孔径大小等因素的影响，这些因素在此模型中均得以体现。

（4）仓库火灾模型。仓库火灾模型用来计算存有毒物的仓库内发生火灾后，有毒气体形成的羽流影响范围。羽流的形状与持续时间是由仓库内物质的种类及数量、仓库内的通风设备以及火灾的规模决定的。

（5）燃烧模型。PHAST软件包含一系列独立的燃烧模型：池火灾、火球、喷射火等。

根据不同的条件，输入所需的参数后，三种模型均可自动计算出火焰的形状及强度，另外可得出辐射轮廓、辐射强度与距离的关系以及在某一点的辐射强度等数据。除了某一点的辐射强度以外，其他结果均可用图形及表格两种形式表示出来。

（6）爆炸模型。PHAST软件包含三个独立的爆炸模型：TNT模型、Multi-Energy模型、Baker Strehlow模型等。TNT模型是最简单的，是PHAST软件早期版本默认使用的爆炸模型。Multi－Energy模型是最为复杂的，需要大量周围环境的数据。Baker Strehlow模型的复杂程度介于前两者之间。

运用PHAST软件进行模拟分析计算，需充分熟悉装置情况及周围环境情况。根据软件需求搜集必要的原始数据，比如设备所处的环境条件、气象参数、工艺的设备参数、平面布置、点火源位置等，分析可能发生的事故类型。根据对事故状态的分析，选取不同的模型进行计算，以数字或图表的形式，计算出某些事故的风险结果。最后可用此结果与相应的风险标准进行对比，若达不到标准，可据实情进行相应参数的变动，进而完善结果数据，并据变动进而完善设备的运行状态，以期达到最大限度的安全状态。

事故类型主要有泄流模型、弥散模型、火灾爆炸模型等。

### 6.3.2 应用实例

在化工行业中，氨是不可缺少的物质，是世界上产量最多的无机化合物之一。氨的储运是化工行业中重要的环节，这里选取某合成氨厂液氨储罐为例，用PHAST软件进行模型的建立与分析。

#### 6.3.2.1 参数的确定与输入

液氨储罐发生泄漏的情况也要分多种，如罐底小孔径泄漏、大孔径泄漏、罐出口管断裂、罐体破裂等，对各种不同的模型，都要在软件中建立。图 6－10 中是该液氨罐中建立的简单三种模型，分别为罐体破裂、12mm 孔径泄漏、50mm 孔径泄漏。

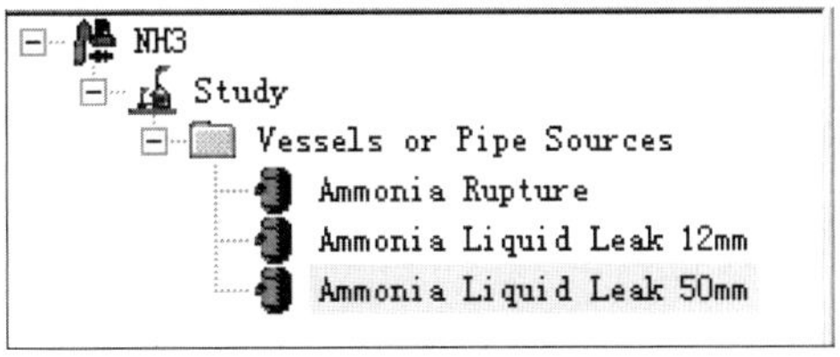

图 6－10 液氨储罐泄漏的三种场景

气象参数可自己设定，但一般应符合当地的天气情况。在此可以假定多种不同的天气情况，对每一种情况进行模拟。表 6－1 给出了液氨储罐考虑的三种气象条件。

**表 6－1 气象参数**

| 气象条件 | 大气压力/MPa | 大气温度/℃ | 湿度/% | 风速/m·s$^{-1}$ | 大气稳定度 |
|---|---|---|---|---|---|
| 1 | 0.1 | 30 | 85 | 5.0 | D |
| 2 | 0.1 | 15 | 80 | 3.0 | E |
| 3 | 0.1 | 5 | 80 | 1.0 | F |

厂内工作的液氨储罐有 4 个，均为圆形大容积储罐，一旦发生泄漏，将产生很大的影响。输入北 2 号储罐的工作参数，该储罐的容积为 1000m$^3$，作记录时的液位高度为 6.45m，底部压力为 2.3MPa，温度为 2.2℃；顶部压力为 2.25MPa。此外，还需介质的物性参数，罐区的布置图、厂区平面布置图或厂区区域位置图等，进而分析罐区发生泄漏事故后对厂区或周边的影响。当所有的参数都完善以后，可运行软件。

#### 6.3.2.2 运行软件

由于运行结果涉及较多的数据与图表，现选取部分图表如图 6－11、图 6－12 及表 6－2 所示。根据软件的需求，直接以 ppm 计量气体浓度，因此，下列图表及数据中有关气体浓度的均以 ppm 表示。

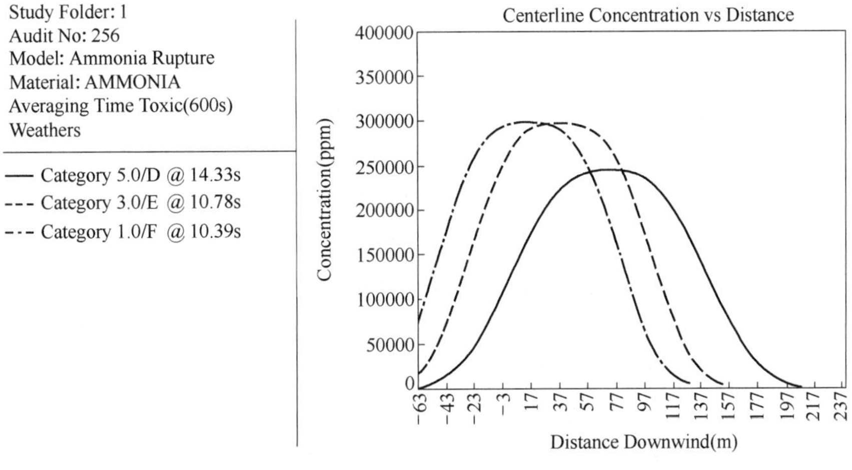

图 6－11 罐体破裂泄漏气体浓度与下风向距离的关系曲线

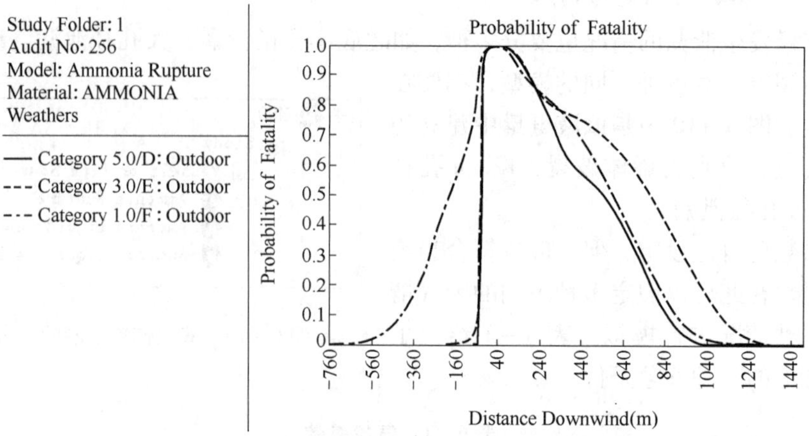


图 6-12 罐体破裂泄漏气体致死率与下风向距离的关系曲线

**表 6-2 氨对人体产生不同危害的 ERPG 数值**

| 标准等级 | 数值/ppm | 意义/人员暴露于有毒气体环境中约 60min |
|---|---|---|
| ERPG1 | 25 | 除了短暂的不良健康效应或不当的气味之外，不会有其他不良影响的最大容许浓度 |
| ERPG2 | 150 | 不会对身体造成不可恢复之伤害的最大容许浓度 |
| ERPG3 | 750 | 不会对生命造成威胁的最大容许浓度 |

氨的 LFL（着火下限）为 160000ppm，UFL（着火上限）为 250000ppm；美国工业卫生协会（AIHA）制定的紧急响应计划指南 ERPG 中，给出对人体产生不同影响的 ERPG 数值，见表 6-2。可根据必要的数值标准对氨泄漏后的不同距离下的浓度进行判断，采取相应的措施。

## 6.4 甲醇泄漏火灾模拟

### 6.4.1 FDS 介绍

FDS（fire dynamics simulator）是美国国家标准与技术研究院（NIST）开发的一种计算机流体力学（CFD）模拟程序，其第 1 版在 2000 年 1 月发布，以后一直在不断地改进和更新。该程序的最新版为 2007 年 3 月发布的第 5 版（FDS5.0）。

FDS5.0 的主程序用于求解微分方程，可以模拟火灾导致的热量和燃烧产物的低速传输，气体和固体表面之间的辐射和对流传热，材料的热解，火焰传播和火灾蔓延，水喷淋、感温探测器和感烟探测器的启动，水喷头喷雾和水抑制效果等。FDS5.0 还附带有一个 Smokeview 程序，可用来显示和查看 FDS 的计算结果，它可以显示火灾的发展和烟气的蔓延情况，还能用于评判火场中的能见度。

FDS 采用数值方法求解一组描述低速、热驱动流动的 Navier-Stokes 方程，重点关注火灾导致的烟气运动和传热过程。对于时间和空间，均采取二阶的显式预估校正方法。FDS5.0

中包括大涡模拟（large eddy simulation，LES）和直接数值模拟（direct numerical simulation，DNS）两种方法。直接数值模拟主要是适用于小尺寸的火焰结构分析，而对于在空间较大的多室建筑结构内的烟气流动过程，则应选择 LES。FDS 默认的运行方式是 LES。

大涡模拟的基本思想是在流场的大尺度结构和小尺度结构（Kolmogorov 尺度）之间选择一个滤波宽度对控制方程进行滤波，从而把所有变量分成大尺度量和小尺度量。对大尺度量用瞬时的 N－S 方程直接模拟，对于小尺度量则采用亚格子模型进行模拟。火灾烟气的湍流输运主要由大尺度漩涡运动决定，对大尺度结构进行直接模拟可以得到真实的结构状态。又由于小尺度结构具有各向同性的特点，因而对流场中小尺度结构采用统一的亚格子模型是合理的。

FDS5.0 中采用的是 Smagorinsky 亚格子模型，该模型基于一种混合长度假设，认为涡黏性正比于亚格子的特征长度 $\Delta$ 和特征湍流速度。根据 Smagorinsky 模型，流体动力黏性系数表示为：

$$\mu_{\text{LES}} = \rho(C_s\Delta)^2\left[\frac{1}{2}(\nabla \boldsymbol{u} + \nabla \boldsymbol{u}^{\text{T}}):(\nabla \boldsymbol{u} + \nabla \boldsymbol{u}^{\text{T}}) - \frac{2}{3}(\nabla \cdot \boldsymbol{u})^2\right]^{\frac{1}{2}} \tag{6-15}$$

式中，$\Delta = (\delta x \delta y \delta z)^{1/3}$，$C_s$ 为 Smagorinsky 常数。流体的导热系数和物质扩散系数分别表示为：

$$\kappa_{\text{LES}} = \frac{\mu_{\text{LES}} c_p}{Pr} \tag{6-16}$$

$$(\rho D)_{i.\text{LES}} = \frac{\mu_{\text{LES}}}{Sc} \tag{6-17}$$

式中，$Sc$ 为流体的施密特数；$Pr$ 为普朗特数；$c_p$ 为流体比定压热容。

大涡模拟能够较好地处理湍流和浮力的相互作用，可以得到较为理想的结果，因此目前在火灾过程的模拟计算中得到了相当广泛的应用。

为了合理描述火灾这种特殊的燃烧过程，需要建立适当的燃烧模型。目前在 FDS 中包括有限反应速率和混合分数两种燃烧模型。有限反应速率模型适用于直接数值模拟，混合分数燃烧模型则适用于大涡模型。在 FDS 中默认的是混合分数模型。

FDS 采用矩形网格来近似表示所研究的建筑空间，用户搭建的所有建筑组成部分都应与已有的网格相匹配，不足一个网格的部分会被当做一个整网格或者忽略掉。

FDS 对空间的所有固体表面均赋予热边界条件以及材料燃烧特性信息，固体表面上的传热和传质通常采用经验公式进行处理。

### 6.4.2 FDS 的使用方法

#### 6.4.2.1 编制数据输入文件

使用 FDS 进行计算前，应先编写数据输入文件。该文件大致由三部分组成：

（1）提供所计算的场景的必要说明信息，设定计算区域的大小、网格划分的状况并添加必要的几何学特征；

（2）设定火源和其他边界条件；

（3）设定输出数据信息，例如某个截面上的温度、CO 浓度，某出口的质量流率，某点的温度、CO 浓度等数据。

在 FDS 的输入文件中每行语句必须以字符“&”开始，紧接着名单群，后面是相关的输入参数列，在语句的末尾应当以字符“/”终止。输入文件中的参数可以是整数、实数、数组实数、字符串、数组字符串或逻辑词。输入参数可用逗号或空格分隔开。在语句末尾“/”符号之后可以将相关的评注或注意写入文件中。下面是一个 FDS 输入文件的示例（节选）。

[例 6-1] FDS 输入文件

```
&HEAD CHID ='Atrium Fir', TITLE ='Atrium Fire'/任务名称和标题
&TIME TWFIN =600.0/设定计算时间
&MESH IJK =40,24,100, XB =0,20,0,12,0,20 / 设定网格数量和计算区域
&MISC TMPA =22/设定初始环境温度
&REAC ID          = 'POLYURETHANE'
      FYI         = 'C_6.3 H_7.1 N O_2.1, NFPA Handbook, Babrauskas'
      SOOT_YIELD  = 0.10
      N           = 1.0
      C           = 6.3
      H           = 7.1
      O           = 2.1 /设定可燃材料为聚亚氨脂
&SURF ID ='BURNER', HRRPUA =30.,PART_ID ='smoke', COLOR ='RED' /设定火源
&PART ID ='smoke', MASSLESS =.TRUE., SAMPLING_FACTOR =1 /示踪粒子参数
&VENT XB =9.5,10.5,5.5,6.5,0,0, SURF_ID ='BURNER' / 火源位置
&VENT XB =8,12,0,0,0,4, SURF_ID ='OPEN' / 开口
&INIT XB =0,20,0,12,5,6,TEMPERATURE =23./初始温度梯度条件
&INIT  XB =0  20  0  12  5  6  TEMPERATURE =23./
……
&INIT  XB =0  20  0  12  19  20  TEMPERATURE =51./
&SLCF PBY =6,QUANTITY ='TEMPERATURE'/输出竖直中心面上的温度
&TAIL/结束
```

6.4.2.2 主要输入参数说明

（1）任务命名：HEAD。HEAD 用于给出相关输入文件的任务名称，包括两个参数：CHID 是一个最多可包含 30 个字符的字符串，用于标记输出文件；TITLE 是描述问题的最多包含 60 个字符的字符串，用于标记算例序号。

（2）计算时间：TIME。TIME 用来定义模拟计算持续的时间和最初的时间步。通常仅需要设置计算持续时间，其参数为 TWFIN，缺省时间为 1s。例 6-1 中设置计算时间为 600s。

（3）计算网格：MESH。MESH 用于定义计算区域和划分网格。FDS 中的计算区域和网格均是平行六面体，计算区域大小通过一组 XB 开头的六个数值来确定，例 6-1 中定义了长为 20m、宽为 12m、高为 20m 的长方形计算区域，$x$、$y$、$z$ 方向的网格（GRID）数由 IJK 后的三个数值来确定，例 6-1 中分别为 40、24 和 100 个。

（4）综合参数：MISC。MISC 是各类综合性输入参数的名称列表组，一个数据文件仅有一个 MISC 行。例 6-1 中的 MISC 表示将环境温度设为 20℃。

（5）燃烧参数：REAC。REAC 用来描述燃烧反应的类型，在 FDS 输入文件中可以不用 REAC 语句定义反应类型，此时默认的反应物为丙烷。在 REAC 语句中可以定义参与可燃物的名称、化学分子式、产烟量、CO 产量、燃烧热等参数，也可以采用程序的默认值。例 6-1 中定义了一种名为聚亚氨脂的可燃物，并给出了其化学分子式和产烟量。

(6) 障碍物：OBST。OBST 用于描述障碍物状况，每个 OBST 行都包含计算区域内矩形固体对象的坐标、性质以及颜色等参数。障碍物的坐标由 XB 引导的一组 6 个数值来确定，在 OBST 行中的表示为：XB = $x_1$，$x_2$，$y_1$，$y_2$，$z_1$，$z_2$。

(7) 边界条件：SURF。SURF 用于定义流动区域内所有固定表面或开口的边界条件。固体表面默认的边界条件是冷的惰性墙壁。如果采用这种边界条件，则无需在输入文件中添加 SURF 行；如果要得到额外的边界条件，则必须分别在本行中给出。每个 SURF 行都包括一个辨识字符 ID ='. '，用来引入障碍物或出口的参数。而在每一个 OBST 和 VENT 行中的特征字符 SURF_ ID ='. '，则用来指出包含所需边界条件的参数。

SURF 还可用来设定火源，HRRPUA 为单位面积热释放速率（kW/m$^2$），用于控制可燃物的燃烧速率。如果仅需要一个确定热释放速率的火源，则仅需设定 HRRPUA。例如：

&SURF ID =' BURNER ', HRRPUA =30/

这表示将 30kW/m$^2$ 的热释放速率应用于任何 SURF ID =' BURNER '的表面之上。

SURF 还可以用来设定热边界条件和速度边界条件。

(8) 通风口：VENT。VENT 用来描述紧靠障碍物或外墙上的平面，用 XB 来表示，其 6 个坐标中必须有一对是相同的，以表示为一个平面。在 VENT 中可以使用 SURF_ ID 来将外部边界条件设为“OPEN”，即假设计算域内的外部边界条件是实体墙，OPEN 表示将墙上的门或窗打开。VENT 也可用来模拟送风和排烟风机。如：

&SURF ID =' BLOWER ', VEL = −1.5 /

&VENT XB =0.50, 0.50, 0.25, 0.75, 0.25, 0.75, SURF_ ID =' BLOERW '/

表示在网格边界内创建了一个平面，它以 1.5m/s 的速度由 $x$ 坐标的负方向向内送风。

(9) 输出数据组。在输入文件中还应设定所有需要输出的参数，如 THCP、SLCF、BNDF、ISOF 和 PL3D 等。否则在计算结束后将无法查看所需信息。查看计算结果有几种方法。如热电偶是保存空间某给定点温度的量，该量可表示为时间的函数。为了使流场更好地可视化，可使用 SLCF 或 BNDF 将数据保存为二维数据切片。这两类输出格式都可以在计算结束后以动画的形式查看。

另外还可用 Plot3D 文件自动存储所需的流场图片。示踪粒子能够从通风口或障碍物注入流动区域，然后在 Smokeview 中查看。粒子的注入速率、采样率及其他与粒子有关的参数可使用 PART 名单组控制。

(10) 结尾：TAIL。数据输入文件以“&TAIL”为最后一行，表示所有数据已全部输入完毕。

在 FDS 中还有一些常用的语句，如 INIT 语句可以定义指定区域初始温度；MAIL 语句可以定义制定材料性质等，具体可参见 FDS 用户手册。

#### 6.4.2.3 运行和查看结果

当对编写好的数据输入文件检查无误后，即可将其存放在预定文件夹中。对于 MS Windows 的用户，需打开命令提示窗口，找到 .fds 输入文件所在的目录，输入命令提示：

fds5 job_ name. fds

即可开始模拟计算。

计算完成后，可以打开目标文件夹内的 .smv 文件查看计算结果。其中某些计算结果，如火源热释放速率和热电偶测得的温度值等，会存储为 .csv 格式的文件，可使用 Microsoft

Office Excel 等软件直接打开进行查看。

### 6.4.3 甲醇泄漏火灾模拟

模拟的甲醇储罐的半径为 2m，高为 3m，罐内甲醇液面高为 2.8m，甲醇罐周围没有其他的罐体和设备。假设泄漏点在离地面 0.6m 的位置，面积为 $0.015m^2$，由托里拆利公式可以计算出泄漏速度为：

$$u = \sqrt{2gh} \tag{6-18}$$

式中，$u$ 是甲醇的泄漏速度，$g$ 是重力加速度，$h$ 是储罐内液面距泄漏口的距离，将相关参数代入式（6－18）可知泄漏速度为 6.3m/s。当泄漏的甲醇被点燃后将在地面形成一定面积的流淌火，当燃烧量和泄漏量相等时燃烧面积不再扩大。实验数据表面对于大尺寸甲醇池火（直径大于 1m），其质量燃烧速率约为 $0.017kg/(m^2 \cdot s)$。由此可以计算出最大火源面积为 $4.7m^2$。由经验公式可知，此时最大火灾热释放速率（MW）为：

$$Q = 345 + 1139A - 1108A^2 + 320A^3 = 14.44 \tag{6-19}$$

当环境温度为 20℃时，高于甲醇的闪点，此时甲醇池火的火蔓延过程是通过气相进行的，其火蔓延速度约为 1.8m/s。

6.4.3.1 火灾发展情况

图 6－13 给出了甲醇池火发展过程的模拟结果，从图中可以看出，由于火焰传播通过气相进行，因此火灾燃烧面积很快发展到最大，火焰高度超过了 5m，模拟的火灾稳定热释放速率为 16.8MW，和式（6－19）的计算值接近。

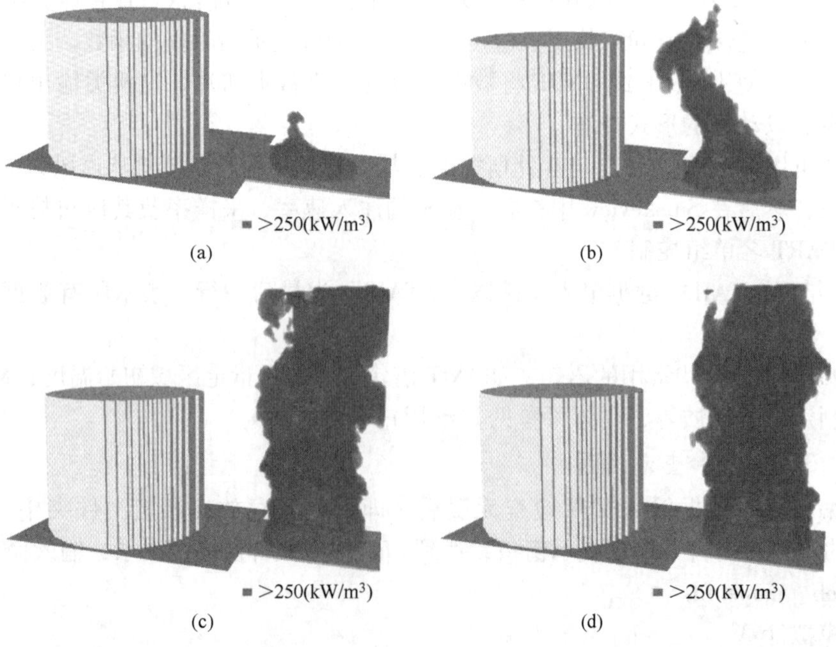


图 6－13 甲醇池火火灾发展过程

（a）2s；（b）5s；（c）10s；（d）30s

### 6.4.3.2 火源周围温度场

图6－14给出了稳定燃烧阶段甲醇池火周围温度场分布，从中可以看出，火源正上方温度很高，在火焰中心区温度超过了800℃，而在火源周围温度下降得很快，罐体周围没有明显的温升。这种现象是由甲醇的性质决定的，由于甲醇燃烧比较完全，实验表明其燃烧效率因子（表征燃料完全燃烧的程度）约为0.99。因此在甲醇燃烧过程中仅产生极少量的炭烟颗粒，即火焰辐射能力很弱。实验表明，甲醇池火产生的热量超过95%是通过对流形式损失，而仅有约5%的热量是通过辐射形式损失掉的。

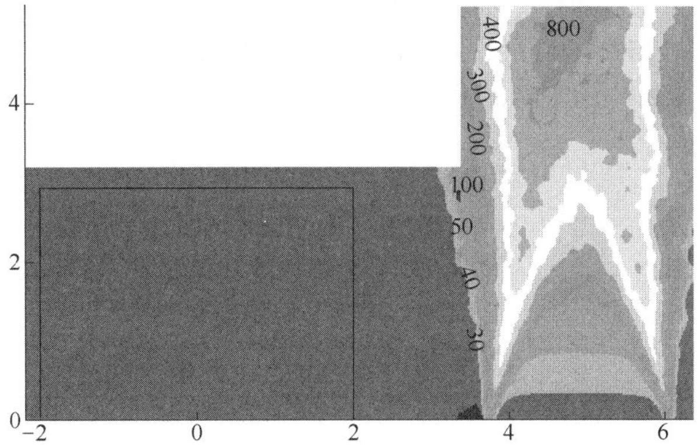


图6－14 稳定燃烧阶段火源周围温度（℃）分布

图6－15给出了正对火焰一侧罐体上距离地面1m和2m处的温度，从中可以看出，罐体温度在火灾发生250s以后仅升高至45℃，对罐体不会产生较大破坏。这是由于甲醇火焰的辐射能力低，仅有少部分热量通过辐射形式达到罐体壁面。

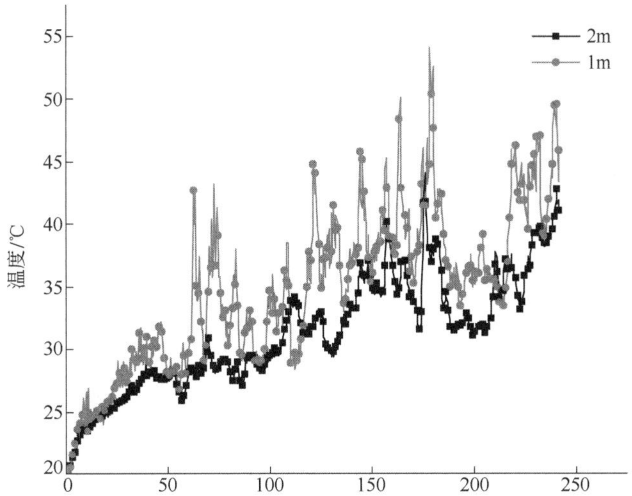


图6－15 罐体温度随时间的变化

模拟结果表明当甲醇泄漏发生燃烧时，火灾蔓延非常迅速，中心火焰区温度很高，而对周边设备的热辐射作用较弱。对于甲醇泄漏事故，首先应当防止其形成流淌火，避免高温火焰直接作用于设备表面从而引发二次事故。

## 思考题

6-1 常用的湍流模型有哪些？简述各种湍流模型的特点。

6-2 控制方程的离散化方法有哪些，其各自的求解思路和特点是什么？

6-3 Fluent 的求解方法应当如何选择？

6-4 简述 Fluent 的求解步骤。

6-5 试用 Fluent 分别模拟重气和轻气的泄漏过程，并比较重气和轻气泄漏过程有何区别。

6-6 FDS 输入语句的基本格式有何特点，FDS 常用的引导词有哪些？

6-7 试用 FDS 模拟柴油池火，比较柴油池火和甲醇池火有何区别。

# 7　重大危险源控制技术

**学习要求**

➢ 了解重大危险源控制的基本要求；

➢ 掌握典型工业生产过程重大危险源安全控制要求。

## 7.1　重大危险源实时监控预警技术

重大危险源监控预警系统是应用系统论、控制论、信息论的原理和方法，密切结合自动检测和传感技术、计算机仿真、计算机通信等现代高新技术，对危险源对象的安全状况进行实时监控，严密监视那些可能使危险源对象的安全状态向事故临界状态转化的各种参数的变化趋势，及时给出预警信息或应急控制指令，把事故隐患消灭在萌芽阶段。

### 7.1.1　计算机控制系统的组成原理

重大危险源计算机实时监控预警系统的主体框架如图 7－1 所示。

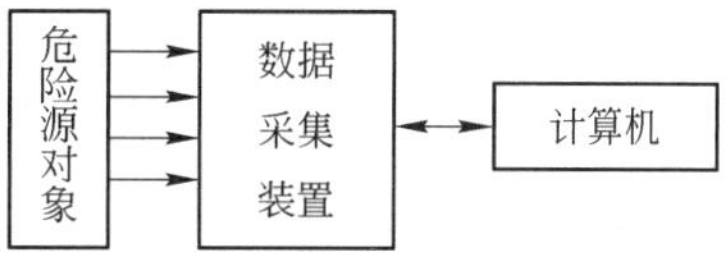

图 7－1　重大危险源监控预警系统框架

图 7－1 中，危险源对象是指工业生产中所需的以及各种生产场所所拥有的设施或设备，比如罐区、库区、生产场所、压力管道、锅炉、压力容器等对象。这些对象有各种易燃、易爆、毒性等危险物质，对安全生产和人身安全构成了极大的威胁。它们的特性参数是重大危险源监控预警系统所要关注的主要参数，将这些参数进行数据采集，转换成计算机所能识别的信号，进行计算机对重大危险源的检测、监控、预警和控制，预防重大事故发生，实现安全生产的目的。

要达到重大危险源的计算机自动检测和自动控制的目的，还应将主计算机所计算出的结果动态反馈到危险源对象上去，由执行结构对危险源对象的各种参数进行控制，使之运行在安全范围以内。

计算机控制系统的典型结构如图 7－2 所示。

众所周知，表征工业生产过程特性的物理参数（危险源对象）大部分是模拟信号，或者是开关量信号，而计算机采用的是数字信号。为此，两者之间必须有模/数转换器（A/D）和数/模转换器（D/A），以实现这两种信号之间的互相转换。尽管各种工业生产过程、危险源对象多种多样，但对其实施控制的计算机却大同小异，该计算机主要由硬件和

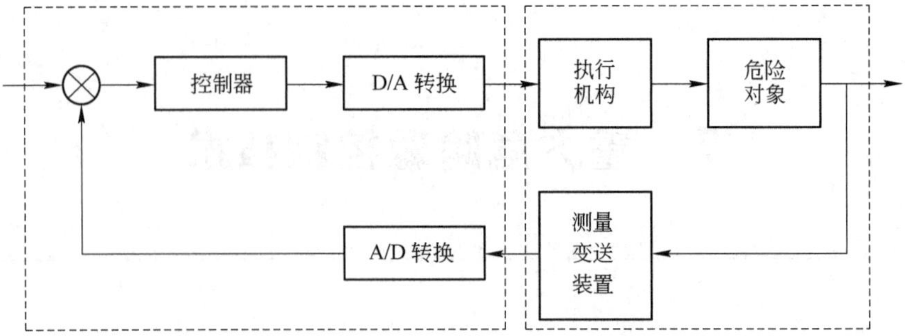


图 7 - 2 计算机控制系统的典型结构

软件两部分组成。

（1）计算机控制系统的硬件组成。

1）主机：各种单片机、工控机（微机）、PLC 等。

2）外部设备：键盘终端、打印机、绘图仪、CRT 显示器以及磁盘等。

3）过程输入输出设备（PIO）：模拟量输入输出通道、开关量输入输出通道等。

4）人机联系设备：CRT 显示器，操作显示面板、操作台，也称人机接口。

5）通信设备：RS232、RS485 以及网路等。

（2）计算机控制系统的软件组成。硬件系统构成裸机，为计算机控制系统提供了物质基础。软件是监控预警系统的核心，软件发挥硬件的功能，要具有较高的控制品质和管理水平。软件分为系统软件和应用软件：

1）系统软件。系统软件一般包括计算机语言、数据结构、操作系统、数据库系统、通信网络软件和诊断程序等。计算机设计人员负责研制系统软件，而计算机控制系统设计人员则要了解系统软件并学会使用，从而更好地编制应用软件。

2）应用软件。应用软件是监控预警系统的核心，是系统设计人员对某些生产过程危险源对象编制的控制和管理程序，它直接影响到控制品质和管理水平。

应用软件分为输入程序、控制程序、输出程序、人机接口程序、数据库接口程序、打印显示程序以及各种报表程序等。其中，控制程序是应用软件的核心，是基于经典或现代控制理论的控制算法的具体实现。过程输入、输出程序分别用于输入、输出通道，一方面控制程序提供运算数据，另一方面执行控制命令。数据库结构程序则为应用软件提供各种危险物质的各种特征信息，计算机实时地对重大危险源进行控制和管理，在短时间内完成对各种危险源参数信号的输入、运算和输出，并能根据运行工况的变化及时地进行处理。

### 7.1.2 危险源数据采集与计算机巡回检测系统数据采集系统

应用系统安全工程的理论、观点和方法，结合过程控制、自动检测、传感器、计算机仿真、数据传输和网络通信等理论与实践技术，构成易燃、易爆、有毒重大危险源监控预警系统。

首先从危险源数据采集系统开始，分析哪些因素是造成事故的原因，找到需要采集的危险源对象和参数。

存贮的物质可能是气体或液体，可能是有毒或无毒，也可能易燃易爆，可能是液位超标溢出或者故障泄漏溢出等，可能造成燃烧火灾爆炸而酿成事故。不管怎样，危险源对象在安全状态和事故临界状态时的特征并不一样，因而只要检测到危险源对象参数的变化，就可以及时准确地达到系统监控预警的目的。表征危险源对象的参数大多数是对象的温度、压力、液位、浓度、湿度等，根据各种对象参数的特点，采取相应的传感器材、检测手段，将各种参数信号转换成0～5V的电压信号或者是0～20mA或4～20mA的标准电流信号。

将标准信号通过数据采集装置，转换成计算机能够识别的数字信号，用于控制或预警系统的后处理。

数据采集装置可以是数据采集卡、单片机或PLC，它往往可以同时采集多路标准信号。如果需采集的标准信号很多，也可以选用多个数据采集装置。

有的系统需要采用数据采集装置所采集来的数据，而且可能与数采装置相距很远，因而需要采用远距离通信技术将数采装置采集的数字信号传送到较远的监控计算机上。必要的时候，还要采用网络技术，将其连成局域网。整个数据采集系统采取分布式层级结构，其结构框图如图7－3所示。

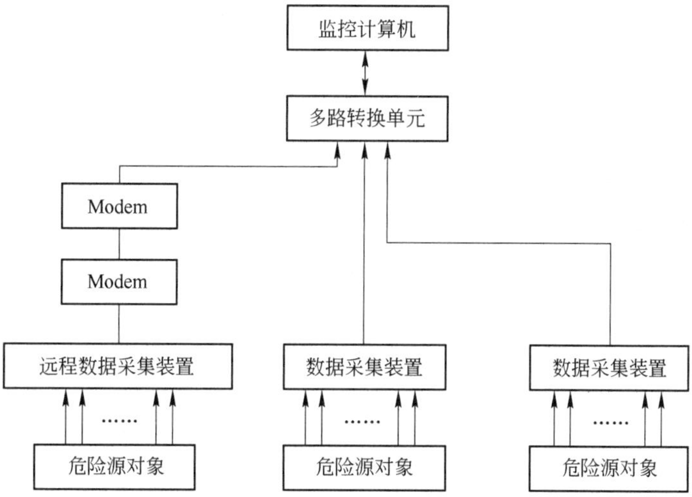


图7－3　数据采集系统结构框图

### 7.1.3　监控预警系统

重大危险源对象大多数时间运行在安全状态下，这是我们所期望的。监控预警系统的目的是监视其正常情况下危险源运行情况及状态，并对其实时和历史趋势做一个整体评判，对系统的下一时刻做一种超前（或提前）的预警行为，因而在正常情况下和非正常情况下应该有对危险源对象及参数的记录显示、报表等功能。

7.1.3.1　正常运行阶段

正常工况下危险源运行模拟流程和进行主要参数（温度、压力、浓度、油/水界面、泄漏检测传感器输出等）的数据显示、报表、超限报警，并根据临界状态判据自动判断是否转入应急控制程序。

7.1.3.2 事故临界状态

被实时监测的危险源对象的各种参数如果超出正常值的界限，就向事故生成方向转化。如不采取应急控制措施，就会引发火灾、爆炸及重大毒物泄漏事故。在这种状态下，监控系统一方面给出声、光或语言报警信息，由应急决策显示排除故障系统的操作步骤，指导操作人员正确、迅速恢复正常工况，同时发出应急控制指令（例如，条件具备时可自动开启喷淋装置使危险源对象降温，自动开启泄放阀泄压，关闭进料阀制止液位上升等）；或者当可燃气体传感器检测到危险源对象周围空气中的可燃气体浓度达到阈值时，监控预警系统将及时报警，同时还能根据检测的可燃气体的浓度及气象参数（风速、风和、气温、气压、温度等）、传感器的输出信息，快速绘制出混合气云团在电子地图上的覆盖区域、浓度预测值，以便采取相应的措施，防止火灾、毒物泄漏范围的进一步扩大。

7.1.3.3 事故初始阶段

如果上述预防措施全部失效，或因其他原因致使危险源及周边空间已经起火，为及时控制火势以及与消防措施紧密结合，可从两个方面采取补救措施。

（1）应用“早期火灾智能探测与空间定位系统”及时报告火灾发生的准确位置，以便迅速扑救；

（2）自动启动应急控制系统，将事故抑制在萌芽状态。

7.1.3.4 事故调查阶段

事故调查是一项重要的工作。恢复事故发生始末的真实面目，是事故原因调查的基础之一，控制系统从有关参数偏离正常范围开始，在“工业事故黑匣子”中按事故调查分析的要求，自动存储与事故生成密切相关的全部数据，并妥善保存。

## 7.2 化工工艺安全控制技术

化工生产中使用的原料、半成品和成品种类繁多，绝大部分是易燃、易爆、有毒、有腐蚀性的化学危险品。在生产、使用、运输中管理不当，就会发生火灾、爆炸、中毒和烧伤事故，给安全生产带来重大影响。许多化工生产离不开高温、高压设备，如果在设计制造中，不按规范进行，质量不合格，或在操作中失误，就会发生灾害性事故。化工生产具有易燃、易爆、易中毒、高温、高压、有腐蚀性等特点，与其他工业部门相比具有更大的危险性。

### 7.2.1 影响化工生产过程安全稳定的因素

7.2.1.1 工业生产过程操作功能

现代化工业生产操作过程越来越复杂化，存在下述的安全操作和安全控制的问题。

（1）生产过程中的开车和停车；

（2）工艺流程及设备之间的切换；

（3）正常运行中的安全控制；

（4）间歇生产过程的操作；

（5）生产负荷的转变；

（6）异常状态下的紧急安全处理。

在连续生产过程和间歇生产过程中，开车和停车都有自己的一套顺序和操作步骤，特别是大型的石油化工生产过程，开停车要花很长时间。若不按照一定的步骤和顺序进行，就会出现生产事故，延长开车时间，甚至造成严重的经济损失。对于间歇生产过程，其往复循环操作更频繁。在某些连续生产过程，也包含着间歇操作的设备和单元，如那些需要再生产的系统。一般顺序操作包括一系列的阶段或操作步骤，这些阶段，有的是由过程事件来决定，而有的是根据特定的时间间隔来控制。

除了上述顺序操作要求之外，工业生产过程还要求：

（1）监视和管理整个生产过程；

（2）对生产过程进行规划、调度和决策；

（3）记录生产过程的异常现象，积累事故案例以及总结安全操作与控制措施。

在过程控制系统中监视和管理整个生产过程是很重要的功能。监视生产过程的变化，采集生产过程的实时数据和历史数据，对寻找出过程的扰动因素和优化工艺条件以及分析过程操作都是极为有用的。

#### 7.2.1.2　影响工业生产过程安全稳定的因素

作为一个工厂、一个生产流程或一个生产装置，均需按产品品质和数量的要求、原材料供应以及公共设施情况，由工艺设备组建一定的工艺流程，然后组织生产。在生产过程中，产品的品质、产量都必须在安全条件下实现。而在生产过程中各种扰动（干扰）和工艺设备特性的改变以及操作的稳定性均对安全生产产生影响，这些影响因素包括如下内容：

（1）原材料的组成变化。在工业生产过程中都依一定的原料性质生产一定规格的产品，原料性质的改变则会严重影响生产的安全运行。

（2）产品性能与规格的变化。随着市场对产品性能与规格要求的改变，工业生产企业必须马上适应市场的需求而改变，安全生产条件必须适应这种变化的情况。

（3）生产中设备的安全可靠性。工业生产过程的生产设备都是按照一定的生产规模而设计的。随着市场对产品数量需求的改变，原设计不能满足实际生产的需要，或者工厂生产设备的损坏或被占用，都会引起生产负荷的变化。

（4）装置与装置或工厂与工厂之间的关联性。在流程工业中，物料流和能量流在各装置之间与工厂之间有密切的关系，由于前后的联系调度等原因，往往要求生产过程的运行相应地做出改变，以满足整个生产过程物料与能量的平衡与安全运行需要。

（5）生产设备特性的漂移。在工业生产工艺设备中，有些重要的设备其特性随着生产过程的进行会发生变化，如热交换器由于结垢而影响传热效果，化学反应器中的催化剂的活性随着化学反应的进行而衰减，有些管式裂解炉随着生产的进行而结焦等。这些特定的漂移和扩展的问题都将严重地影响装置的安全运行。

（6）控制系统失灵。仪表自动化是监督、管理、控制工业生产的关键设备与手段，自动控制系统本身的故障或特定变化也是生产过程主要扰动来源。例如测量仪表测量过程的噪声、零点的漂移，控制过程特性的改变而控制器的参数没有及时调整以及操作者的操作失误等，这些都是影响装置的安全运行的扰动来源。

由于现代工艺生产过程规模大，设备关联严密，强化生产，对于扰动十分敏感。例如，炼油工艺中催化裂化生产过程，采用固体催化剂流态化技术，该生产过程不仅要求物料和能量的平衡，而且要求压力保持平衡，使固体催化剂保持在良好的流态化状态。再如芳烃精馏生产过程，各精馏塔之间不仅物料紧密相连，而且采用热集成技术，前后装置的热量耦合在一起。因此，现代工艺生产过程，能量平衡接近于临界状态，一个局部的扰动，就会在整个生产过程传播开来，给安全生产带来威胁。

### 7.2.2 安全控制措施

#### 7.2.2.1 工艺参数的安全控制

化工生产过程中的工艺参数主要有温度、压力、流量、液位及物料配比等。按工艺要求严格控制工艺参数在安全限度以内，是实现化工安全生产的基本保证。

##### A 温度控制

每个化学反应都有其最适宜的反应温度，正确控制反应温度不但对保证产品质量、降低消耗有重要意义，而且也是防火防爆所必需的。如果超温，反应物有可能分解着火，造成压力升高，导致爆炸；也可能因温度过高产生副反应，生成新的危险物或反应物。升温过快、过高或冷却降温设施发生故障，还可能引起剧烈反应，发生冲料或爆炸。温度过低有时会造成反应速率减慢或停滞，而一旦反应温度恢复正常时，则往往因为未反应的物料过多而发生剧烈反应，引起爆炸。温度过低还会使某些物料冻结，造成管路堵塞或破裂，致使易燃物泄漏而发生火灾爆炸。控制反应温度时，常可采取以下措施：

（1）移除反应热。化工反应一般都伴随着热效应，放出或吸收一定热量。例如，基本有机合成中的各种氧化反应、氯化反应、水合和聚合反应等均是放热反应；而各种裂解反应、脱氢反应、脱水反应等则是吸热反应，为使反应在一定温度下进行，必须向反应系统中加入或移去一定的热量，以防因过热而发生危险。

温度的控制靠管外“道生”（dowtherm：导热姆，一种加热系统或者设备，有道生炉和道生加热系统）的流通实现，“道生”从反应器移走热量，通过冷却器冷却；当反应器需要升温时，“道生”则通过加热器吸收热量，使其温度升高，向反应器送热。

移除热量的方法目前有夹套冷却、内蛇管冷却、夹套内蛇管兼用、淤浆循环、液化丙烯循环、稀释剂回流冷却、惰性气体循环等。

此外，还采用一些特殊结构的反应器或在工艺上采取措施移除反应热。例如，合成甲醇是一个强烈的放热反应过程，采用一种特殊的反应器，器内装有热交换装置，混合合成气分两路，通过控制一路气体量的大小来控制反应温度。

向反应器内加入其他介质，例如通过水蒸气带走部分热量，也是常见的方法。乙醇氧化制取乙醛时，采用乙醇蒸气、空气和水蒸气的混合气体送入氧化炉，在催化剂作用下生成乙醛，利用水蒸气的吸热作用将多余的反应热带走。

（2）防止搅拌中断。化学反应过程中，搅拌可以加速热量的扩散与传递，如果中断搅拌可能造成散热不良，或局部反应剧烈而发生危险。因此，要采取可靠的措施防止搅拌中断，例如双路供电、增设应急人工搅拌装置等。

（3）正确选择传热介质。化工生产中常用的热载体有水蒸气、热水、过热水、碳氢化合物（如矿物油、二苯醚等）、熔盐、汞和熔融金属、烟道气等。充分掌握、了解热载体的性质并进行正确选择，对加热过程的安全十分重要。

1）避免使用与反应物料性质相抵触的介质。如环氧乙烷很容易与水发生剧烈的反应，甚至极微量的水分渗入液体环氧乙烷中，也会引起自聚发热产生爆炸。又如金属钠遇水即发生反应而爆炸，其加热或冷却可采用液状石蜡。所以，应尽量避免使用与反应物料性质有明显作用的物质作为加热或冷却介质。

2）防止传热面结疤（垢）。结疤不仅影响传热效率，更危险的是因物料分解而引起爆炸。结疤的原因，可以是由于水质不好而结成水垢；物料聚集在传热面上；还可由物料聚合、缩合、凝聚、碳化等原因引起结疤，其中后者危险性更大。

对于明火加热的设备，要定期查渣，清洗和检查锅壁厚度，防止锅壁结疤。

有的物料在传热面上结疤，由于结疤部位过热造成物料分解而引起爆炸。对于这种易结疤并能引起分解爆炸的物料，选择传热方式时，应特别注意改进搅拌形式；对于易分解、乳化层物料的处理尽可能不采用加热方式，而采用别的工艺方法，例如加酸、加盐、吸附等，避免加热处理时发生事故。

换热器内流体宜采用较高流速，不仅可提高传热系数，而且可减少污垢在换热器管表面沉积。

当然，预防污垢和结疤的措施涉及工艺路线、机械设计与选择、运行管理、维护保养等各方面，需要互相密切配合、认真研究。同时要注意对于易分解物料的加热设备，其加热面必须低于液面，操作中不能投料过少；设备设计尽量采用低液位加热面，加热面不够可增设内蛇管，甚至可以采用外热式加热器，也可以在加热室进口增加一个强制循环泵，加大流速，增加传热效果。

3）安全使用热载体。热载体在使用过程中处于高温状态，所以安全问题十分重要。高温热载体，例如联苯混合物（由 73.5% 联苯醚和 26.5% 联苯组成），在使用过程中要防止低沸点液体（例如水及其液体）进入。因为低沸点物质进入系统，遇高温热载体会立即汽化超压爆炸。热载体运行系统不能有死角（例如冷凝液回流管高出夹套底，夹套底部就可能造成死角），以防水压试验时积存水或其他低沸点物质。热载体运行系统在水压试验后，一定要有可靠的脱水措施，在运行前，应当进行干燥处理。

4）妥善处理热不稳定物质。对热不稳定物质要注意降温和隔热措施。对能生成过氧化物的物质，加热之前要从物料中除去。

B 压力控制

压力是生产装置运行过程的重要参数。当管道其他部分阻力发生变化或者有其他扰动时，压力将偏离设定值，影响生产过程的稳定，甚至引起各种重大生产事故的发生，因此必须保证生产系统压力的恒定，才能维护化工生产的正常进行。

C 投放速度和配比控制

对于放热反应，投料速度不能超过设备的传热能力，否则物料温度将会急剧升高，引起物料的分解、突沸而产生事故。加料温度如果过低，往往造成物料积累、过量，温度一旦恢复正常，反应便会加剧进行，如果此时热量不能及时导出，温度及压力都会超过正常指标，造成事故。

对连续化程度较高、危险性较大的生产，要特别注意反应物料的配比关系。例如环氧乙烷生产中乙烯和氧的混合反应，其浓度接近爆炸范围，尤其在开停车过程中，乙烯和氧的浓度都在发生变化。而且开车时催化剂活性较低，容易造成反应器出口氧浓度过高。为保证安全，应设置联锁装置，经常核对循环气的组成，尽量减少开停车的次数。

催化剂对化学反应的速率影响很大，催化剂过量，就可能发生危险。在可燃或易燃物与氧化剂的反应中，要严格控制氧化剂的投料速度和投料量。能形成爆炸性混合物的生产，其配比应严格控制在爆炸极限范围以外。如果工艺条件允许，可以添加水蒸气、氮气等惰性气体进行稀释。

投料速度太快时，除影响反应速率和温度之外，还可能造成尾气吸收不完全，引起毒气或可燃气体外逸。某农药厂乐果生产硫化岗位，由于投料速度太快，使硫化氢气体来不及吸收而外逸，引起中毒事故。

当反应温度不正常时，要准确判断原因，不能随意采取补加反应物的办法提高反应温度，更不能采取增加投料量然后再补热的办法。

另一个值得注意的问题是投料顺序问题。例如氯化氢合成反应先投氢后投氯；三氯化磷生产反应应先投磷后投氯；磷酸酯与甲胺反应时，应先投磷酸酯，再滴加甲胺等。反之就可能发生爆炸。

加料过少也可能引起事故。有两种情况：一是加料量少，使温度计接触不到料面，温度指示出现假象，导致判断错误，引起事故；另一种情况是物料的气相与加热面接触（夹套、蛇管加热面）不良，可使易于热分解的物料局部过热分解，同样会引起事故。

D 杂质超标和副反应的控制

反应物料中危险杂质超标导致副反应、过反应的发生，造成燃烧或爆炸。因此，化工生产原料、成品的质量及包装的标准是保证生产安全的重要条件。

反应原料气中，如果有害气体不清除干净，在物料循环过程中，就会越积越多，最终导致爆炸。有害气体除采用吸收清除的方法之外，还可以在工艺上采取措施，不使之积累。例如高压法合成甲醇，在甲醇分离器之后的气体管道上设置空管，通过控制放空量以保证系统中有用气体的比例。这种将部分反应气体放空或进行处理的方法也可以用来防止其他爆炸性介质的积累。

有时为了防止某些有害杂质的存在引起事故，还可以采用加稳定剂的办法。如氰化氢在常温下呈液态，储存中必须使其所含水分低于1%，然后装入密闭容器中，储存于低温处，为了提高氰化氢的稳定性，常加入浓度为0.001%～0.5%的硫酸、磷酸及甲酸等酸性物质作为稳定剂或吸附在活性炭上加以保存。

有些反应过程应该严格控制，使其反应完全、彻底。成品中含有大量未反应的半成品，也是导致事故的原因之一。

有些过程要防止过反应的发生。许多过反应生成物是不稳定的，往往引起事故。如三氯化磷生产中将氯气通入黄磷中，生成三氯化磷沸点低（75℃），很容易从反应锅中除去。假如发生过反应，生成固体的五氯化磷，在100℃时才升华，但化学活性较三氯化磷高得多。由于黄磷的过氧化而发生的爆炸事故已发生。

对有较大危险的副反应物，要采取措施不让其在储罐内长久积聚。例如液氯系统往往有三氯化氮存在，目前，液氯包装大多采用液氯加热汽化进行灌装，这种操作不仅使整个系统处于较高压力状态，而且汽化器内也易导致三氯化氮积聚，采用泵输送可以避免这种情况。

### 7.2.3 自动控制与安全联锁

在化工生产过程中，一些偶然因素的影响，导致控制参数超过准许的变化范围而出现不正常情况时，就会引起爆炸、燃烧或发生其他事故；为了确保安全生产，保证产品质量，常对某些关键性参数设自动控制和安全联锁装置。

自动化系统按其功能分为四类。

（1）自动检测系统。这是对机器、设备及过程自动进行连续检测，把工艺参数等变化情况显示或记录出来的自动系统。从信号连接关系上看，对象的参数如压力、流量、液位、温度、物料成分等信号送往自动装置，自动装置将此信号变换、处理并显示出来。

（2）自动调节系统。这是通过自动装置的作用，使工艺参数保持定值的自动化系统。工艺系统保持给定值是稳定正常生产所要求的，从信号连接关系上看，欲了解参数是否在给定值上，就需要进行检测，即把对象的信号送往自动装置，与给定值比较后，将一定的命令送往对象，驱动阀门产生调节动作，使参数趋近于给定值。

（3）自动操纵系统。对机器、设备及过程的启动、停止及交换、接通等工序，由自动装置进行操纵的自动化系统。操作人员只要对自动装置发出命令，全部工序即可自动完成，可以有效地降低操作人员的工作强度，提高操作的可靠性。

（4）自动信号、联锁和保护系统。机器、设备及过程出现不正常情况时，会发出警报或自动采取措施，以防事故，保证安全生产的自动化系统。有一类仅仅是发出警报信号的，这类系统通常由电接点、继电器及声光报警装置组成。当参数超出容许范围后，电接点使继电器动作，利用声光装置发出报警信号。另一类是不仅报警，而且自动采取措施。例如，当参数进入危险区域时，自动打开安全阀，或在设备不能正常运行时自动停车，或将备用的设备接入等。这类系统通常也由电接点及继电器组成。

上述四类系统都可以在生产操作中起到控制作用。自动检测系统和自动操纵系统主要是使用仪表和操纵结构，若需调节则尚需人工操作，通常称为“仪表控制”，自动调节系统，则不仅包括检测和操作，还包括通过参数与给定值的比较和运算而发出的调节作用，因此也称为“自动控制”。

## 7.3 油气罐区与堆场安全控制技术

对于大量石油、液化石油气、煤气、天然气等物品，通常利用大型储罐进行散装存储。其存储的危险品量大，且涉及的设备多，技术条件复杂，一旦发生事故，施救难度很大。必须用科学、客观的态度加强油气储罐区的安全管理。堆场由于堆积大量的易燃可燃物质，不易散失热量，在一定条件下也会发生火灾爆炸事故。

### 7.3.1 易燃液体罐区布置要求

易燃液体储罐在布置时，易选择地势较低的地带，以防止储罐发生火灾时由于液体流淌而形成火灾蔓延。如采取安全防护措施也可布置在地势较高的地带。

7.3.1.1 易燃液体储罐与其他建（构）筑物之间的防火要求

在布置易燃液体储罐、露天和半露天堆场时，应当充分考虑与其他建筑物、构筑物以及室外变配电站之间的防火间距。甲、乙、丙类液体的储罐区和乙、丙类液体的桶罐堆场与建筑物的防火间距，不应小于表7-1的要求，以防发生火灾时造成蔓延和殃及其他。

**表7-1 易燃液体储罐、堆场和建筑物的防火间距**

| 名称 | 一个罐区或堆场的总储量 $V/m^3$ | 防火间距/m | | | |
|---|---|---|---|---|---|
| | | 建筑物的耐火等级 | | | 室外变电所 |
| | | 一、二级 | 三级 | 四级 | |
| 甲、乙类液体 | $1\leqslant V<50$ | 12 | 15 | 20 | 30 |
| | $50\leqslant V<200$ | 15 | 20 | 25 | 35 |
| | $200\leqslant V<1000$ | 20 | 25 | 30 | 40 |
| | $1000\leqslant V<5000$ | 25 | 30 | 40 | 50 |
| 丙类液体 | $5\leqslant V<250$ | 12 | 15 | 20 | 24 |
| | $250\leqslant V<1000$ | 15 | 20 | 25 | 28 |
| | $1000\leqslant V<5000$ | 20 | 25 | 30 | 32 |
| | $5000\leqslant V<25000$ | 25 | 30 | 40 | 40 |

注：1. 当甲、乙类液体和丙类液体储罐布置在同一储罐区时，其总储量可按 $1m^3$ 甲、乙类液体相当于 $5m^3$ 丙类液体折算。

2. 防火间距应从距建筑物最近的储罐外壁、堆垛外缘算起，但储罐防火堤外侧基脚线至建筑物的距离不应小于10m。

3. 甲、乙、丙类液体的固定顶罐区、半露天堆场和乙、丙类液体桶装堆场与甲类厂房（仓库）、民用建筑的防火间距、应按本表的规定增加25%，且甲、乙类液体储罐区，半露天堆场，乙、丙类液体桶装堆场与甲类厂房（仓库）、民用建筑的防火间距不应小于25m，与明火或散发火花地点的防火间距，应按本表四级耐火等级建筑的规定增加25%。

4. 浮顶储罐区或闪点大于120℃的液体储罐区与建筑物的防火间距，可按本表的规定减少25%。

5. 当数个储罐区布置在同一库区内时，储罐区之间的防火间距不应小于本表相应储量的储罐区与四级耐火等级建筑之间防火间距的较大值。

6. 直埋地下的甲、乙、丙类液体卧式罐，当单罐容积小于等于 $50m^3$、总容积小于等于 $200m^3$ 时，与建筑物之间的防火间距可按本表规定减少50%。

7. 室外变、配电站指电力系统电压为35~500kV，且每台变压器容量在10MV·A以上的室外变、配电站以及工业企业的变压器总油量大于5t的室外降压变电站。

7.3.1.2 易燃液体储罐之间的防火要求

在布置易燃液体储罐时，除应满足与四周建、构筑物的防火间距外，储罐之间也应留有一定的防火间距，以防止和减少油罐着火时的辐射热对邻罐的影响和满足灭火战斗的需要。甲、乙、丙类液体储罐之间的防火间距不应小于表7-2的要求。

**表 7－2 易燃液体储罐之间的防火间距**

| 危险性类别 | 单罐容量/$m^3$ | 固定顶罐 | | | 浮顶储罐 | 卧式储罐 |
|---|---|---|---|---|---|---|
| | | 地上式 | 半地下式 | 地下式 | | |
| 甲、乙类 | ≤1000 | 0.75$D$ | 0.5$D$ | 0.4$D$ | 0.4$D$ | ≥0.8m |
| | >1000 | 0.6$D$ | | | | |
| 丙类 | 不论容量大小 | 0.4$D$ | 不限 | 不限 | | |

注：1. $D$ 为相邻较大立式储罐的直径，m；矩形储罐的直径为边长与短边之和的一半。

2. 不同液体、不同形式储罐之间的防火间距不应小于本表规定的较大值。

3. 两排卧式储罐之间的防火间距不应小于 3m。

4. 设置充氮保护设备的液体储罐之间的防火间距可按浮顶储罐的间距确定。

5. 当单罐容量小于等于 1000$m^3$ 且采用固定冷却消防方式时，甲、乙类液体的地上式固定顶罐之间的防火间距不应小于 0.6$D$。

6. 同时设有液下喷射泡沫灭火设备、固定冷却水设备和扑救防火堤内液体火灾的泡沫灭火设备时，储罐之间的防火间距可适当减小，但地上式储罐不宜小于 0.4$D$。

7. 闪点大于 120℃的液体，在储罐容量大于 1000$m^3$ 时，其储罐之间的防火间距不应小于 5m；当储罐容量小于等于 1000$m^3$，其储罐之间的防火间距不应小于 2m。

#### 7.3.1.3 易燃液体储罐与周围设施的防火要求

与易燃液体储罐相配套的周围设施，如泵房、装卸鹤管等，是液体储存中机械作业最多、人员操作因素最大、火险因素最多的部位和设施，很多易燃液体储罐火灾正是由于这些设施出了问题而引起的。所以，易燃液体储罐与泵房、装卸鹤管等附属设施，以及装卸鹤管与建筑物之间均应留有足够的防火间距，其要求如表 7－3 和表 7－4 所列。

**表 7－3 液体储罐与泵房、装卸鹤管的防火间距** m

| 储罐类别 | | 泵房 | 铁路装卸鹤管、汽车装卸鹤管 |
|---|---|---|---|
| 甲、乙类液体 | 拱顶罐 | 15 | 20 |
| | 浮顶罐 | 12 | 15 |
| 丙类液体 | | 10 | 12 |

注：1. 总储量小于等于 1000$m^3$ 的甲、乙类液体储罐，总储量小于等于 5000$m^3$ 的丙类液体储罐，其防火间距可按本表的规定减少 25%。

2. 泵房、装卸管与储罐防火堤外侧基脚线的距离不应小于 5m。

**表 7－4 易燃液体装卸鹤管与建筑物的防火间距** m

| 名称 | 建筑物的耐火等级 | | | 厂内铁路线 | 泵房 |
|---|---|---|---|---|---|
| | 一、二级 | 三级 | 四级 | | |
| 甲、乙类液体装卸鹤管 | 14 | 16 | 18 | 20 | 8 |
| 丙类液体装卸鹤管 | 10 | 12 | 14 | 10 | |

注：1. 装卸鹤管与其直接装卸用的甲、乙、丙类液体装卸铁路线的防火间距不限。

2. 甲、乙、丙类液体储罐与铁路、道路的防火间距不应小于表 7－5 的规定。

**表 7－5 甲、乙、丙类液体储罐与铁路、道路的防火间距** m

| 名称 | 厂外铁路线中心线 | 厂内铁路线中心线 | 厂外道路路边 | 厂内道路路边 | |
|---|---|---|---|---|---|
| | | | | 主要 | 次要 |
| 甲、乙类液体储罐 | 35 | 25 | 20 | 15 | 10 |
| 丙类液体储罐 | 30 | 20 | 15 | 10 | 5 |

7.3.1.4　易燃液体储罐成组布置的防火要求

为了减少用地，易燃液体储罐可以成组布置。成组布置时，组内储罐之间的防火间距可以适当减少，但组内储罐不应超过两行。组内储罐之间的间距：立式储罐不应小于2m；卧式罐不应小于0.8m；丙类液体储罐不限。此外每组储罐的总储量还应有一定限制。每组储罐的总储量不应超过表7－6的要求。

**表7－6　易燃液体成组布置时的最大储量**　$m^3$

| 液体的火灾危险性类别 | 单罐最大储量 | 多罐最大储量 |
|---|---|---|
| 甲、乙类 | 200 | 1000 |
| 丙类 | 500 | 3000 |

注：1. 储罐组之间的距离，应按储罐组储罐的形式和总储量相同的标准单罐确定。
2. 石油库内油罐成组布置的要求，可按现行国家标准《石油库设计规范》的有关规定执行。

为了防止液体着火时流淌造成火灾蔓延，对易燃液体的地上、半地下储罐或储罐组，应当设置不燃材料建造的防火堤。防火堤的建造应当有一定的强度和容量，能够确保着火储罐爆炸后液体全部容纳而不至于流出堤外造成火灾蔓延。根据储罐着火概率和多年油罐火灾的经验总结，液体储罐防火堤的有效容量不应小于堤内最大储罐的容量；考虑到浮顶储罐一般不会发生爆炸，即便爆炸也不会将整个罐壁炸毁的特点，浮顶储罐防火堤的有效容量可以适当减少，但不应小于最大储罐容量的一半。在计算时，防火堤的高度宜为1.0～1.6m，实际高度比计算高度应高出0.2m。防火堤应与储罐保持一定的防火间距，应利于消防队员展开灭火战斗。另外，一般防火堤内侧基脚线至储罐外壁的距离，立式罐不应小于罐高$H$的一半，卧式罐不应小于3m。

为了能够计算排放防火堤内的雨水和灭火冷却水，防火堤应设排水管，但排水管应设置阀门等封闭装置，以保证储罐着火时液体不向外流散。由于沸溢性液体着火时极易沸溢蔓延，扩大火灾，所以对沸溢性液体储罐，不论是在地下还是半地下，每个储罐均设防火堤，并且不宜与非沸溢储罐布置在同一防火堤范围内。对地下储罐，不宜与地上、半地下储罐布置在同一防火堤内。

## 7.3.2　易燃易爆气体罐区安全控制技术

易燃易爆气体储罐是指散存液化石油气、液化天然气、液氢等可燃气体的设备。储存气体的储罐，按容积的变化情况分为活动容积储罐和固定容积储罐两类。固定容积储罐是靠改变其中气体的压力来储存气体的。一般压力可达0.1MPa以上，属压力容器；活动容积储罐封闭严密，不致漏气，并有平衡气压和调节供气量的作用，压力一般不超过6kPa，俗称气柜。

7.3.2.1　固定容积储罐区

液化可燃气体如液化石油气、液化天然气、液氢等，由于在储存过程中处于液态，其火灾危险性比气态时大得多，所以防火要求也较其他可燃气体高。对于液化石油气储罐，易布置在本地区全年最小频率风向的上风侧。储罐区四周易设置高度为1m的不燃实体防护墙。

在布置液化石油气储罐或罐区时，应与其他建筑物、堆场、明火或火花散发地点保持一定的防火间距，并应不小于表 7－7 的要求。

**表 7－7 液化石油气储罐或罐区与建筑物、堆场的防火间距**

<table>
<tr><td colspan="3">总容积 $V/m^3$</td><td>$30<V\leq 50$</td><td>$50<V\leq 200$</td><td>$200<V\leq 500$</td><td>$500<V\leq 1000$</td><td>$1000<V\leq 2500$</td><td>$2500<V\leq 5000$</td><td>$V>5000$</td></tr>
<tr><td colspan="3">单罐容积 $V/m^3$</td><td>$V\leq 20$</td><td>$V\leq 50$</td><td>$V\leq 100$</td><td>$V\leq 200$</td><td>$V\leq 400$</td><td>$V\leq 1000$</td><td>$V>1000$</td></tr>
<tr><td rowspan="15">防火间距/m</td><td colspan="2">居住区、村镇和学校、影剧院、体育馆等重要公共建筑（最外侧建筑物外墙）</td><td>45</td><td>50</td><td>70</td><td>90</td><td>110</td><td>130</td><td>150</td></tr>
<tr><td colspan="2">工业企业（最外侧建筑物外墙）</td><td>27</td><td>30</td><td>35</td><td>40</td><td>50</td><td>60</td><td>75</td></tr>
<tr><td colspan="2">明火或散发火花地点，室外变、配电站</td><td>45</td><td>50</td><td>55</td><td>60</td><td>70</td><td>80</td><td>120</td></tr>
<tr><td colspan="2">民用建筑，甲、乙类液体储罐，甲乙类仓库，甲乙类厂房</td><td>40</td><td>45</td><td>50</td><td>55</td><td>65</td><td>75</td><td>100</td></tr>
<tr><td colspan="2">丙类液体储罐，可燃气体储罐，丙、丁类厂房，丙、丁类仓库</td><td>32</td><td>35</td><td>40</td><td>45</td><td>55</td><td>65</td><td>80</td></tr>
<tr><td colspan="2">助燃气体储罐、可燃材料堆场</td><td>27</td><td>30</td><td>35</td><td>40</td><td>50</td><td>60</td><td>75</td></tr>
<tr><td rowspan="3">其他建筑耐火等级</td><td>一、二级</td><td>18</td><td>20</td><td>22</td><td>25</td><td>30</td><td>40</td><td>50</td></tr>
<tr><td>三级</td><td>22</td><td>25</td><td>27</td><td>30</td><td>40</td><td>50</td><td>60</td></tr>
<tr><td>四级</td><td>27</td><td>30</td><td>35</td><td>40</td><td>50</td><td>60</td><td>75</td></tr>
<tr><td rowspan="2">公路（路边）</td><td>高速Ⅰ、Ⅱ级</td><td>20</td><td colspan="5">25</td><td>30</td></tr>
<tr><td>Ⅲ、Ⅳ级</td><td>15</td><td colspan="5">20</td><td>25</td></tr>
<tr><td rowspan="2">架空通信线（中心线）</td><td>Ⅰ、Ⅱ级</td><td colspan="2">30</td><td colspan="5">40</td></tr>
<tr><td>Ⅲ、Ⅳ级</td><td colspan="7">1.5 倍杆高</td></tr>
<tr><td rowspan="2">铁路（中心线）</td><td>国家线</td><td>60</td><td colspan="2">70</td><td colspan="2">80</td><td colspan="2">100</td></tr>
<tr><td>企业专用线</td><td>25</td><td colspan="2">30</td><td colspan="2">35</td><td colspan="2">40</td></tr>
</table>

注：1. 防火间距应按本表总容积或单罐容积较大者确定，并应从距建筑物最近的储罐外壁、堆垛外缘算起。

2. 当地下液化石油气储罐的单罐容积小于等于 $50m^3$，总容积小于等于 $400m^3$ 时，其防火间距可按本表减少 50%。

3. 居住区、村镇系指 1000 人或 300 户以上者，以下者按本表居民建筑执行。

4. 与本表规定以外的其他建筑物的防火间距，应按现行国家标准《城镇燃气设计规范》（GB 50028—2006）的有关规定执行。

对于位于居民区内的液化石油气汽化站、混合站的液化石油气储罐，如单罐容积不大于 $10m^3$ 或总容积不大于 $30m^3$ 时，与重要公共建筑和其他民用建筑、道路的防火间距，可按现行的《城市煤气设计规范》的有关规定执行，但与明火或火花散发地点的防火间距不应小于 30m。

对于总容积不大于 $10m^3$ 的工业企业内的液化石油气汽化站、混合站的储罐，若设置在独立建筑物内，其外墙与相邻厂房及其附属设备的防火间距应符合甲类生产厂房的防火间距要求。液化石油气储罐在布置时，储罐之间的防火间距不宜小于相邻较大罐的直径。

当数个储罐的总容积超过3000m$^3$时，应分组布置。组内储罐宜采用单排布置；若总容积不超过3000m$^3$，且单罐容积不超过1000m$^3$时，可采用双排布置。不论单排还是双排布置，组与组之间的防火间距均不宜小于20m。

对于城市液化石油气的气瓶供应站的气瓶库，其四周宜设置非燃烧体的实体墙，当气瓶的总储量不超过10m$^3$时，墙体长度不应小于15m。气瓶库距重要的公共建筑不应小于25m，距主要道路不应小于10m，距次要道路不应小于5m。

工业企业内的储罐，泄漏后易扩散不宜聚集，因而相对液化石油气的火灾危险性要小一些。所以液氢储罐与四周的防火间距可按相应储量液化石油气储罐的防火间距减少25%。

7.3.2.2 活动容积储罐区

活动容积储罐（气柜）按其结构的密封方法可分为干式气柜和湿式气柜两种。湿式气柜主要是由立式圆筒形水槽、一个或数个圆筒塔节、钟罩及导向装置组成。钟罩是一个有拱顶的底面敞开的圆筒结构。在水槽和钟罩之间是圆筒状的活动塔节。气体管道穿过水槽底板和水槽中的水进入钟罩，实现气体的输入或排除。上下相连的塔节间用水封挂圈连接并实现密封。当向气柜压送气体时，钟罩上升，其下部挂圈从水槽中取水；钟罩升至一定高度时，钟罩下挂圈与第二塔节上挂圈连接，第二塔节上挂圈立板插入钟罩下挂圈水封，第二塔节即被提起，如此依次提起各塔节。在输出气体时，钟罩和塔节的动作过程相反。钟罩及塔节依靠导轨和导轮保证升降平稳。湿式气柜按其结构分为直立式和螺旋式。干式气柜不用水作密封也不靠塔节升降，而是利用油封作密封，依靠储罐内活塞的运动来改变储气量。

湿式储气柜在我国应用较为广泛，而干式储气柜较为少见。湿式可燃气体储气柜在布置时，与明火或火花散发地点、民用建筑、可燃液体储罐，易燃材料堆场，甲类危险化学品库房及其他建筑物应保持不小于表7-8要求的防火间距。

**表7-8 湿式储气柜或罐区与其他建筑物的防火间距**

| 名称 | | | 总容积 $V$/m$^3$ | | | |
|---|---|---|---|---|---|---|
| | | | $V<1000$ | $1000\leqslant V<10000$ | $10000\leqslant V<50000$ | $50000\leqslant V<100000$ |
| 防火间距/m | 甲类物品库房，明火或散发火花地点，甲、乙、丙类液体储罐，易燃材料堆场，室外变、配电站 | | 20 | 25 | 30 | 35 |
| | 民用建筑 | | 18 | 20 | 25 | 30 |
| | 其他建筑耐火等级 | 一、二级 | 12 | 15 | 20 | 25 |
| | | 三级 | 15 | 20 | 25 | 30 |
| | | 四级 | 20 | 25 | 30 | 35 |

注：1. 固定容积的可燃气体储罐与建筑物、堆场的防火间距应按本表的规定执行。总容积按其水容量（m$^3$）和工作压力（绝对压力，kgf/cm$^2$，1kgf/cm$^2$ = $9.8\times10^4$Pa）的乘积计算。

2. 干式可燃气体气柜与建筑物、堆场的防火间距应按本表增加25%；容积不超过20m$^3$的可燃气体储罐与所属厂房的防火间距不限。

可燃气体储罐与气柜在布置时，储罐与罐区之间应留有一定的防火间距。其中相邻湿式气柜的距离不应小于相邻较大柜（罐）的半径；干式气柜或卧式储罐之间的防火间距不应小于相邻较大罐直径的2/3；球形罐之间的防火间距不应小于相邻较大罐直径；卧式、球形储罐与湿式或干式气柜之间的防火间距，应按其最大值确定。

当卧式或球形储罐成组布置时，单组的总容积不应超过30000m³。组与组之间的防火间距，卧式罐不应小于相邻较大罐长度的一半；球形储罐不应小于相邻较大罐的直径，且不应小于10m。

### 7.3.3 堆场布置要求

露天堆场不受建筑结构限制，堆垛较大，储存量较多，单位面积火灾荷载较大。堆垛之间没有防火分隔物；有的底部有格栅，有的纵横逐层堆放，空气充分流通，处于完全敞露状态。所以要十分注意堆场的防火防爆。

丙类易燃固体的露天堆场宜设置在天然水源充足的地方，并宜布置在本单位或本地区全年最小频率风向的上风侧。在布置丙类易燃固体的露天、半露天堆场时，应满足表7－9的要求。

**表7－9 丙类易燃固体露天、半露天堆场与建筑物的防火间距**

| 易燃固体名称 | 一个堆场的总储量 $W$/t（$V$/m³） | 与建筑物的防火间距/m | | |
|---|---|---|---|---|
| | | 一、二级 | 三级 | 四级 |
| 棉、麻、毛纤维，百货 | $10 \leq W < 500$ | 10 | 15 | 20 |
| | $500 \leq W < 1000$ | 15 | 20 | 25 |
| | $1000 \leq W < 5000$ | 20 | 25 | 30 |
| 稻草、麦秸、芦苇等，易燃材料 | $10 \leq W < 5000$ | 15 | 20 | 25 |
| | $5000 \leq W < 10000$ | 20 | 25 | 30 |
| | $W > 10000$ | 25 | 30 | 40 |
| 木材等 | $50 \leq V < 1000$ | 10 | 15 | 20 |
| | $1000 \leq V < 10000$ | 15 | 20 | 25 |
| | $V \geq 10000$ | 20 | 25 | 30 |
| 煤和焦炭 | $100 \leq W < 5000$ | 6 | 8 | 10 |
| | $W \geq 5000$ | 8 | 10 | 12 |

## 7.4 矿山重大隐患安全控制技术

### 7.4.1 瓦斯爆炸安全控制技术

矿井瓦斯爆炸是煤矿井下一种极其严重的灾害，一旦发生，不仅会造成大量人员伤亡，而且还会严重摧毁矿井设施，造成生产中断；甚至还会引起煤尘爆炸、矿井火灾等二次事故。

瓦斯爆炸的本质是一定浓度的瓦斯和空气中的氧气相互作用，在一定温度的作用下产生的剧烈氧化反应，并且是一种链式反应；当爆炸混合物吸收一定能量后，反应物分子的链即行断裂，离解成两个或两个以上的游离基（或称为自由基）。这种游离基具有很强的化学活泼性，成为反应连续进行的活化中心；在适当的条件下，每个游离基又可进一步分解，产生两个或两个以上的游离基，如此循环，化学反应也越来越快。

7.4.1.1 瓦斯爆炸的条件

瓦斯爆炸必须具备三个条件：

（1）瓦斯的浓度处于爆炸范围。瓦斯爆炸的浓度范围一般为5%～16%，其中5%为爆炸下限，16%为爆炸上限，瓦斯的爆炸界限并不是固定不变的。可燃性气体的混入、煤尘的混入以及惰性气体的混入等都会对瓦斯爆炸的界限造成影响。混合气体的初始温度和压力也会对爆炸界限造成影响。

（2）氧浓度超过失爆氧浓度。瓦斯爆炸界限是随着混合气体中氧浓度的降低而缩小的。当氧浓度降低时，瓦斯爆炸下限慢慢增高，爆炸上限则迅速下降。当氧浓度降低到12%时，混合气体失去爆炸性，遇火也不爆炸，该点的氧浓度称为失爆氧浓度。

（3）存在具备一定条件的引火源。引火源的能量大于最小点燃能量，并且热源存在的时间大于瓦斯的引火感应期。一般瓦斯最低点燃温度为650～750℃，不同浓度的瓦斯，其点燃温度也不相同。

7.4.1.2 预防瓦斯爆炸的措施

由发生瓦斯爆炸的三个必要条件可知要预防瓦斯爆炸必须防止三个条件同时发生。但是第二条件在煤矿生产井巷中是始终具备的，所以预防瓦斯爆炸的措施，就是防止瓦斯的积聚和杜绝或限制高温热源的出现。

A 防止瓦斯积聚

所谓瓦斯积聚是指瓦斯浓度超过2%，其体积超过0.5$m^3$的现象。防止瓦斯积聚的措施有：

（1）搞好通风。有效地通风是防止瓦斯积聚最基本最有效方法。瓦斯矿井必须做到风流稳定，有足够的风量和风速，避免循环风，局部通风机风筒末端要靠近工作面，放炮时间内也不能中断通风，向瓦斯积聚地点加大风量和提高风速，等等。

（2）及时处理局部积存的瓦斯。生产中容易积存瓦斯的地点有采煤工作面上隅角、独头掘进工作面的巷道隅角、顶板冒落的空洞内、低风速巷道的顶板附近、停风的盲巷中、综放工作面放煤口及采空区边界处，以及采掘机械切割部分周围，等等。及时处理局部积存的瓦斯，是矿井日常瓦斯管理的重要内容，也是预防瓦斯爆炸事故，搞好安全生产的关键工作。

1）采煤工作面上隅角瓦斯积聚的处理。我国煤矿处理采煤工作面上隅角瓦斯积聚的方法很多，大致可以分为以下几种：

① 风障法。当采煤工作面上隅角瓦斯浓度超限不多时，可在其附近的支柱或支架上悬挂风帘，引导一部分风流流经工作面上隅角，将该处积聚的瓦斯冲淡排出。此法多用于工作面瓦斯涌出量不大（小于2～3$m^3$/min），上隅角瓦斯浓度超限不多时。风障的布置方法如图7－4所示。

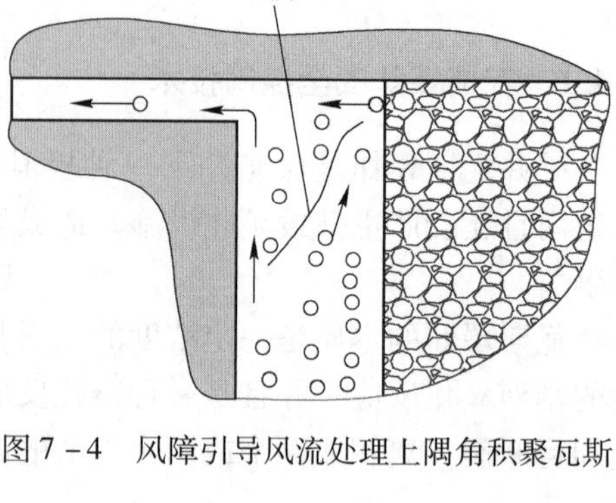


图7－4 风障引导风流处理上隅角积聚瓦斯

② 尾巷法。尾巷排放瓦斯是利用与工作面回风巷平行、与采区总回风道相通的专用瓦斯排放巷道，通过其与采空区相连的联络巷排放瓦斯的方法（见图7－5）。进入工作面的风流分为两部分，一部分冲淡工作面涌出的瓦斯；另一部分漏入采空区用于冲淡来自采空区的瓦斯，使上隅角的瓦斯积聚点移到20m以外，提高了安全性。

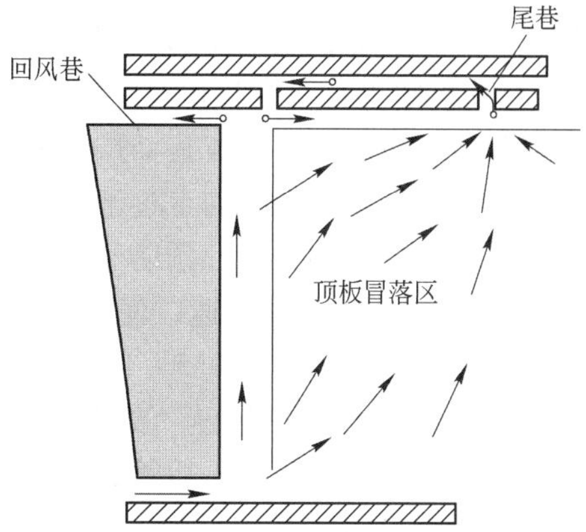

图7－5 尾巷排放瓦斯

③ 小型液压局部通风机吹散法。该方法在工作面安设小型液压通风机和柔性风筒，向上隅角供风，吹散上隅角处积聚的瓦斯，这是一种较为安全可靠的处理工作面上隅角瓦斯积聚的方法。图7－6是平顶山煤业集团研制的一套应用小型液压通风机自动排放上隅角瓦斯的装置。

④ 移动式泵站抽放法。该方法是利用可移动的瓦斯抽放泵通过埋设在采空区一定距离内的管路抽放瓦斯，从而减小上隅角处的瓦斯浓度（见图7－7）。移动泵设在工作面回风巷和采区总回风巷的交叉处（处于新鲜风流中），抽放管沿工作面回风巷布置，抽出的瓦斯排至采区总回风巷。

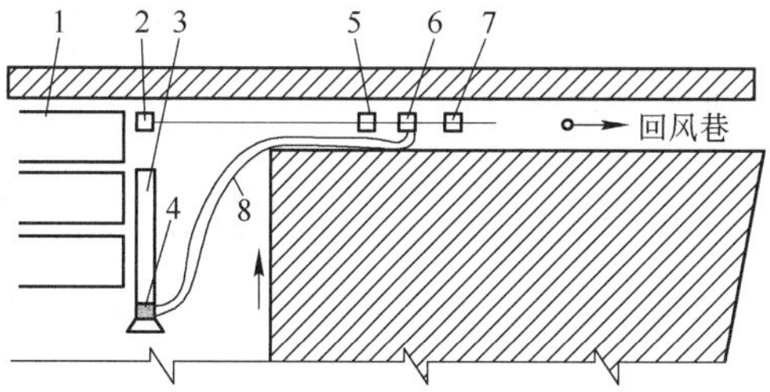

图7－6 小型液压局部通风机处理上隅角瓦斯示意图

1—工作面液压支架；2—甲烷传感器；3—柔性风筒；4—小型液压通风机；5—中心控制处理器；6—液压泵站；7—磁力启动器；8—油管

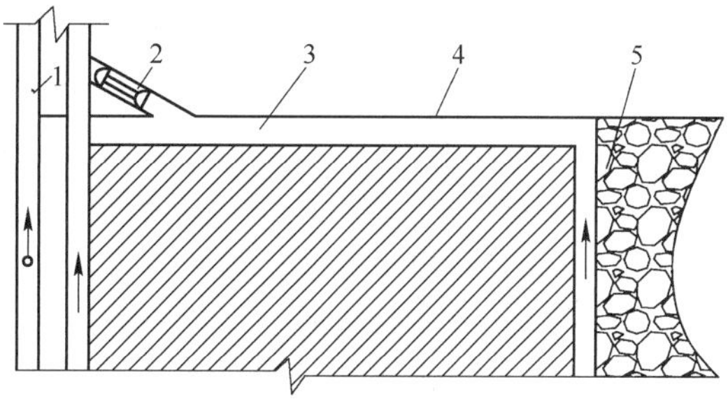

图7－7 工作面移动泵抽放系统布置图

1—排放口；2—移动泵；3—抽放管；4—回风巷；5—采空区

⑤ 脉冲通风。我国绝大部分采煤工作面采用“U”形通风方式，上隅角瓦斯超限现象非常普遍和严重，脉冲通风能有效地提高局部积聚区瓦斯的扩散强度并能加强巷道主风流的瓦斯运移，从而稀释上隅角瓦斯。

2）采煤机附近瓦斯积聚的处理。处理这类积聚的瓦斯，主要采取以下措施：

① 加大风量。综采工作面，在采取煤层注水湿润煤体和采煤机喷雾降尘措施后，可适当加大风速，但风速不得超过5m/s。

② 延长采煤机在生产班中的工作时间或每昼夜增加一个生产班次，使采煤机以较小的速度和截深采煤，以降低瓦斯涌出量和减小瓦斯涌出量的不均衡性。

③ 当采煤机附近（或工作面中其他部位）出现局部瓦斯积聚时，可安装小型局部通风机或水力引射器，吹散排出积聚的瓦斯。

3）顶板附近瓦斯层状积聚的处理。如果瓦斯涌出量较大，风速较低（小于0.5m/s），在巷道顶板附近就容易形成瓦斯层状积聚。层厚由几厘米到几十厘米，层长由几米到几十米。层内的瓦斯浓度由下向上逐渐增大。据统计，英国和德国瓦斯燃烧事故的2/3发生在顶板瓦斯层状积聚的地点。预防和处理瓦斯层状积聚的方法有：

① 加大巷道的平均风速，使瓦斯与空气充分地紊流混合。一般认为，防止瓦斯层状积聚的平均风速不得低于0.5~1m/s。

② 加大顶板附近的风速。如在顶梁下面加导风板将风流引向顶板附近；或沿顶板铺设风筒，每隔一段距离接一短管；或铺设接有短管的压气管，将积聚的瓦斯吹散；在集中瓦斯源附近装设引射器。

③ 将瓦斯源封闭隔绝。如果集中瓦斯源的涌出量不大时，可采用木板和黏土将其填实隔绝，或注入砂浆等凝固材料，堵塞较大的裂隙。

（3）抽放瓦斯。这是瓦斯涌出量大的矿井或采区防止瓦斯积聚的有效措施。

（4）经常检查瓦斯浓度和通风状况。这是及时发现和处理瓦斯积聚的前提，瓦斯燃烧和爆炸事故统计资料表明，大多数这类事故都是由于瓦斯检查员不负责、玩忽职守、没有认真执行有关瓦斯检查制度造成的。

B 防止瓦斯引燃

防止瓦斯引燃的原则为：坚决禁止一切非生产需要的火源下井；对生产中可能发生的热源严加管理，防止热源产生或限定其引燃瓦斯的能力。引燃瓦斯的火源有明火、爆破、电火及摩擦火花四种，针对这四种火源，应采取下列预防措施：

（1）加强明火管理。按照《煤矿安全规程》规定：严禁烟火进入井下；井下严禁使用灯泡取暖和使用电炉；井下禁止打开矿灯；井口房、瓦斯抽放站及通风机房周围20m内禁止使用明火；井下焊接时，应严格遵守有关规定；加强井下火区的管理等。任何人发现井下火灾时，应立即采取一切可能的办法直接灭火，并迅速报告矿调度室，以便处理。

（2）严格规范爆破制度。有瓦斯爆炸危险的煤层中，采掘工作面只准使用煤矿许用炸药和瞬发电雷管，在使用毫秒延期电雷管时，最后一段的延期时间不得超过130ms。打眼、爆破和封泥都必须符合《煤矿安全规程》的规定。严禁裸露爆破和一次装药分次爆破。

（3）消除电器火花。井下使用的电气设备及供电网路，都必须符合《煤矿安全规程》的有关要求。要保证电气设备的防爆性能完好，使用"三专两闭锁"，消除电气火花的产生。

（4）严防产生摩擦火花。由于机械化程度的不断提高，机械摩擦、冲击火花引起的燃烧危险增加了，为防止由此而发生瓦斯爆炸事故，采取的措施有：禁止使用磨钝的截齿；截槽内喷雾洒水，在摩擦发热的部件上安设过热保护装置（如液压联轴器上的易熔合金塞）；安设温度检测报警断电装置；利用难引燃性合金工具；在摩擦部件的金属表面熔敷活泼性小的金属（如铬），使形成的摩擦火花难以引燃瓦斯等。

（5）防止静电火源出现。矿井中使用的高分子聚合材料（如塑料、橡胶、树脂等）制品，其表面电阻应低于其安全限定值。

激光在矿山测量中的使用，带来了一种新的点燃瓦斯的热源，如何防止这类高温热源，是煤矿生产中的新课题。

### 7.4.2 煤尘爆炸安全控制技术

煤尘爆炸同瓦斯爆炸一样都属于矿井中的重大灾害事故。我国历史上最严重的一次煤尘爆炸发生在1942年日本侵略者统治下的本溪煤矿，死亡1549人，残246人，死亡的人员大多为CO中毒，事故发生前，巷道内沉积了大量煤尘，是由于电火花点燃局部积聚的瓦斯而引起的重大煤尘爆炸事故。

#### 7.4.2.1 煤尘爆炸的条件

并不是所有矿井的煤尘都能发生煤尘爆炸，煤尘爆炸必须同时具备下述几个条件：

（1）具有爆炸性的煤尘。煤尘爆炸是煤尘氧化后产生的可燃气体遇高温后发生的剧烈反应。但有的煤尘受热氧化后，产生很少的可燃气体，不能使煤尘发生爆炸。煤尘能否发生爆炸取决于煤尘有无爆炸性，能够爆炸的煤尘即为爆炸性煤尘，反之为无爆炸性煤尘，煤尘有无爆炸性需要经过爆炸性鉴定才能确定。

（2）空气中浮游煤尘要达到一定浓度。煤尘只有呈悬浮状态时，才能发生爆炸。单位体积空气中能够发生爆炸的最低煤尘含量，称为爆炸下限浓度。同样，单位体积空气中能够发生爆炸的最高煤尘含量，称为爆炸上限浓度。煤尘爆炸就是在爆炸上、下限浓度范围内发生的。

根据有关资料，在模拟矿井的条件下，一般褐煤的爆炸下限浓度为45～55g/m$^3$，烟煤为110～335g/m$^3$；煤尘爆炸的上限浓度一般在1500～2000g/m$^3$；在煤尘爆炸的上下限浓度之间有一个爆炸力最强的浓度范围。国内外实验表明，爆炸力最强的煤尘浓度为300～400g/m$^3$。

（3）引爆热源。煤尘爆炸必须存在引爆热源（或火源）。试验表明，煤尘爆炸的引燃温度变化较大，它常常随煤尘性质和试验条件的不同而变化。我国煤尘爆炸的引燃温度在610～1050℃之间，一般为700～800℃。过去苏联测得的引燃温度为937～1150K。

煤矿井下电气设备产生的电火花、爆破时出现的火焰、架线机车及电缆破坏时产生的电弧、斜井提升时跑车产生的摩擦热、矿灯故障产生的火花、井下明火和其他偶然因素等均能引燃煤尘爆炸。

（4）空气中氧含量。煤尘燃烧和爆炸都是剧烈的氧化反应，空气中无氧或氧含量低于某一值时，煤尘的燃烧和爆炸便会失去先决条件。根据实验，当空气中氧含量低于16%时，煤尘的燃烧速度会大大下降，甚至会自动熄灭。这时的含氧浓度称为煤尘燃烧的最低氧含量。各种物质维持燃烧的最低氧含量是不同的，例如硫黄粉尘燃烧的最低氧含量为11%，矿井瓦斯燃烧的最低氧含量为12%。一般说来，化学活泼性越强的物质其最低氧含量也越低，发生火灾也越不易扑灭。在矿井条件下，因瓦斯和煤尘常常是同时存在的，只有当空气中氧含量低于12%～16%，煤尘遇火才不至于爆炸。

#### 7.4.2.2 防止煤尘爆炸的技术措施

一旦发生瓦斯或煤尘爆炸，在爆炸火焰前方的爆风使沉积煤尘飞扬起来，再次形成煤尘云。当爆炸前方的二次尘云的煤尘含量达到爆炸浓度时，煤尘爆炸就有可能连续发生，摧毁整个采区，甚至破坏全矿井。因此，煤尘爆炸比瓦斯爆炸具有更大的危险性。在生产的各个环节都必须加强对煤尘的技术管理，防止爆炸的发生和传播。

防止煤尘爆炸的关键是消灭飞扬状态的高浓度粉尘，使煤矿井下生产作业环境和行人巷道中不存在发生煤尘爆炸的充分必要条件。防止煤尘爆炸的技术措施可分为减尘、降尘、消除落尘和防止煤尘引燃等四个方面。

A 减尘措施

减尘措施是指在采掘工作中减少煤尘的发生量，从而减少井下空气中煤尘的含量，这是防尘技术措施中最积极最有效的措施。具体有以下两个措施。

(1) 湿式作业。湿式作业是矿井煤尘防治中普遍采用的一项技术措施，具有简单易行、费用小、效果好等优点。最常用的有以下几种：湿式煤电钻凿岩；湿式风镐；水炮泥爆破；水封爆破。

(2) 煤层注水。煤层注水是煤矿最基本、最有效的防尘措施之一，《煤矿安全规程》也要求采用这种方法。煤层注水是将水注入即将回采的煤层中，使之沿着煤的裂隙包围被分割的煤体，并借助于在煤的孔隙中形成的毛细管压力及水的重力作用向煤体内部渗透，增加煤层水分，湿润煤体以及煤体裂隙中的原生煤尘，在煤体破碎时减少煤尘的生成和飞扬。煤层注水预先湿润煤体具有综合效益，既能降低煤尘的生成，又能驱赶煤体中的游离状态瓦斯并抑制吸附状态瓦斯的解吸，而且使落煤时的瓦斯涌出量减少，降低工作面气温，缓和冲击矿压，减少煤壁片帮等。

B 降尘措施

(1) 喷雾洒水降尘。水是一种廉价、来源广泛、使用简单的物质，是一种理想的灭火剂。水能通过下列途径影响煤尘的爆炸性：

1) 降低煤尘的飞扬能力，使之难以形成煤尘云；

2) 水具有很大的热容量，在煤尘爆炸时，起到吸热降温、阻燃的作用，降低煤尘云着火的危险；

3) 水在高温条件下将大量蒸发，汽化热将起到吸热降温作用。

(2) 磁化水降尘。磁化水是指经过磁化器处理过的水的物理化学性质发生了暂时的变化，这种暂时改变水性质的过程称为磁化。其变化的大小与磁化器磁场强度、水中杂质性质、水温及水在磁化器内的流动速度有关。磁化处理后，水的电导率、黏度降低，水的晶体结构改变，因而水的表面张力、吸附能力、溶解能力、渗透能力以及湿润性增加，使水珠变细变小，提高了雾化程度，因此与煤尘的接触机会增加，特别是对呼吸性粉尘的捕捉能力加强。因为磁化水湿润性强，吸附能力大，使煤尘降落速度加快，所以降尘效果好。

C 消除落尘

防止井下产尘作业场所和巷道中堆积煤尘参与爆炸的措施，主要有以下几个方面：

(1) 清扫和冲洗。用清扫器具和水枪清除积聚在巷道周边的沉积煤尘，这是防止积尘再次飞扬的基本方法。这在地方煤矿和消防尘管网系统不健全的统配煤矿中应用较广泛。国外多使用压气驱动的清扫车清扫煤尘，清扫车有干式和湿式两种，一般清扫能力达50kg/min 左右。我国手工干式清扫积尘居多。

(2) 喷洒黏结液。国内外在处理积尘隐患方面广泛采用了黏结液喷洒覆盖法。此法很简单，即把含有表面活性物质的湿润剂和吸水盐的水溶液及废机油等喷洒在巷道的周边上，将已沉积的和后来不断沉积的煤尘粘住。喷洒液还可以再加入一定含量的增稠剂，使黏液成为半流体，以提高黏结时间和粘尘效果。俄罗斯、德国、日本、英国、美国、波兰、捷克和斯洛伐克等主要产煤国家常用的湿润剂为井盐、食盐、氯化镁、氯化钙、325添加剂及 FOSi－20 表面活性剂和烷基酸混合物等。

应该指出，喷洒黏结液并不是一劳永逸的。随着积尘的不断覆盖加厚，喷洒也需重复进行。当达到一定厚度时，就需要进行清除处理，特别是对于积尘太厚的巷道，此法防爆并不十分可靠，应综合治理。

（3）巷壁刷白。巷壁刷浆白化有利于巷道附着煤尘的及时发现和及早处理。刷浆所用灰浆为生石灰与水按 1∶5（体积比）配制，或以水泥、石灰、水按体积 1∶2∶10 配制。石灰倒入水中搅拌均匀后应将粒径大于 0.8mm 的石灰残渣滤除，倒入盛浆密封容器或消尘洒水喷浆车，然后依靠气压或泵压进行喷洒白化：喷浆应保证浆膜均匀，用浆量可按浆厚 0.2mm 或 0.6～0.8$L/m^2$ 计算。

D　防止煤尘引燃的措施

防止煤尘引燃的措施同防止瓦斯引燃的措施。

#### 7.4.2.3　防止瓦斯煤尘爆炸范围扩大的措施

我国 88% 的国有重点煤矿的煤尘都具有爆炸性，而且井下巷道内处处存在煤尘。一旦发生瓦斯爆炸，产生的爆风很容易把沉积煤尘吹扬起来形成煤尘云并将其引燃，形成煤尘爆炸。煤尘爆炸往往具有连续传播的特点，可以使受害范围扩大，造成更大的损害。因此，在采取防止瓦斯煤尘爆炸措施的同时，还应考虑防止瓦斯煤尘爆炸范围扩大的技术措施。我国在防止瓦斯煤尘爆炸范围扩大的技术措施方面，主要有三套技术：撒布岩粉法、被动式隔爆技术和自动隔爆技术。这些技术已在煤矿得到应用，而且发挥了作用，例如被动式水袋棚已经多次有效地隔绝了瓦斯爆炸的传播，避免了事故范围的扩大。

A　撒布岩粉法

《煤矿安全规程》规定，在所有运输巷和回风巷中必须撒布岩粉：要求在巷道的所有表面，包括顶、帮、底以及背板后侧暴露处都要用岩粉覆盖。覆盖在沉积煤尘上的岩粉所起的作用是：当风流速度较低时，岩粉层的黏滞性起到阻碍沉积煤尘重新飞扬的作用；当发生瓦斯爆炸等异常情况时，巨大的空气振荡或风流把岩粉和沉积煤尘同时吹扬起来，形成岩粉－煤尘混合粉尘云；当瓦斯爆炸火焰进入混合尘云区时，岩粉吸收爆炸火焰热量使系统冷却降温，同时岩粉粒子可把煤尘粒子隔开，起到屏蔽热辐射、热传导等作用，可以有效地阻止瓦斯爆炸的发展传播，最终将其扑灭。所以撒布岩粉法是防止瓦斯爆炸范围扩大、避免瓦斯爆炸发展的有效措施。惰性岩粉一般为石灰岩粉和泥岩粉。

对惰性岩粉的要求是：

（1）可燃物含量不超过 5%，游离 $SiO_2$ 的含量不超过 10%；

（2）不含有害有毒物质，吸湿性差；

（3）粒度应全部通过 50 号筛孔（即粒径全部小于 0.3mm），且其中至少有 70% 能通过 200 号筛孔（即粒径小于 0.075mm）。

撒布岩粉时要求把巷道的顶、帮、底及背板后侧暴露处都用岩粉覆盖；岩粉的最低撒布量在做煤尘爆炸鉴定的同时确定，但煤尘和岩粉的混合煤尘，不燃物含量不得低于80%，撒布岩粉的巷道长度不小于300m，如果巷道长度小于300m时，全部巷道都应撒布岩粉。对巷道中的煤尘和岩粉的混合粉尘，每3个月至少应化验一次，如果可燃物含量超过规定含量时，应重新撒布。

B 被动式隔绝瓦斯煤尘爆炸传播措施

目前使用最广泛的是被动式隔绝瓦斯煤尘爆炸传播措施，泛指被动式隔爆棚。它可分为被动式岩粉棚、水槽棚和水袋棚。其作用原理是：当发生瓦斯煤尘爆炸时，在超前于爆炸火焰传播的冲击波超压作用下，隔爆棚上装有岩粉或水的容器被击碎，或被爆风掀翻，使消焰抑爆剂（岩粉或水）飞散开来，在巷道中形成高浓度的岩粉云区或水雾区，当滞后于爆风传播的爆炸火焰到达这一区域时被消焰抑爆剂扑灭，阻止了爆炸继续向前传播，防止了瓦斯爆炸范围的扩大。

（1）水槽棚和水袋棚。水槽棚和水袋棚设置应符合以下基本要求：

1）主要隔爆棚组应采用水槽棚，水袋棚只能作为辅助隔爆棚组；

2）水棚组应设置在巷道的直线段内。其用水量按巷道断面计算，主要隔爆棚组的用水量不小于400L/m²，辅助水棚组不小于200L/m²；

3）相邻水棚组中心距为0.5～1.0m，主要水棚组总长度不小于30m，辅助水棚组不小于20m；

4）首列水棚组距工作面的距离，必须保持在60～200m范围内；

5）水槽或水袋距顶板、两帮距离不小于0.1m，其底部距轨面不小于1.8m。

（2）岩粉棚。岩粉棚分轻型和重型两类。它是由安装在巷道中靠近顶板处的若干块岩粉台板组成，台板的间距稍大于板宽，每块台板上放置一定数量的惰性岩粉。岩粉棚的设置应遵守以下规定：

1）按巷道断面积计算，主要岩粉棚的岩粉量不得少于400kg/m²，辅助岩粉棚不得少于200kg/m²；

2）轻型岩粉棚的排间距1.0～1.2m，重型为1.2～3.0m；

3）岩粉棚的平台与侧帮立柱（或侧帮）的空隙不小于50mm，岩粉表面与顶梁（顶板）的空隙不小于100m，岩粉板距轨面不小于1.8m；

4）岩粉棚距可能发生煤尘爆炸的地点不得小于60m，也不得大于300m；

5）岩粉板与台板及支撑板之间，严禁用钉固定，以利于煤尘爆炸时岩粉板有效地翻落；

6）岩粉棚上的岩粉每月至少检查和分析一次，当岩粉受潮变硬或可燃物含量超过20%时，应立即更换，岩粉量减少时应立即补充。

C 自动隔爆措施

由于被动式隔爆棚受其作用原理的限制，必须安装在距爆源60m以外、200m（岩粉棚为300m）以内的地段才能有效地隔绝爆炸的传播，对弱爆炸和较强的爆炸都因棚架动作形成粉雾或水雾的时间与火焰传播快慢不相适应，隔爆效果不好，不能有效阻止爆炸的传播。而且在矮而宽、拐弯多、狭窄的巷道和大倾角斜巷中安装困难，使用极其不便。针对这些问题和缺点，20世纪60年代以来，各国研究了自动隔爆技术，以弥补被动式隔爆棚的不足。

发生瓦斯煤尘爆炸时，爆源周围环境的气体状态参量因出现火焰，温度急剧上升，压力升高而发生突变。自动隔爆措施就是借助于传感器把这些物理参量的变化接收下来，转换成电讯号，通过控制器自动控制抑爆机构在预定地点喷撒高浓度的消焰抑爆剂，把刚好到达的火焰扑灭。

### 7.4.3 矿井水灾安全控制技术

凡影响、威胁矿井安全生产，使矿井局部或全部淹没并造成人员伤亡和经济损失的矿井涌水事故都称为矿井水灾。我国不仅是世界主要产煤国，而且也是受水害危害最严重的国家之一。据新中国成立后的资料统计，1955～1985 年，全国国有重点煤矿共发生突水 769 次（其中老窑水 198 次），淹井事故 218 起，且有逐年增长的趋势。

造成矿井水害的水源主要有大气降水、地表水、含水层水、岩溶陷落柱水、断层水以及旧巷或老空区积水。

#### 7.4.3.1 地面防治水

地面防治水是指在地表修筑各种防排水工程，防止或减少大气降水和地表水渗入矿井，对于以降水和地表水为主要水源的矿井，地面防治水尤为重要，是矿井防水的第一道防线。

要做好地面防治水工作，首先要掌握地表水的性质、特点及变化规律；其次要掌握本矿区的地形、地貌及当地气候条件，要研究确定防治水措施及防排水工程。地面防治水措施可以概括为六个字，即排、疏、堵、填、蓄、查。

（1）排。排即排泄山洪、排放积水。

1）挖沟排洪。矿井井口和工业场地内建筑物的高程，必须高出当地历年最高洪水位；在山区还必须避开可能发生泥石流、滑坡的地段。井口及工业场地内建筑物的高程低于当地历年最高洪水位时，必须修筑堤坝、沟渠或采取其他防排水措施，以防暴雨山洪从井口灌入井下。

当矿井四周环山或依山而立时，山洪极易灌入井下，甚至淹没矿井。这时应根据水流的方向在矿井的上方挖排洪沟，将暴雨山洪泄入排洪沟，并引至井田以外，如图 7－8 所示。

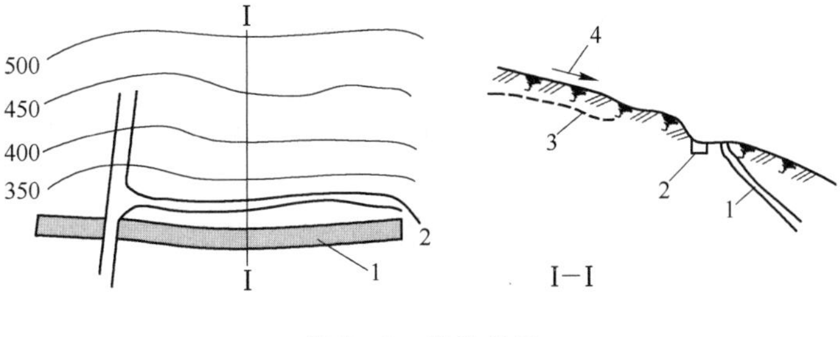


图 7－8 挖沟排洪

1—煤层露头；2—排洪沟；3—潜流；4—山洪流向

2）排泄矿区内的积水。对矿区内面积较大的洼地、塌陷区及池沼等积水区内的积水，可开凿排水沟渠排泄积水，也可修筑围堤防止积水。必要时可安设排水设备排除积水，以减少对矿井的威胁。

3）设置排洪站。对于洪水季节河水有倒流现象的矿区，应在泄洪总沟的出口处建立水闸，设置排洪站，以备河水倒灌时用水泵向外排水。

（2）疏。疏即疏干或迁移地表水源。当井田范围内存在江河、湖泊、沟渠等地表水，且煤体上部无足够厚度的隔水地层时，应尽可能将这些地表水源疏干或迁移。如徐州大黄山矿为防止地表水进入矿井，将流经井田范围内的不老河改道（见图7－9）。疏干或迁移，可以彻底解除地表水对矿井的威胁。

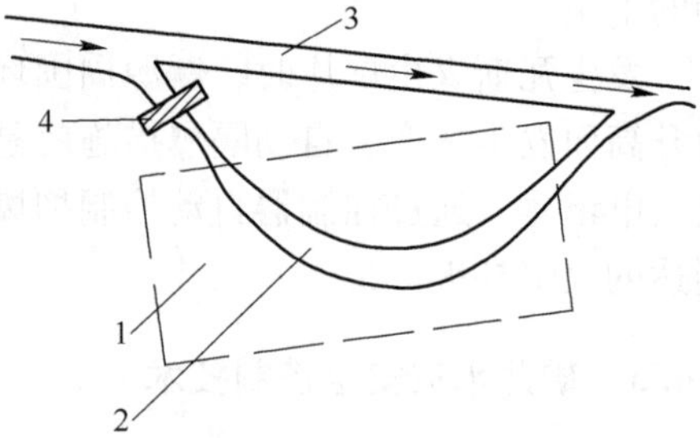


图7－9 河流改道

1—受益范围；2—天然河道；3—人工河道；4—水坝

（3）堵。堵指加固河床堵渗漏，灌注浆液堵通道。当经过井田范围内的河流（或冲沟、渠道），其河床渗水性强，能导致大量河水渗入井下时，则应采取局部或全部铺底办法加固河床，以制止或减少河水渗（漏）入井下。对于可能将地面与井下连通的基岩裂隙、溶洞、废钻孔及古井老窑等，都必须灌注水泥砂浆或用黏土填平夯实，以防漏水。

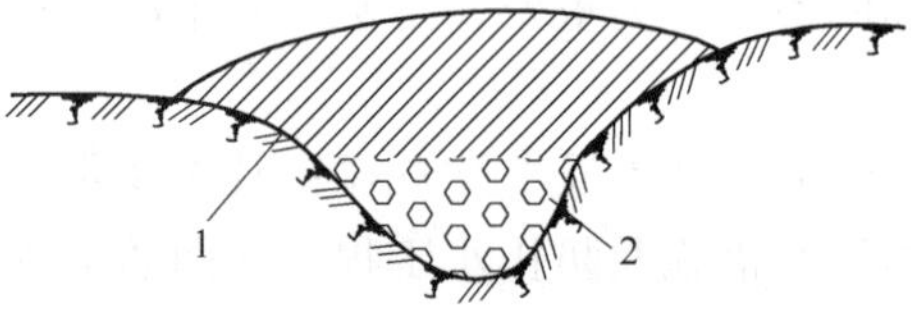


图7－10 充填洼地

1—黏土；2—碎石

（4）填。填是指充填、平整洼地。对于矿区内容易积水但面积不大的洼地、塌陷区，可用黏土充填并夯实，使之高出地面（见图7－10），排出或防止积水。

（5）蓄。蓄是指在井口和工业场地上游的有利地形建筑水库，雨季前把水放到最低水位，以争取最大蓄洪量，减少降雨对矿井的威胁。

（6）查。查是指加强地面防水工程的检查。在雨季到来之前，对地面防水工程应做全面检查，发现问题及时处理。此外，在雨季期间还应做好防洪宣传组织工作，充分发动群众，以便有领导、有组织、有计划地同洪水作斗争。

#### 7.4.3.2 井下防治水

井下防治水措施也可概括为六个字，即查、测、探、放、截、堵。

（1）查。查即查明水源和通道。为了查明水源和可能涌水的通道，应掌握以下情况：

1）冲积层的组成及厚度，各分层的含水性及透水性；

2）裂隙和断层的位置、错动距离、延伸长度、破碎带范围、含水情况和导水性能；

3）含水层与隔水层的位置、数量、厚度，各含水层的涌水量、透水性及其与开采煤层的距离；

4）老窑、古井和现在正开采的小煤窑的位置分布、开采范围、开采深度和积水情况，废弃钻孔的处理情况等；

5）开采过程中，围岩破坏及地表塌陷情况，观测岩层垮落带、断裂带、沉降弯曲带的高度及其对涌水的影响。

（2）测。测即做好水文观测工作。

1）收集当地气象、降水量和河流水文资料（流速、流量、水位、枯水期和洪水期等），查明地表水体的分布、水量的补给、排泄条件，查明洪水泛滥对矿区、工业广场及居民点的影响程度；

2）通过探水钻孔和水文观测孔，观测各种地下水源的水位、水压和水量变化，分析水质，查明矿井水的来源及其补给关系；

3）观测矿井涌水量及其季节性变化规律等。

（3）探。探即井下探水。

1）坚持“有疑必探，先探后掘”的探放水原则；

2）必须探水前进的情况；

3）探水作业参数包括：探水的起点、钻孔深度与超前距离、钻孔直径与数目、钻孔布置。

（4）放。放即疏放水。疏放水就是在探明矿井水源之后，根据水源的类型采取不同的疏放水方法，有计划、有准备地将威胁矿井安全生产的水源疏放干，它是防止矿井水灾最积极、最有效的措施。下面按不同类型的水源说明其疏放水方法。

1）老空水疏放方法。

① 直接放水。当水量不大，不致超过矿井排水能力时，可利用探水钻孔直接放水。

② 先堵后放。当老空水与溶洞水或其他水源有联系，动水储量很大，不堵住水源则短时间排不完或不可能排完，这时应先堵住补水点，然后排放积水。

③ 先放后堵。如老空水或被淹井巷虽有补给水源，但补给量不大，或在一定季节没有补给。在这种情况下，应选择时机先行排放，然后进行堵漏、防漏施工。

④ 先隔后放。当采区位于不易泄水的山涧或沙滩洼地之下，雨季渗水量过大时，应暂时隔离，把积水区留到开采末期处理。另外，若积水水质很差，腐蚀排水设备，也应先暂时隔离，做好排水准备工作后再排放。

2）含水层水疏放方法。

① 地面疏放。在地面打钻孔或打大口径水井，利用潜水泵抽排。如辽源局梅河矿流砂层距地面浅，通过打钻抽排流砂层中水。

② 利用疏干巷道疏放。如果煤层顶板有含水层，可把采区巷道提前掘出，使含水层的水通过其空隙和裂隙疏放出来，如图7－11所示。若将疏水道直接布置在被疏干的含水层中，会提高疏放效果。

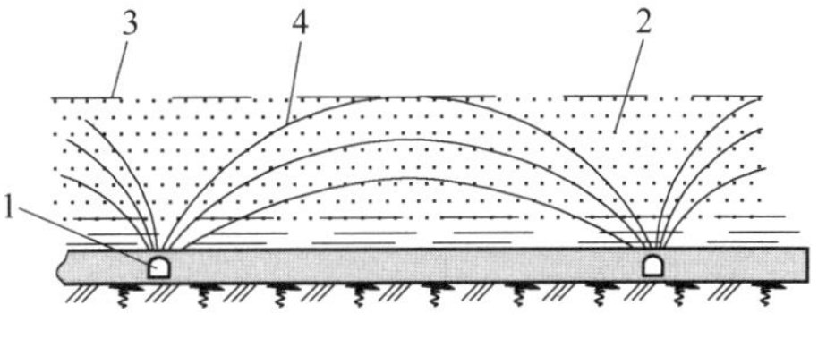

图7－11　利用疏干巷道疏放

1—疏干巷道；2—含水层；3—静止水位；4—降落曲线

③ 利用钻孔疏放。若含水层距煤层较远或含水层较厚，可在疏水巷道中每隔一定距离向含水层打放水钻孔进行疏干，如图7－12所示。若在煤层下部，岩层的储水能力大于上部含水层的泄水量时，可利用泄水或吸水钻孔导水下泄，以疏干煤层和上部含水层，这是一种理想并且经济的疏干方法。

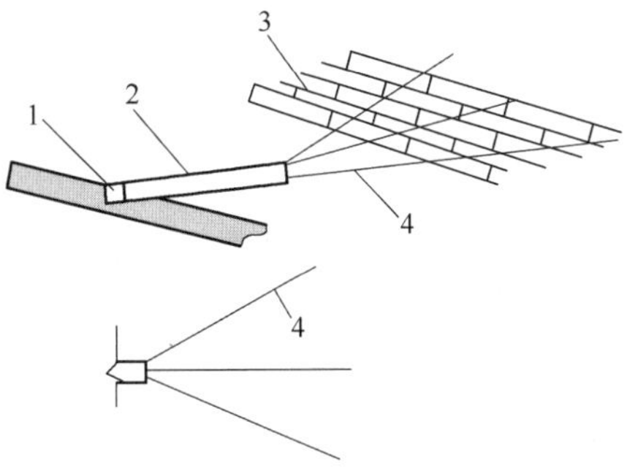

图7－12　利用钻孔疏放

1—疏干巷道；2—小石门；3—含水层；4—钻孔

④ 巷道与钻孔结合疏放。在水文地质条件复杂，如喀斯特发育的矿区，因喀斯特发育程度不同，采用疏放措施也不同，要根据具体条件布置疏干巷道和疏干钻孔。如徐州贾汪矿区，在喀斯特发育的区域用石门集中疏干（包括利用突水

点)；在喀斯特不发育的区域，则用钻孔分散疏干降低水位。

（5）截。截即截水。在探到水源后，由于条件所限无法放水，或者虽能放水但不合理时，便利用防水墙、防水闸门、防水煤柱或岩柱等设施，永久地或临时性地截住水源，将采掘区与水隔开，使局部地点涌水不至于威胁其他区域。

1）防水墙。防水墙是井下防水、截水的一种设施。用于隔绝积水区（水源）或有透水危险的区域。根据防水墙服务时间的长短和作用的不同，可分临时性防水墙和永久性防水墙两种。临时性防水墙作为应急之用和为砌筑永久性防水墙服务。根据建筑防水墙所用材料的不同，可分木制防水墙、砖或石料防水墙、钢筋混凝土防水墙。根据防水墙的形状不同，可分平面形防水墙、圆柱形防水墙、球面形防水墙和多段形防水墙。

2）防水闸门。防水闸门类似风门，设置在发生突水时需要堵截而平时需要行人和通车的巷道中。它是防止水灾的重要工程，不少矿井就是靠防水闸门避免了淹井事故的发生。《煤矿安全规程》第二百七十三条规定：水文地质条件复杂或有突水淹井危险的矿井，必须在井底车场周围设置防水闸门。在其他有突水危险的地区，只有在其附近设置防水闸门后，方可掘进。

3）防水煤（岩）柱。对于井上下的各种水源，在一般情况下都应尽量疏干或堵塞其入井通道，彻底消除水的威胁，但这样做有时是不合理或不可能的。因此采取留设一定宽度防水煤（岩）柱的方法来截住水源。一般在下列情况下需留防水煤（岩）柱：

① 相邻矿井的分界处，必须留有防水煤柱。矿井以断层分界时，必须在断层两侧留有防水煤柱。

② 井田内有与河流、湖泊、溶洞、含水层等有水力联系的导水断层、裂隙（带）、陷落柱时，必须找出其确切位置，并按规定留设防水煤（岩）柱。

防水煤柱的尺寸，应根据相邻矿井的地质构造、水文地质条件、煤层赋存条件、围岩性质、开采方法以及岩层移动规律等因素，在矿井设计中规定。总的原则是：既能抵抗水的压力，确保安全生产，又要尽量减少煤炭损失。目前在煤矿生产中主要采用经验比拟法和分析计算法来确定煤柱尺寸。

已留设的防水煤柱需要变动时，必须重新编制设计，报省级煤炭管理部门审批。严禁在各种防隔水煤柱中采掘。

（6）堵。堵即注浆堵水。将专门制备的浆液——堵水材料通过钻孔压入地层的裂隙、溶洞或断层破碎带，使浆液扩张、凝固、硬化达到充填堵塞涌水通道、隔离水源的目的。注浆堵水方法简便，效果较好，是防止矿井涌水行之有效的措施，故得到了广泛的应用。一般在下列场合采用注浆堵水：

1）当涌水水源本身水量不大，但与其他强大水源有密切联系，单纯采用排水的方法排除矿井涌水成为不可能或不经济时。

2）当井筒或巷道必须穿过若干个含水丰富的含水层或充水断层，如果不堵住水源将给矿井建设带来很大危害甚至不可能进行掘进时。

3）当井筒或工作面严重淋水，为了加固井壁、改善劳动条件、减少排水费用时。

4）某些涌水量特大的矿井，为了减少矿井的涌水量，降低常年排水费用时。

要搞好注浆堵水，首先要制订好方案，严格选择好制作浆液的材料；其次要掌握好注浆工艺，确保注浆质量，只有这样才能保证堵水的效果。

### 7.4.4 矿井火灾安全控制技术

凡是发生在矿井地下或地面而威胁到井下安全生产、造成损失的非控制性燃烧称为矿井火灾。矿井火灾是煤矿主要灾害之一。由于矿井内空间有限，人员和物资设备的移动都较为困难；同时井下空气供应有限，火灾产生的有毒有害气体不易被稀释，导致人的中毒和窒息，因而矿井火灾具有很大的危险性。

根据引火的热源不同，通常将矿井火灾分成两大类：

（1）外因火灾。外因火灾指的是由外来火源造成的火灾。如井下不合格的照明设备、违反爆破规程、电气设备安装错误和运转不良、变压器油着火、电缆的不规范接头、明刀闸等都有可能引起外因火灾。这类火灾的发生一般比较突然。

（2）内因火灾。煤炭在一定的条件和环境下（如煤柱破裂浮煤集中堆积又有一定的风流供给）自身发生物理化学变化（吸氧、氧化、发热），积聚热量导致着火而形成的火灾为内因火灾。自燃火灾大多发生在采空区、遗留的煤柱、破裂的煤壁、煤巷的高冒以及浮煤堆积的地点。内因火灾的发生有一个或长或短的过程，而且有预兆，易于早期发现。但火源隐蔽，往往发生在人们难以或不能进入的采空区或煤柱内，要想找到真正的火源较难。煤层自燃火灾的发生概率很大，大约占矿井火灾的70%。

#### 7.4.4.1 外因火灾及其预防

##### A 物质燃烧的充要条件

物质燃烧是一种伴有放热、发光的快速氧化反应。发生燃烧必须具备的条件是：

（1）必要条件。

1）有充足的可燃物。

2）有助燃物存在。凡是能支持和帮助燃烧的物质都是助燃物。常见的助燃物是含一定氧浓度的空气。

3）具有一定温度和能量的火源。

（2）充分条件。

1）燃烧的三个必要条件同时存在，相互作用。

2）可燃物的温度达到燃点，生成的热量大于散发的热量。

煤矿井上、下有大量的可燃物质，如坑木、胶带、电缆、风筒等固体，变压器油、润滑油和液压联轴器内的透平油等油脂，煤和含碳的页岩等碳质类物质，瓦斯、氢气、一氧化碳等可燃气体。因此，矿井内有较多可燃烧的物质基础。

火源可分为显火源和潜火源两种。显火源就是以明火、高温的表面或灼热的物体的形式显露于空间，可燃物质一旦与其接触即可发生燃烧。如气焊或电焊产生的高温焊渣、燃着的香烟头等皆属此类。潜热源就是平时处于常温状态，在一定外部条件下（人员操作失误、设备零件故障、安全装置失效等原因）有可能产生火花、放出热量和转化为高温热源。如具有短路危险的电缆接头、作高速相对运动的两固体接触面、不合格的炸药爆破等都属于潜热源。煤矿常见的外因火源主要有以下几种：

（1）电能热源。电（缆）流短路或导体过热；表7－10是我国部分电气火灾发火原因统计表。

表 7-10 电气火灾发火原因统计表

| 发火原因 | 次数 | 占总数/% | 发火原因 | 次数 | 占总数/% |
|---|---|---|---|---|---|
| 变压器油 | 2 | 4.25 | 电力电容器 | 1 | 2.12 |
| 油浸启动电阻器 | 1 | 2.12 | 橡胶电缆短路 | 39 | 83.98 |
| 铠装电缆短路 | 1 | 2.12 | 合计 | 47 | 100 |
| 灯泡取暖 | 3 | 6.38 | | | |

(2) 摩擦热。如胶带与滚筒摩擦、胶带与碎煤摩擦以及采掘机械截齿与砂岩摩擦等。

(3) 放明炮、糊炮、装药密度过大或过小、钻孔内有水、炸药受潮以及封孔炮泥长度不够或用可燃物（如煤粉、炸药包装纸等）代替炮泥等违反爆破操作规程都有可能发生爆燃。

(4) 液压联轴器喷油着火引燃周围可燃物，酿成多起火灾。例如铜川矿务局徐家沟矿用锑锡合金的保险丝代替易熔合金安全塞；安阳铜冶矿用铁丝代替易熔合金安全塞，都形成了重大的火灾事故，造成多人伤亡。

(5) 明火（高温焊碴、吸烟）。明火也是产生外因火灾的重要原因之一。明火主要产生于加热器、喷灯、焊接和切割作业，烟头也有酿成火灾的可能。

B 外因火灾的预防控制技术措施

预防火灾发生有两个方面：一是防止火源的产生，二是防止已发生的火灾事故扩大，以尽量减少火灾损失。

(1) 防止火灾发生。

1) 防止失控的高温热源的产生和存在。按《煤矿安全规程》及其执行说明要求严格对高温热源、明火和潜在的火源进行管理。

2) 尽量不用和少用可燃材料，不得不用时应与潜在热源保持一定的安全距离。

3) 防止产生机电火灾。

4) 防止摩擦引燃：

① 防止胶带摩擦起火。胶带输送机应具有可靠的防打滑、防跑偏、超负荷保护和轴承温升控制等综合保护系统；

② 防止摩擦引燃瓦斯。

5) 防止高温热源和火花与可燃物相互作用。

(2) 防止火灾蔓延的措施。限制已发生火灾的扩大和蔓延，是整个防火措施的重要组成部分。火灾发生后利用已有的防火安全措施，把火灾局限在最小的范围内，然后采取灭火措施将其熄灭，对于减少火灾的危害和损失是极为重要的，其措施有：

1) 在适当的位置建造防火门，防止火灾事故扩大。

2) 每个矿井地面和井下都必须设立消防材料库。

3) 每一个矿井必须在地面设置消防水池，在井下设置消防管路系统。

4) 主要通风机必须具有反风系统或设备、反风设施，并保持其状态良好。

7.4.4.2 内因火灾预防

煤矿内因火灾的防治的方针是“预防为主”。自燃火灾的形成必须具备以下三个基本条件：

（1）具有低温氧化特性即自燃倾向性的煤呈碎裂状态堆积存在；

（2）通风供氧维持煤的氧化过程不断地发展；

（3）在煤的氧化过程中生成的热量大于积蓄，难以及时放散。

因此，内因火灾的防治应从这三个方面着手，如尽量使煤炭不处于破碎状态，同时保证煤炭有良好的通风环境以使煤炭自燃产生的热量能迅速散发出去而不至于导致煤炭进一步升温而形成自燃火灾。

我国煤矿煤层自燃发火防治的措施手段，随着煤矿生产的发展和现代科学技术的发展有了很大的发展。总的来讲，目前防治内因火灾的技术主要有以下几种：

（1）合理的开拓开采方法。煤炭只有处于破碎状态、通风供氧、易于蓄热的环境中才能产生自燃现象。因此，在开拓开采的巷道布置及选择采煤方法时就应该充分考虑防火的要求，在进行开拓开采系统设计及选择采煤方法时应遵循：开采自燃发火严重的厚煤层或近距离煤层群时，可以将运输大巷、回风大巷、采区上下山、集中运输平巷和集中回风平巷等服务年限长的巷道布置在煤层底板岩石中；厚煤层分层开采的区段巷道应垂直布置，如图7－13所示，避免因上下分层巷道内错或外错布置时形成的阶梯煤柱内侧造成贮热氧化易燃隅角带，同时可大大减少甚至不留煤柱；上、下区段巷道采用分掘的方法，如图7－14所示，尽量采用长壁式采煤方法，推行综合机械化采煤，采用全部陷落法管理顶板；推广无煤柱开采。

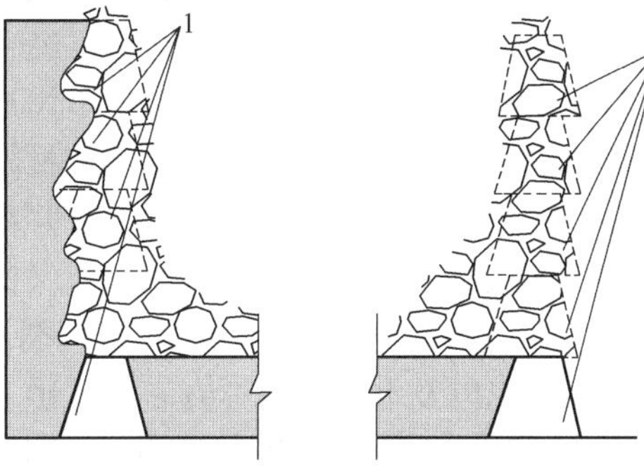


图7－13　区段巷道采用垂直布置

1—分层回风巷；2—分层运输巷

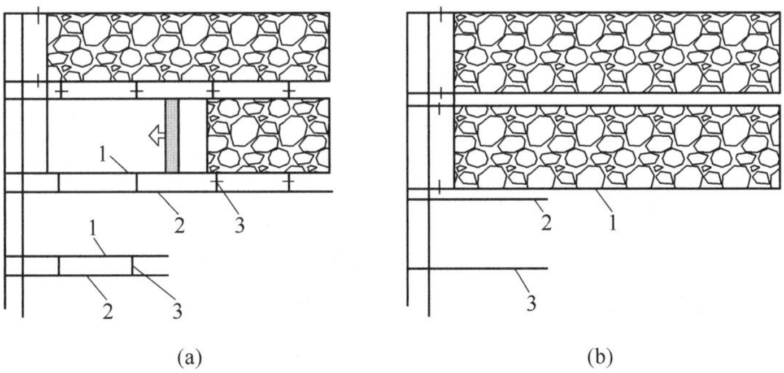


图7－14　上、下区段平巷分掘

（a）上、下区段运输巷和回风巷同时掘进；（b）采煤工作面的进、回风巷同时掘进

1—上区段工作面运输巷；2—下区段工作面回风巷；3—联络巷

（2）选择合理的通风系统，防止漏风。开采自燃煤层时，合理的通风系统可以大大减少或消除自燃发火的供氧因素，无供氧蓄热条件煤是不会发生自燃的。所谓合理的通风系

统是指：矿井通风网络结构简单；风网阻力适中（3kPa以下）；主要通风机与风网匹配；通风设施布置合理；通风压力分布适宜。矿井采用对角式和分区通风比中央式通风系统更有利于防火。通风系统要在一定范围内具有可调性。当一个采区发生火灾时，能够根据救灾的需要，做到随时停风、减风和反风。

（3）预防性灌浆。《煤矿安全规程》规定："开采有自燃发火的煤层，必须对采空区进行预防性灌浆"。预防性灌浆是防止自燃发火最有成效、应用最广泛的一项措施。所谓预防性灌浆就是将水、浆材按适当配比，制成一定浓度的浆液，借助输浆管路送往可能发生自燃的采空区，以防止自燃火灾的发生。预防性灌浆的作用：一是隔氧，二是降温。浆液流入采空区之后，固体物沉淀，充填于浮煤缝隙之间，形成隔绝漏风的隔离带。有的还可能包裹浮煤，隔绝它与空气的接触以防止氧化。而浆水所到之处，增加煤的外在水分，抑制自热氧化过程的发展。同时，对已经自热的煤炭有冷却降温作用。

黄泥灌浆是我国煤矿20世纪50年代开始普遍使用的防灭火技术。由于部分矿区缺少黄土以及占用农田问题，势必另寻代替材料。为解决黄泥灌浆的土源，我国开发出利用页岩制浆、矸石制浆、粉煤灰制浆的工艺并在不少矿区成功地加以应用。这些代用材料都可作为防灭火灌浆材料，而且有利于环境保护，变废为利，在我国是应该加以推广的。

（4）阻化剂防火。阻化剂又称阻燃剂，一些无机盐类化合物如氯化钙、氧化镁、氯化铵、三氯化铝以及水玻璃等溶液洒在煤块上，具有阻止氧化、防止自燃的作用，故称阻化剂。阻化剂防灭火技术，是1974年开始研究的。初始时作为阻化物质的主要是某些工厂的废渣，继之又选用某些卤族化合物，最终认定在经济上可行的理想材料是海盐生产中的副产物——卤水。

阻化剂是一些吸水性很强的有机盐类，当它们附着在煤粒的表面时，吸收空气中的水分。在煤的表面形成含水液膜，从而阻止了煤、氧的进一步接触，起到了隔氧阻化作用。同时。这些吸水性能很强的盐类能使煤体长期处于含水潮湿状态，水灾蒸发时的吸热降温作用使煤体在低温氧化过程中温度不能升高，也起到了抑制煤炭自燃发展的作用。煤的外在水分是一种良好的阻化剂，随着煤外在水分的增加，阻化效果也随着增加；当煤中的外在水分蒸发，减少到某一限度之后，阻化作用将转变为催化作用，能够促进煤的氧化自燃。由于水分的蒸发，在煤体上阻化液形成的液膜因失水而破裂，将起不到隔氧、降温的作用。所以，只有吸收大量水分的阻化剂在煤体上形成液膜才能起到阻化作用。

阻化剂防火工艺主要有两种：一是在采煤工作面向采空区浮煤喷洒阻化液防止煤炭自燃；二是向可能或已经开始氧化发热的煤壁打钻压注阻化液，以抑制煤的自燃。

（5）风压调节法防火。风压调节法防火（又称"均压法"）的实质是设置调压装置或调整通风系统，以降低漏风通道两端的风压差，减少漏风量，达到抑制自燃的目的。

均压技术是20世纪50年代由波兰首次提出，60年代在一些采煤技术发达国家竞相采用。根据作用原理和使用条件不同，均压防火技术大体可分为两类：

1）开区均压。在生产工作面建立均压系统，以减少采空区漏风，抑制遗煤自燃，防止一氧化碳等有毒有害气体超限积聚或者向工作区域涌出，从而保证生产正常进行。

2）闭区均压。闭区均压又称为采空区均压，是针对已封闭的区域而采取的均压措施，用于防治封闭区域因漏风造成的遗留煤的自燃。实现封闭区均压的措施很多，主要有调节门和调压风机联合均压、设置联通管路均压和调节通风系统法。

### 7.4.5 煤与瓦斯突出安全控制技术

7.4.5.1 防治突出技术的发展

煤矿地下采掘过程中，在极短的时间内（几秒到几分钟），从煤、岩层内以极快的速度向采掘空间喷出大量煤（岩）和瓦斯的现象，称为煤（岩）与瓦斯突出，简称瓦斯突出或突出。它是矿井瓦斯的异常涌出形式，也是一种致因和规律都很复杂的动力现象，是煤矿井下最严重的灾害之一。

近百年来，世界各国在防治突出方面虽进行了大量的工作，但到目前为止，对各种地质、开采条件下突出发生的规律还没有完全掌握，也未能完全杜绝突出发生。从煤矿生产来看，防治突出的任务有两个方面：一是防止突出发生，或减小突出的频率和强度；二是避免突出造成人身伤亡事故。

从近 150 余年来防突措施的发展来看，防治突出措施可分三个阶段。

第一阶段：避免发生人身伤亡而采取的以放炮震动为主的安全防护措施。

第二阶段：为以消除突出因素为主要目的的防治突出措施，例如开采保护层、超前排放钻孔。此阶段存在的主要问题是一些局部措施防治突出效果不理想。

第三阶段：综合防治突出阶段。此阶段起始于 20 世纪 80 年代末期，工作面突出预测问题的解决，为此阶段提供了技术支持。综合防治突出措施由突出危险性预测、防治突出措施实施、防治突出措施效果检验和为防止人员伤亡而采取的安全措施所组成。

7.4.5.2 “四位一体”的综合防突措施

A 煤与瓦斯突出预测

煤与瓦斯突出具有明显的区域性，即便是在同一采区也不是所有地点都会发生煤与瓦斯突出。进行煤与瓦斯突出预测，不仅能指导防突措施科学地运用、减少防突措施工程量，而且由于对工作面突出危险性进行不间断地检查，还能保证突出层作业人员的人身安全。因此，突出预测具有重大的实际意义。

我国突出预测分为区域性预测和工作面预测两类。

区域预测是对新矿井、新采区或新水平进行突出危险性的分类，将其分为突出危险区、突出威胁区和无突出危险区。因被预测的煤层还未被揭露，只能通过钻孔、煤样测定煤层中的瓦斯压力和化验煤样的物理力学性质，或用上水平和邻近矿井的瓦斯、地质资料进行类比，得出结论。目前采用单项指标法（煤的破坏类型、瓦斯放散初速度指标、煤的坚固性系数和煤层瓦斯压力）、地质统计法和综合指标法进行区域预测。

工作面预测也称日常预测，其任务是确定工作面附近煤体的突出危险性，即该工作面继续向前推进时，有无突出危险。工作面突出危险性预测指标分为两类：一是以钻屑量为代表的应力指标；二是瓦斯指标。瓦斯指标分两类：一类是钻孔瓦斯涌出初速度；另一类是钻屑瓦斯解吸量指标。预测的好坏取决于应力的集中程度、位置、煤的瓦斯解吸特征和突出危险性临界值指标的确定。

B 煤与瓦斯突出预防技术措施

防治煤与瓦斯突出的措施分为区域性防突措施和局部性防突措施两类。实施以后可使较大范围煤层消除突出危险性的措施，称为区域性防突措施；实施以后可使局部区域（如掘进工作面）消除突出危险性的措施，称为局部性防突措施。

（1）区域性防突措施。区域性防突措施主要有：

1）开采保护层。保护层通常是指在煤层群开采中，某些煤层具有煤与瓦斯突出或冲击地压危险，而另一些煤层不具有这种危险或危险性较小。此时，根据赋存关系，选择后者先行开采，然后再开采前者。先行开采的煤层称为保护层，后开采的煤层称为被保护层。保护层位于被保护层上方的称为上保护层，位于下方的称为下保护层。

保护层开采后，由于采空区的顶底板岩石冒落、移动，引起开采煤层周围应力的重新分布，采空区上、下形成应力降低（卸压）区，使该区域内未开采煤层产生应力、透气性、瓦斯压力、位移等变化。地压减小和瓦斯压力降低消除或减少了引起突出的两个重要因素——地压和瓦斯的作用，而煤体强度变大又增加了抵御突出的能力，这就使得在保护范围内开采被保护层时，不再会发生煤与瓦斯突出。

2）预抽煤层瓦斯。煤层抽放瓦斯后，大量高压瓦斯的排出导致瓦斯潜能的释放，减弱了完成突出过程的主要动力；大量瓦斯的排出直接导致煤体强度的增大，增加了突出的阻力。另一方面，大量瓦斯的排出又导致了煤体的卸压，释放了积蓄在煤体和围岩中的弹性能，减弱了发动突出的主要动力。这些因素的综合作用，可减弱或消除突出危险。

预抽煤层瓦斯作为区域性防突措施，不仅适用于开采单一突出煤层的矿井，也可用于煤层群开采首采突出层。因此，预抽煤层瓦斯防突措施在我国有较广泛的应用前景。目前预抽煤层瓦斯采用有穿层钻孔和顺层钻孔两种方式，分别适用于不同的煤层条件。

（2）局部性防突措施。局部性防突措施是指开采有突出危险的煤层时，采取作用范围比较小的预防措施。我国煤矿上常用的局部性防突措施有：

1）水力冲孔。水力冲孔是在安全岩柱或煤柱的防护下，向煤层打钻后，利用高压水射流的冲击作用，在工作面前方煤体内冲出一定的孔道，以加速瓦斯排放。由于孔道周围煤体的移动变形，应力重新分布，扩大卸压范围，从而消除突出危险。此外，在高压水射流的冲击作用下，冲孔过程中能诱发小型突出，使煤岩中的潜在能量逐渐释放，避免发生大型突出事故。

2）超前钻孔。超前钻孔是指在煤巷掘进工作面前方一定距离的煤体内，始终保持足够数量的排放瓦斯钻孔。它的作用是排放瓦斯，增加煤的强度，在钻孔周围形成卸压区，使集中应力区移向煤体深部。

3）深孔控制卸压爆破。深孔控制卸压爆破是在煤巷掘进工作面正前方煤体中，打若干个25～30m深的钻孔，其中有直径为50～75mm的爆破孔和直径为90～120mm不装药的控制孔。通过爆破，煤体内产生破碎圈带及松动圈带，使集中应力区移向煤体深部。同时加速排放高压瓦斯，从而达到防突目的。

4）震动爆破。震动爆破是一种安全防护措施，它是在工作面布置较多的炮眼，装较多的炸药，全断面一次爆破，使承受地应力的含高压瓦斯的煤体在强大的震动力作用下突然暴露，造成最有利的突出条件。由于爆破前人员已撤到安全地点，所以即使诱导突出也不会伤人。

震动爆破常用于石门和立井揭煤。其揭穿煤层的效果取决于石门岩柱厚度、炮眼数目、炮眼布置和装药量等参数。

5）超前支架。超前支架是指为了防止因工作面顶部煤体松软垮落而引起瓦斯突出，在工作面前方顶部事先打的一排支架。其作用是支撑顶部悬露的煤体，排放瓦斯，增加煤体的稳定性。

6）卸压槽。卸压槽是近年来在采掘工作面推广使用的一种预防煤与瓦斯突出和降低冲击地压的措施。它的实质是预先在工作面前方切割出一定宽度的缝槽，以增加工作面前方的卸压范围，卸压槽使巷道前方一段距离内的煤体与煤层母体部分脱离。在卸压槽的保护范围内掘进，并保持一定的超前距，就可避免突出或冲击地压的发生。

C 防治突出效果检验

防治突出效果检验，是指在防治突出技术措施执行完成后对防治突出技术措施进行立竿见影的检验，看其是否有效。实际上，就是在防治突出技术措施执行完成后在采掘工作面再作一次突出危险预测，以检验一下防治突出技术措施是否有效。如果预测结果为无突出危险工作面，即防治突出技术措施有效，可进行采掘作业；反之则无效，需要继续执行防治技术措施直到有效为止。

D 安全防护措施

安全防护措施是“四位一体”综合防突措施的第四个环节，其目的在于突出预测失误或防突措施失效后发生突出时，为避免造成人员伤害，而建立的防治突出事故的第二道保障线。安全防护措施主要包括：

（1）震动爆破。震动爆破是指利用大量炸药能量改变工作面附近煤岩体的应力状态，如果煤层有突出危险即能诱发煤与瓦斯突出，如果煤层没有突出危险则不会发生过突出而达到安全工作目的。

（2）远距离爆破。远距离爆破是指在爆破时工作人员远离爆破作业地点而在突出后和突出时发生瓦斯逆流波及不到的地点起爆，以确保工作人员安全。远距离爆破必须和安全设施配合使用，如反向风门、避难硐室、压风自救装置、压缩氧自救器等。

（3）压风自救装置。压风自救装置，是一种固定在生产场所附近的固定自救装置，其气源来自于生产动力系统——压缩空气管路系统。由于管道压缩空气具有较高的压力和流量，不能直接用于呼吸，必须经过减压、节流，使其达到适宜人体呼吸的压力和流量值。此外，减压过程中会产生噪声，长期使用的管道内会产生锈渣和尘粒，也需要解决消声和空气净化的问题。

（4）安全硐室。安全硐室是指在石门揭开突出煤层一旦发生突出时工作人员可及时进入以躲避灾难的地点。从煤层揭开地点到安全硐室的距离以200m为宜。在采掘工作面附近和爆破地点也要设置安全硐室。

（5）反向风门。反向风门是防止突出时瓦斯逆流进入风道而设置的通风设施。它安设在掘进工作面的进风侧，以强制突出的瓦斯进入回风系统。因其风门是反向开启，故称为反向风门。平时反向风门呈开启状态，只有在爆破时才被关闭，爆破后由矿山救护队或有关人员进入检查时进行开启并将其加以固定呈开启状态。

## 7.5 尾矿库安全控制技术

尾矿库是金属非金属矿山重要的生产设施，也是危险性较大、可能发生严重次生灾害的建设工程。据统计，在全世界100种重大灾害事故中，由各种原因造成尾矿坝失事而带来的损失排列在第18位。

近年来，因尾矿库垮坝造成人员伤亡和有毒污染物下泄的事故屡屡发生，如1962年9月26日，云南锡业公司火谷都尾矿库发生溃坝事故，死伤263人，直接经济损失达2000多万元；2000年10月18日，广西南丹县大厂镇鸿图选矿厂尾矿库发生重大溃坝事故，共造成28人死亡，56人受伤，直接经济损失340万元；特别是2008年山西襄汾新塔矿业公司“9·8”特别重大尾矿库溃坝事故，造成276人死亡的严重后果。这些重大事故发生后，库内尾矿大量流失，冲毁农田、房舍、桥梁和公路，导致人员伤亡，环境受到污染，不但使矿山被迫停产，也给地方带来灾害，经济损失和政治影响极大。所以，尾矿库的运行必须严格执行“安全第一、预防为主、综合治理”的方针；各个企业、各级领导和主管部门必须高度重视，努力提高尾矿库的安全保证程度。

### 7.5.1 尾矿库设施概述

尾矿是矿山选矿厂从矿石选出有用矿物后所剩下的矿渣，通常它是以矿浆的形式排出。尾矿的堆存通常是利用有利地形，围筑堤坝，形成一定的容积，将尾矿排入，这种设施称为尾矿库。为此而修筑的用尾矿堆积而成的坝体称为尾矿坝。

尾矿库均设有排水构筑物，常用的基本形式有排水管、隧洞、溢洪道及山坡截洪沟等。对于大、中流量的尾矿库，通常采用由溢水塔、竖井和排水隧洞等组成的排水构筑物。为充分而有效地利用水资源，尾矿库通常设有回水系统，收集库内部分澄清水，供选矿厂内冷却或洗矿等用水，多余的部分则通过排水系统排往下游河道。当排放的澄清水中含有害成分，且超过废水排放标准和卫生标准时，则设净化构筑物对废水进行净化处理。

#### 7.5.1.1 *尾矿库形式和等级*

根据地形条件不同，尾矿库可分为以下四种类型。

（1）山谷型。在山区和丘陵地区，多利用自然山谷，三面环山，在谷口一面筑坝修库。

（2）傍山型。傍山型尾矿库是在山坡脚下依山筑坝所围成的尾矿库。

（3）平地型。平地型尾矿库是在平地四面筑坝围成的尾矿库。

（4）截河型。截河型尾矿库是截取一段河床，在其上、下游两端分别筑坝形成的尾矿库。

尾矿库的等级从高到低分为五等。等级不同的尾矿库采用的防洪标准和坝体安全系数也是不同的。尾矿库失事造成灾害的大小与库内尾矿量的多少以及尾矿坝的高矮成正比。尾矿库使用的特点是尾矿量由少到多，尾矿坝由矮到高，在不同使用期失事，造成危害的严重程度是不同的。因此，同一个尾矿库在整个生产期间根据库容和坝高划分为不同的等别应是合理的；再者，尾矿库使用过程中，初期调洪能力较小，后期调洪能力较大，同一个尾矿库初期按低等级设计，中期及后期逐渐将等级提高，这样一次建成的排洪构筑物就能适应各使用期的防洪要求，设计更加经济合理。根据上述原则，我国现行设计规范允许对同一个尾矿库在生产期间采用不同的尾矿库等级进行设计。表7-11为我国规定的尾矿库等级。

表 7-11 尾矿库的等级

| 等 级 | 全库容 $V$/万立方米 | 坝高 $H$/m |
|---|---|---|
| 一 | 二等库具备提高等级条件者 | |
| 二 | $V \geqslant 10000$ | $H \geqslant 100$ |
| 三 | $1000 \leqslant V < 10000$ | $60 \leqslant H < 100$ |
| 四 | $100 \leqslant V < 1000$ | $30 \leqslant H < 60$ |
| 五 | $V < 100$ | $H < 30$ |

7.5.1.2 尾矿坝

尾矿坝由初期坝和堆积坝组成。初期坝一般由毛石堆砌，堆积坝则是随着尾矿的增加，用沉积的粗粒尾矿堆积而成。为及时宣泄汛期洪水及排出库内积水，尾矿坝的坝高一般都较高，多在40m以上，有些高100~200m，甚至更高。一方面，用土、石材一次修建这样高的坝所花费的基建投资十分高昂；另一方面，选矿厂排出的尾矿本身就可以作为尾矿坝的筑坝材料使用。因此，通常的做法是分期修筑尾矿坝以节省昂贵的基建投资。在选矿厂基建施工中，用当地土、石等材料修筑成的低坝称为初期坝或基坝，以容纳选矿厂生产初期1~2年排出的尾矿量并作为堆积坝的排渗及支撑体；选矿厂投产后，在生产过程中随着尾矿的不断排入，逐渐用尾矿来沉积加高的坝称为后期坝和尾矿堆积坝。

初期坝是基建中用作支撑后期尾矿堆存体的坝，初期坝的坝型可分为不透水和透水两大类。不透水初期坝是用透水性较小的坝料筑成，因其透水性较库内尾矿的透水性差，不利于坝内沉积尾矿的排水固结；当尾矿堆高后，浸润线往往从初期坝坝顶坡逸出，造成坝面沼泽化，不利于坝的稳定性。这种坝适用于挡水式尾矿坝或尾矿堆坝不高的尾矿坝。透水初期坝是用透水性较好的坝料筑成的初期坝。因其透水性较库内尾矿的透水性强，有利于坝内沉积尾矿的排水固结和降低坝体浸润线，因而有利于提高坝的稳定性。

后期坝的方式有上游式、下游式和中线式。上游式筑坝是向初期坝上游方向冲积尾矿加高坝的筑坝工艺，如图7-15所示。下游式筑坝是用水力旋流器将尾矿分级，溢流部分排向初期坝上游方向而沉积；底流部分排向初期坝下游方向而沉积，如图7-16所示。中线式筑坝是在初期坝坝轴线位置上用旋流器分级粗砂冲积尾矿的筑坝工艺，如图7-17所示。

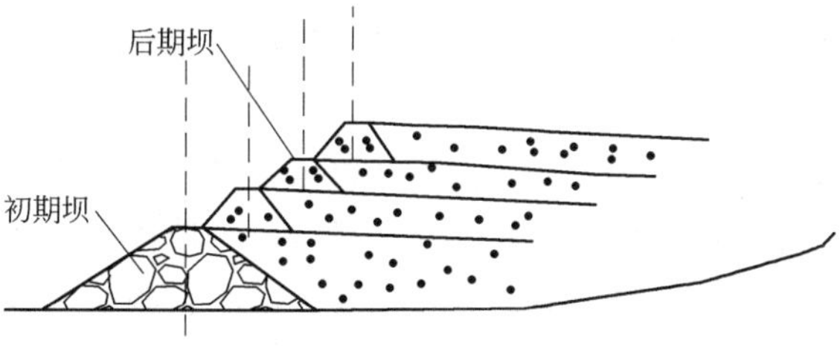


图 7-15 上游式尾矿坝

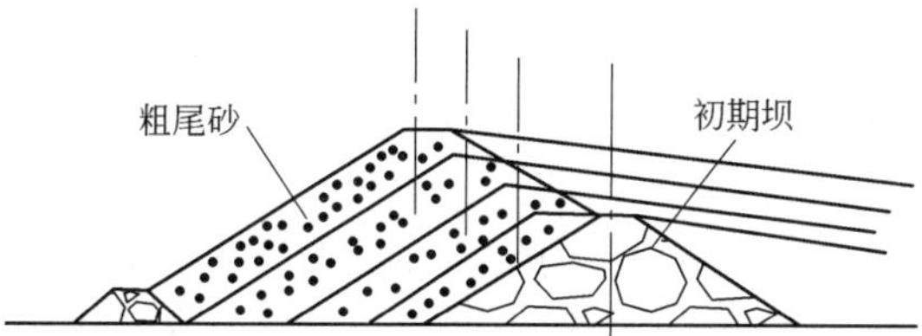


图 7-16 下游式尾矿坝

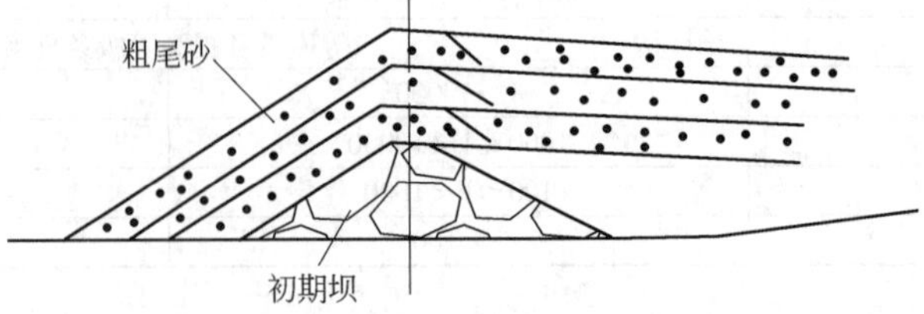


图 7－17 中线式尾矿坝

### 7.5.2 尾矿库安全控制技术

#### 7.5.2.1 尾矿库灾害成因及规律

A 洪水漫顶灾害

造成洪水及排水系统引起洪水漫顶事故的致灾因素包括：

（1）防洪设防标准低于现行标准，造成尾矿库防洪能力不足，发生洪水漫顶溃坝。

（2）洪水计算依据不充分，洪峰流量和洪水总量计算结果偏低。

（3）尾矿库调洪能力或排洪能力不足，安全超高和干滩长度不能满足要求，造成溃坝。

（4）排洪设施结构原因和阻塞造成尾矿库减少或丧失排洪能力。

（5）子坝挡水无效，造成溃坝。

B 坝基坝坡失稳灾害

坝基如果处理不好，会导致坝基失稳破坏。坝基处理的范围包括河床和河岸。经过处理的坝基应满足渗流控制、静力和动力稳定、容许沉降量和不均匀沉降等方面的要求，保证坝的安全运行和经济效益。天然地基一般比较复杂，大体可分为岩石地基、砂砾石地基和土基三类。不同的地基类型，应采用不同的处理方法。易液化土、软黏土和湿陷性黄土是应给予特别注意的地基类型。

坝体的稳定性，是尾矿库能否安全运行的重要保证。尾矿坝的组成成分与自然边坡不同，破坏类型也有所不同。其破坏类型如下：

（1）滑坡。尾矿坝中的滑坡形式属于滑坡破坏类型中的旋转剪切滑动。滑坡过程分为三个阶段：蠕滑阶段、滑动阶段和剧滑阶段。蠕滑阶段，坡体内部逐渐形成滑动面，并最终发展成滑坡的坡体物质蠕动现象，不过很难觉察；滑动阶段，滑坡体已显宏观变形，但限于局部，变形微弱，可经历数月至数年。可根据滑坡形态对其进行预测与判断，通常表现为地表裂缝，如后缘裂缝、牵引裂缝、侧界裂缝、滑坡体中部的横向裂缝和前部的放射状裂缝等。

（2）滑塌。尾矿坝由于初级坝施工质量差或其他人为因素（如人工开挖坡角等）可造成尾矿坝滑塌破坏。

（3）塌陷。废石松散，块度不均，内边压在尾矿沉积体上可造成塌陷。

（4）渗漏及管涌溃堤。由于尾砂与废石间无过渡层，易流失尾矿，发生渗漏；由于水力坡降，使坝体、坝基或坝肩发生细粒尾砂的侵蚀、渗漏等，引起溃坝。

管涌是尾矿坝常见的一种破坏模式，同样也是威胁尾矿坝稳定性的一个重要因素。管涌主要包括接触冲刷、流砂和出逸水水力坡降管涌。尾矿坝一旦失稳，库内的尾砂和水就将以泥砂流的形式涌出，发生流砂型管涌。

（5）渗流冲刷造成尾矿坝破坏。当渗流量增大到临界渗流量时，下游坡面上个别不牢固的石块就会被渗流冲出滚落，当渗流量超过临界渗流量时，尾矿堆石坝便会发生冲刷破坏。

C 尾矿库裂缝事故

裂缝是尾矿坝上一种较为常见的病患，某些细小的横向裂缝有可能发展成为坝体的集中渗漏通道，有的纵向裂缝也可能是坝体滑塌的预兆，应给予应有的重视。

裂缝的成因，主要是由坝基承载能力不均衡、坝体施工质量差、坝身结构及断面尺寸设计不当或其他因素等所引起。有的裂缝是由单一因素所造成，有的则是多种因素所造成。裂缝的种类很多，如果不了解裂缝的性质，就不能正确地处理，特别是滑动性裂缝和非滑动性裂缝，一定要认真予以辨别。

### 7.5.2.2 尾矿库灾害防治

A 洪水漫顶灾害防治

在尾矿库的设计和安全运行中，为了使尾矿澄清水及暴雨洪水有计划、安全地排出坝外，就必须设置排水构筑物，它对确保坝体和尾矿库的安全运行起着决定性作用。尾矿库的防洪能力则依暴雨洪水的来水量、排水构筑物的泄流能力和调洪库容而定。常常由于洪水计算错误、排水构筑物的泄流能力不足和调洪库容不够而导致漫顶。因此，正确的洪水计算、有保证的排水构筑物泄洪能力和调洪库容，是确保尾矿库安全运行的必要条件。

（1）按防洪标准进行准确的调洪演算。设计规范规定，尾矿库的洪水标准应根据各使用期尾矿库的库容、坝高、使用年限及对下游可能造成的危害等因素按表7－12确定。

**表7－12 尾矿库防洪标准**

| 尾矿库级别 | | 一 | 二 | 三 | 四 | 五 |
|---|---|---|---|---|---|---|
| 洪水重现期/年 | 初 期 | | 100～200 | 50～100 | 30～50 | 20～30 |
| | 中后期 | 1000～2000 | 500～1000 | 200～500 | 100～200 | 50～100 |

注：初期指尾矿库启用后的头3～5年。

当尾矿库使用年限较短或失事后对下游不会造成严重危害时，宜取下限；反之应取上限。当尾矿库贮存铀矿等有放射性或有害尾矿，失事后对下游环境造成严重危害时，其防洪标准应予以提高，必要时其后期防洪可按最大洪水进行设计。调洪演算的目的是根据既定的排水系统确定所需的调洪库容及泄洪流量。对一定的来水过程线，排水构筑物越小，所需调洪库容就越大，坝也就越高。设计中应通过几种不同尺寸的排水系统的调洪演算结果，合理地确定坝高及排水构筑物的尺寸，以便使整个工程造价最小。调洪演算的结果是否符合实际及其符合的程度如何，主要取决于：

1）调洪的起始水位。它关系到正常运行时滩长的控制。控制水位的最后确定，又取决于最高洪水位时滩长的确定。在设计时，主要计算初期坝运行期和终期的情况，在管理阶段应根据每年的度汛情况予以分析。

2）调洪用的库容曲线是沉积尾矿后的库容曲线。事先确定淤积滩面的坡度和形状极为重要。

3）泄流曲线和泄流构筑物的尺寸。

（2）避免排洪设施倾斜、沉陷断裂和裂缝。

防止或减少排洪设施等混凝土结构发生倾斜、沉陷断裂和裂缝，必须从设计和施工两方面着手。除正确设计计算外，还可考虑以下措施：

1）加强混凝土衬砌施工期的养护工作，拆模时间不宜过早，减少温度突变影响，必要时控制混凝土入仓温度。

2）选择合理的混凝土配合比和原材料，尽可能使用早期强度较高、析水率和干缩较小及水化热较低的水泥。合理降低混凝土的坍落度，正确使用外加剂和掺和料。

3）钢筋混凝土的配筋，应结合施工条件，尽可能采用细筋。

4）浇筑过程中应合理分缝分块。分段长度一般可为6～12m。环向缝尽可能设在同一平面内，避免错缝浇筑。

5）同一浇筑块，在浇筑时必须均匀联系，加强振捣。防止产生冷缝。

6）地下水丰富地段，在浇筑混凝土之前，必须采取一定的排水或封堵措施，以免影响混凝土浇筑质量。

7）混凝土衬砌的浇筑程序，一般先底拱后边墙再顶拱，以利于浇筑接缝的紧密结合。如果采取先顶拱后边墙的施工程序，应加强反缝的处理。

8）隧洞开挖面应大致平整，尽量减少超挖和有大的尖棱石块，以避免衬砌应力集中。

9）开挖与衬砌平行作业时，开挖与衬砌的工作面，应保持一定的距离，以防止开挖爆破对衬砌的影响，必要时应采取防震措施。

10）在严寒地区为减少衬砌内外温度剧烈变化，可在洞口采取保温措施。

11）现浇混凝土涵洞及管道要及时回填覆土，避免阳光暴晒。

当衬砌产生裂缝和渗漏时，应先查清产生裂缝的原因，并根据产生裂缝的原因、开裂和漏水的程度及其对工程的影响，再决定处理与否。处理的方法，一般采取水泥灌浆或加钢筋网喷浆。此外，也有采用磨细水泥灌浆、化学灌浆和环氧树脂合成物填塞裂缝等措施。有些还处于发展中的裂缝，有可能继续变形。这类裂缝不宜堵塞，若予堵塞往往在其旁边又出现新的裂缝。出现这种情况时可以用弹性材料填塞，水溶性聚氨酯灌缝，也可以用环氧树脂粘贴橡皮。

总之，有关防止混凝土产生裂缝的设计方法、措施及其处理等，仍需在今后的工程实践中不断探索、总结和提高。

（3）严禁尾矿堆积坝中用子坝挡水。生产上应在汛前通过调洪验算，采取加大排水能力等措施达到防洪要求，严禁用子坝挡水。以上游式尾矿坝为例，尾矿堆积坝由各堆积子坝组成，子坝由于不具备足够的抗水压能力和抗剪强度，所以不能挡水。必要时，可增大尾矿子坝坝顶宽度，使其达到最高洪水位时能满足设计规定的最小安全滩长和安全超高的要求。

B 坝基坝坡失稳灾害防治

应尽可能避免和消除促成滑坡的因素，防止滑坡的发生；当发生滑动征兆或稍有滑动但尚未坍塌时，应及时采取有效措施进行抢护，防止险情恶化；一旦发生滑坡，则应采取相应的处理措施，恢复并补强坝坡，提高抗滑能力。

（1）因坝身填土碾压不实、浸润线过高而造成的背水坡滑坡，在有条件的情况下，一般应以上游防渗为主，辅以下游压坡、导渗和放缓坝坡，以达到稳定坝坡的目的。

背水坡，可在滑坡体下部修筑压坡体固脚。在压坡体的底部一般可设双向水平滤层，并与原坝脚滤水体相连接。滤层上部的压坡体一般用砂石料填筑，在缺少砂石料时，也可用土料分层回填压实。

对于滑坡体上部已松动的土体，应彻底挖除，然后按设计坝坡线分层回填夯实，并做好护坡。

（2）坝体有软弱夹层或抗剪强度较低，且背水坡较陡而造成的滑坡，首先应降低库水位，如清除夹层有困难时，则以放缓坝坡为主，辅以在坝脚排水压重的方法处理。

（3）地基存在淤泥层、湿陷性黄土层或液化的均匀细砂层，施工时没有清除或清除不彻底而引起的滑坡，处理的重点是清除这些淤泥、黄土和砂层，并进行固脚阻滑，可先在坝脚外适当距离，修筑一道固脚齿槽，然后将坝脚到齿槽间的泥、土、砂层挖除。施工时应分段开挖，挖完一段，就回填一段透水料，切忌全线同时开挖，引起再次滑坡。

（4）因排水设施堵塞而引起的背水坡滑坡，主要是恢复排水设施效能，筑压重台固脚。

此外，在滑坡处理中，应注意以下问题：

（1）开挖与回填应符合上部减载、下部压重的原则。开挖回填工作应分段进行，并保持允许的开挖边坡。开挖中，对于松土与稀泥都必须彻底清除。

（2）填土应严格控制施工质量、土料的含水量和干容重都必须符合设计要求，新旧土体的结合面应刨毛，以利接合。对于水中填土坝，在处理滑坡阶段进行填土时，最好不要采用碾压施工，以免因原坝体固结沉陷而开裂。

（3）滑坡主裂缝，一般不宜采取灌浆方法处理。

（4）滑坡处理前，应严格防止雨水渗入裂缝内。可用塑料薄膜、沥青油毡或油布等加以覆盖，同时还应在裂缝上方修截水沟，以拦截和引走坝面的积水。

C 尾矿库裂缝事故防治

裂缝的处理，因其性质不同而异。但无论哪种裂缝，发现后都可采取临时防护措施，防止雨水冰冻影响。非滑动性裂缝的一般处理方法为：

（1）开挖回填。开挖回填是处理裂缝比较彻底的方法，适用于不太深的表层裂缝及防渗部位的裂缝。

（2）灌浆。对坝内裂缝、非滑动性的很深的表层裂缝，由于开挖回填处理工作量太大，可采取黏土灌浆处理。一般采用重力灌浆或压力灌浆方法，重力灌浆仅靠浆液自重灌入裂缝，不加压力；压力灌浆除浆液自重外，再加机械压力，使浆液在较大压力作用下，灌入裂缝。灌浆的浆液，通常为黏土泥浆，在浸润线以下部位，掺入一部分水泥，制成黏土水泥浆，以促其硬化。

（3）开挖回填与灌浆相结合。该方法适用于中等深度的裂缝、当库水位较高时不易全部采用开挖回填方法处理的部位、开挖有困难的部位。

施工时，对裂缝的上部采取开挖回填法，对裂缝的下部采用灌浆法处理。先沿裂缝开挖至一定深度（一般为2m左右）即进行回填，在回填时预埋灌浆管，然后采用重力或压力灌浆，对下部裂缝进行灌浆处理。

## 思考题

7-1 重大危险源监控预警系统的目的是什么？

7-2 在化工生产过程中，有哪些重要的工艺参数需要控制？

7-3 在化工生产过程中，自动化系统主要有哪几类，分别有什么作用？

7-4 采取怎样的预防措施可以避免或减少油气罐区和堆场的火灾爆炸事故？

7-5 瓦斯爆炸发生的条件有哪些，煤尘爆炸发生的条件有哪些？

7-6 怎样防止采煤工作面上隅角瓦斯积聚？

7-7 防止瓦斯与煤尘爆炸范围扩大的措施有哪些？

7-8 简述井下防治水的主要措施。

7-9 在哪些情况下必须设防水煤柱，在哪些情况下采用注浆堵水？

7-10 什么是内因火灾，目前防止内因火灾发生的技术主要有哪些？

7-11 煤与瓦斯突出的预测措施主要有哪些？

7-12 什么是保护层，开采保护层防突的机理是什么？

7-13 尾矿库灾害事故的种类有哪些，每种灾害事故应怎么防治？

# 8 重大危险源管理

**学习要求**

- 了解重大危险源管理的基本要求；
- 掌握我国重大危险源管理的规定。

## 8.1 日常安全管理

重大危险源是导致重大事故的根源，必须加强对重大危险源的管理。从安全角度来说，一是在正常状态下，首先对重大危险源进行危险和有害因素辨识、评价、分级、监控、检查，使影响重大危险源的各种危险和有害因素处于受控状态；其次是针对重大危险源可能引发的事故类型、危险程度、影响范围编制应急救援预案，配备相应救援装备，定期演练与更新，使预案适用与可操作。二是在事故状态时，启动相应救援预案，有序、有效开展救援，使事故损失降到最低；同时根据相关规定和要求，及时组织事故调查与处理，分析事故原因，追究相关责任，制定整改措施，杜绝同类事故发生。

危险源是事故发生的前提，是事故发生过程中能量与物质释放的主体。因此，有效地控制重大危险源对于确保职工在生产过程中的安全和健康，保证企业生产顺利进行具有十分重要的意义。

### 8.1.1 重大危险源管理规章制度

安全规章制度是安全生产管理的标准和规范，是国家安全生产法律、法规的延伸。不同的重大危险源所建立的安全管理规章制度也不尽相同。因此，重大危险源单位必须针对每一个重大危险源的特点，制定出严格的、具体的且操作性强的重大危险源安全管理制度和安全操作规程，并通过技术措施和组织措施，对重大危险源进行严格管理和控制。

重大危险源安全生产规章制度可概括划分为重大危险源安全管理制度和重大危险源安全操作规程两大类，前者是各种重大危险源安全管理制度、章程、规定的总称，后者是各类重大危险源安全操作规程、标准、规范的总称。

8.1.1.1 重大危险源安全规章制度的制定原则

在制定重大危险源规章制度时，应遵循以下原则：

(1) 与国家的安全生产法规保持协调一致，应该有利于国家安全生产法规的贯彻落实。

(2) 要广泛吸收国内外安全生产管理的经验，并密切结合自身过去和现在的实际情况，力求使之制定的制度具有先进性、科学性、可行性。

（3）要包括安全生产的各个方面，形成体系，不出现死角和漏洞。

（4）规章制度一经制定，应保持其严肃性和相对的稳定性，但也要注意总结实践经验，并根据国家政治经济形势的发展变化，企事业单位的经济经营管理、生产技术等会不断出现新的情况，产生新的变化，及时地修改、补充，以保持其健全和有效。

8.1.1.2 重大危险源安全规章制度的内容

（1）重大危险源的运行、使用、检测、维修等作业，必须遵守其行业的安全规程的规定。

（2）指定专人管理使用重大危险源管理信息系统，并正确、熟练使用，充分发挥其作用。

（3）使用重大危险源管理信息系统如实申报、登记、建档，同时每年定期将《重大危险源申报登记表》报送当地安监部门备案。

（4）当重大危险源在生产过程、材料、工艺、设备、防护措施和环境等因素发生变化或国家有关法规、标准发生变化时，应对重大危险源的信息进行动态更新，同时重新核定该重大危险源的危险程度。

（5）应定期由国家认可的有资质条件的中介机构或由国家认可的专业技术人员主持评估重大危险源，评估报告应数据准确、内容完整、对策措施具体可行、结论客观公正，并报送当地安监部门备案。

（6）应定期由国家认可的有资质条件的中介机构对本单位的重大危险源生产、储存装置进行一次安全评价，同时上报当地安监部门备案。

（7）确保重大危险源安全管理与监控所必需的资金投入。

（8）重大危险源专职管理人员必须经安监部门培训考核合格后，方可上岗。

（9）根据重大危险源生产工艺要求和技术性能，制定完善的安全操作规程、安全维护和监控制度、安全检查制度和员工的安全教育培训制度，并严格执行。

（10）定期对全员进行重大危险源安全教育和技术培训，使其掌握本重大危险源岗位的安全操作技能和紧急情况下应采取的应急措施。

（11）在重大危险源的现场必须设置明显的安全警示标志，并加强重大危险源的监控和有关设备、设施的安全管理。

（12）重大危险源岗位的操作人员应认真执行有关安全运行的规章制度，做好运行值班记录和交接班记录，严格遵守劳动纪律，不得擅离职守，不得做与本岗位无关的事。

（13）重大危险源岗位的操作人员必须定时对所有危险源进行一次检查记录，发现问题及时上报。发现重大危险源有严重缺陷，难以保证安全运行时，操作人员应及时向单位负责人报告，单位负责人应及时妥善处理，否则，操作人员或负责安全的技术人员有权越级上报。

（14）对存在安全隐患的重大危险源应制定整改方案，落实整改措施、整改资金和整改责任人，立即整改，通过采取切实可行的安全措施，防止事故的发生。

（15）各类重大危险源相关设备及其安全附件严格按照国家标准定期校验检查，同时做好检测、检验记录工作，并按安监部门要求定期为所有重大危险源进行在线检验及全面检验。

（16）成立重大危险源事故应急救援组织机构，组建应急救援队伍，配备、维护好应急救援装备和器材。

（17）制定详尽的重大危险源事故应急救援预案，落实应急救援预案的各项措施，制订应急救援演练计划，每年进行一次重大事故应急救援演练，评价、总结演练效果，及时完善应急预案。

### 8.1.2 重大危险源信息系统管理

重大危险源信息管理系统集计算机数据管理、多媒体、地理信息系统于一身，能够为领导和有关部门及时、直观、形象地提供重大危险源信息，以及发生事故后抢险、救援信息，有利于有关领导及时、准确地决策，最大限度地减少发生重大事故的可能性及事故后造成的各项损失。重大危险源信息管理系统，为重大危险源的管理工作在综合采用现代技术和科技新成果，提高工作的现代化水平方面探索了一条新路子。为此，各级安全管理机构均在进行相关管理系统的开发。

为配合各级政府完成重大危险源普查工作，中国安全生产科学研究院（原中国安科中心）联合南京安元科技有限公司、南京本安仪表系统有限公司开发出“重大危险源安全管理信息系统”，并于2005年8月通过国家安监总局科技成果鉴定。以下简要介绍该系统。

#### 8.1.2.1 系统概述

“重大危险源安全管理信息系统”是以系统论、控制论、信息论的原理和方法作为基础理论支撑，以国内当前最先进的重大危险源评价与分级技术作为专业支撑，利用主流的计算机开发技术完成。该系统可以完成重大危险源普查，并对重大危险源进行分级，帮助各级安监部门完成重大危险源建库，为最终实现对重大危险源的管理及控制提供数据基础。

#### 8.1.2.2 系统的特点

（1）数据接口的一致性。确保顺利完成国家、省、市、区（县）四级重大危险源建库工作的首要条件。

（2）普查范围的科学性。既要保证普查数据符合国家对重大危险源管理的数据要求，又能满足本地区重大危险源的特殊性。

（3）重大危险源评价与分级的权威性。采用中国安全生产科学研究院的重大危险源评价与分级的最新研究成果。

（4）重大危险源管理与控制系统的扩展性。安元已提供出全套的重大危险源管理与监控、重大事故应急救援管理系统。

（5）产品的易用性。用户导向的开发过程保证了产品的易用性。

（6）软件服务的专业性。安全专业与软件专业结合的团队确保服务的一流。

#### 8.1.2.3 软件功能

（1）重大危险源数据录入；

（2）事故隐患信息录入；

（3）重大危险源数据上报、接收；

（4）分类汇总数据；

（5）重大危险源核销；

（6）重大危险源评价分级；

（7）重大危险源统计与分析；

（8）建成重大危险源数据库。

#### 8.1.2.4 软件工作流程

A 企业单位（客户端）

企业单位（客户端）软件工作流程如图8－1所示。

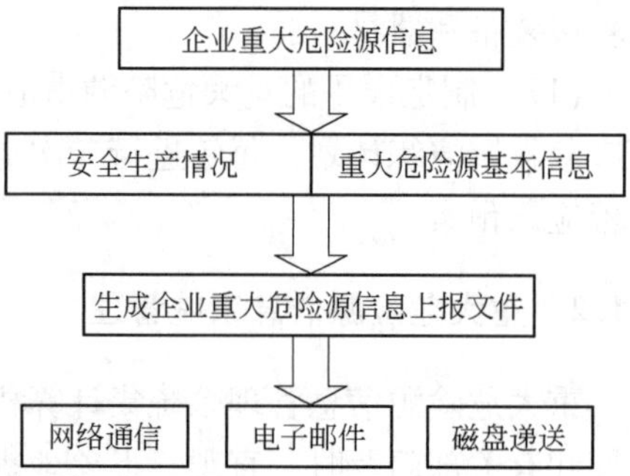


图8－1 企业单位（客户端）软件工作流程

（1）重大危险源数据录入。

1）申报单位基本信息（见图8－2）。

2）其他相关信息录入（见图8－3）。

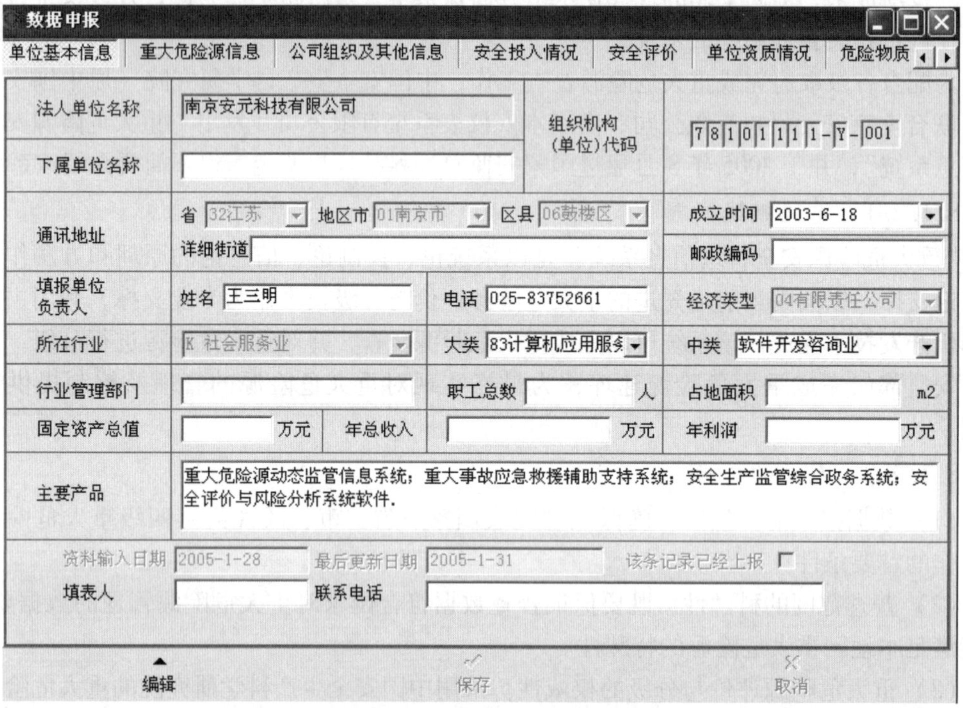


图8－2 申报单位基本信息界面

①“三同时”安全投入、安全技术经费提取使用、重大隐患专项治理经费等情况；

② 危险源物质、应急预案、许可证、安全评价等信息；

③ 公司组织结构、安全机构、安全管理人员、特种作业人员、安全生产培训以及事故管理等。

（2）重大危险源信息录入。

1）储罐（区）（见图8－4）。

2）储罐（区）基本特征信息（见图8－5）。

3）储罐（区）周边环境信息（见图8－6）。

（3）其他重大危险源信息。该管理软件还具有录入其他与重大危险源安全相关信息的功能管理界面。

图 8－3 其他相关信息录入界面

图 8－4 储罐（区）信息界面

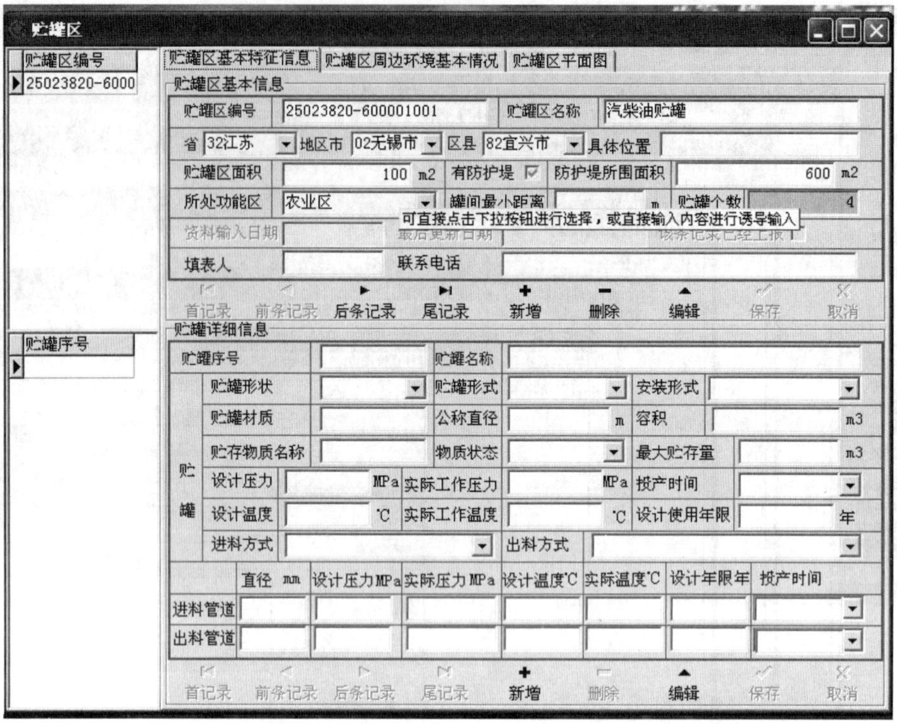


图8-5 储罐（区）基本特征信息录入界面

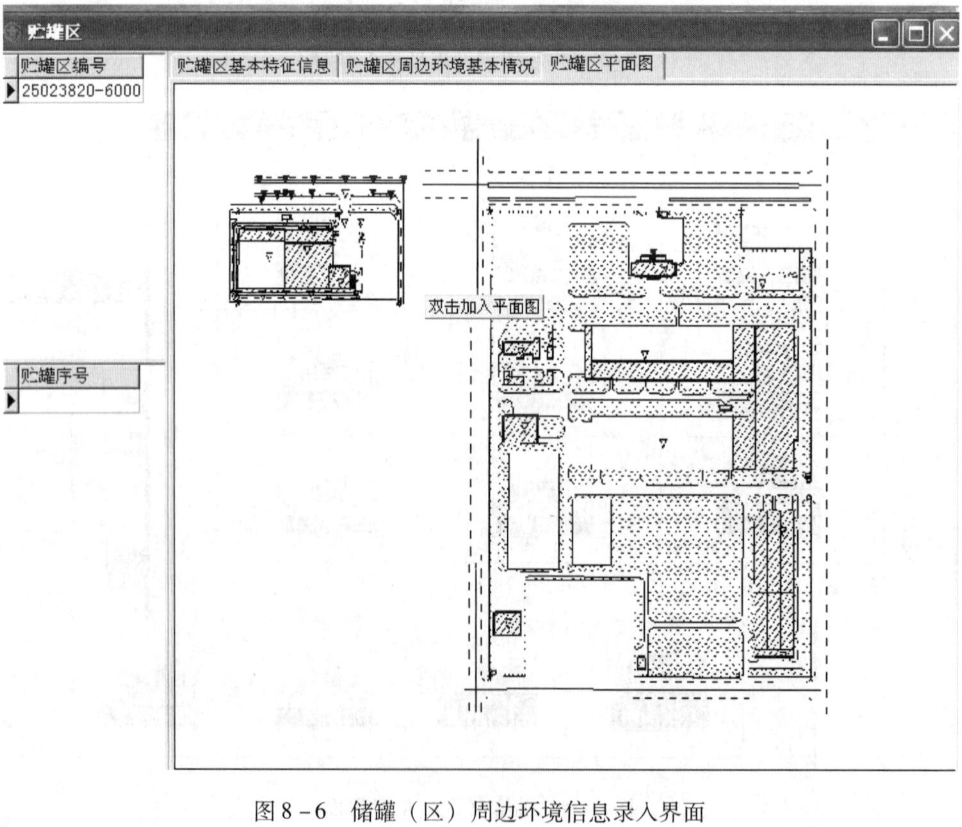


图8-6 储罐（区）周边环境信息录入界面

（4）重大危险源数据上报。重大危险源数据上报有磁盘文件上报、E-mail 上报、网上直接上报三种形式。

B 政府管理端

政府管理端软件工作流程如图 8－7 所示。

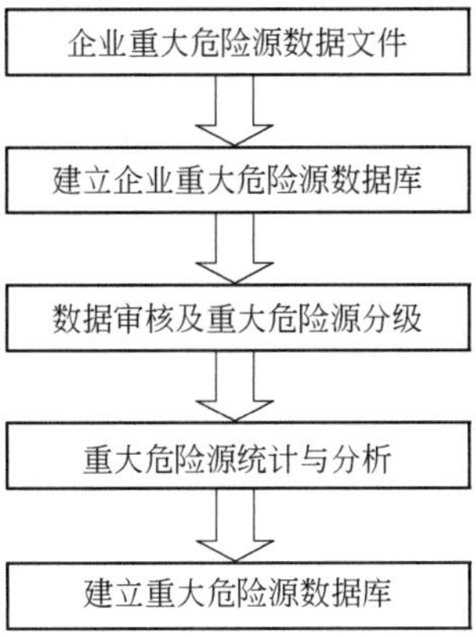


图 8－7 政府管理端软件工作流程

（1）重大危险源分类汇总数据（见图 8－8）。

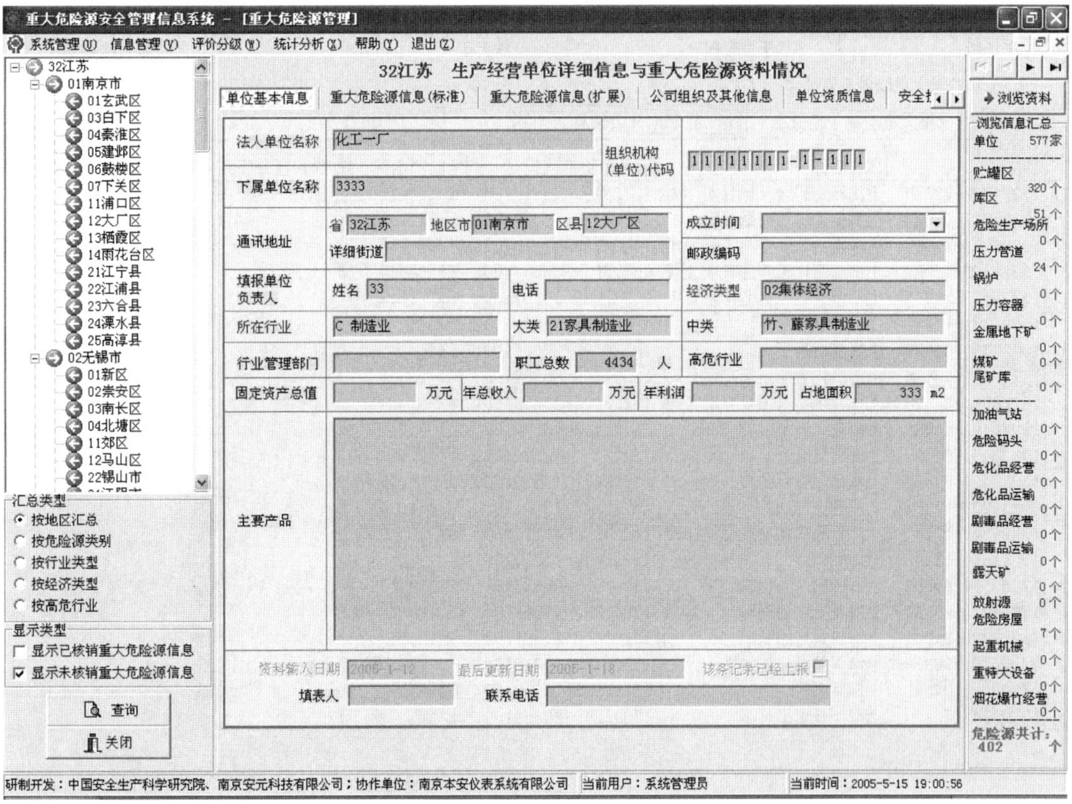


图 8－8 重大危险源分类汇总数据界面

（2）重大危险源核销（见图 8－9）。

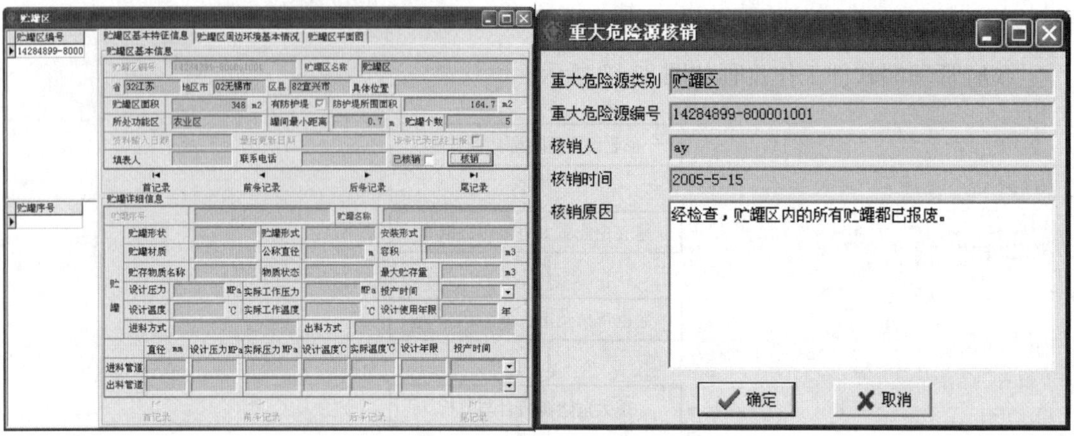


图 8－9 重大危险源核销界面

（3）重大危险源评价分级（见图 8－10）。

| 单位代码 | 单位名称 | 重大危险源代码 | 危险源名称 | 初次快速分级结果 | 实际评估分级结果 |
|---|---|---|---|---|---|
| 13221229-Y3789 | 上海石化科技开发公司 | 13221229-Y37891002 | 环氧乙烷、环 | | |
| 13221577-54022 | 上海中远化工有限公司 | 13221577-540221001 | 液氨贮槽区 | 4 | |
| 13224893-X2119 | 五气冠忠公共交通有限公司 | 13224893-X21191001 | 共和新路停车 | 3 | |
| 13226969-33557 | 上海鑫源化工实业有限公司 | 13226969-335571002 | 甲醛储罐区 | 4 | |
| 13226969-33557 | 上海鑫源化工实业有限公司 | 13226969-335571004 | 羟基乙腈灌装 | | |
| 13227361-71279 | 上海溶剂厂 | 13227361-712791001 | 成品槽区 | 4 | |
| 13227590-30001 | 上海赛璐珞厂 | 13227590-300011001 | 乙醇 | 4 | |
| 13227805-53555 | 上海石化仓储航运有限公司 | 13227805-535551003 | 碱区 | 3 | |
| 13228003-23608 | 上海克锐贸易发展有限公司 | 13228003-236081001 | 油库 | 3 | |
| 13228491-44020 | 上海焦化有限公司 | 13228491-440201001 | 化工一组 | 4 | |
| 13228491-44020 | 上海焦化有限公司 | 13228491-440201003 | 西厂区甲醇槽 | 4 | |
| 13228491-44020 | 上海焦化有限公司 | 13228491-440201004 | 三千吨码头槽 | 4 | |
| 13229286-13951 | 上海远中加油站有限公司 | 13229286-139511001 | 石油储油罐 | 3 | |
| 13229849-42124 | 上海石油集团油站爱使加油 | 13229849-421241001 | 罐区001 | 2 | |
| 13231645-11270 | 上海船厂 | 13231645-112701001 | 乙炔气 | 4 | |
| 13260354-00087 | 上海沪南汽车运输公司 | 13260354-000871001 | 加油加气站 | | |
| 13261221-x3991 | 上海龙苑加油站 | 13261221-x39911001 | 加油站 | 2 | |
| 13263420-84001 | 上海田林加油站 | 13263420-840011001 | 汽柴油罐 | 2 | |
| 13276701-90019 | 上海双益海光加油站 | 13276701-900191001 | 汽、柴油罐区 | 2 | |
| 13292225-02685 | 中国酿酒厂 | 13292225-026851001 | 酒精贮槽区 | 4 | |
| 13299246-X2650 | 上海华亭化工厂 | 13299246-X26501001 | 苯槽区 | 1 | |

图 8－10 重大危险源评价分级界面

（4）重大危险源统计与分析（见图8－11）。

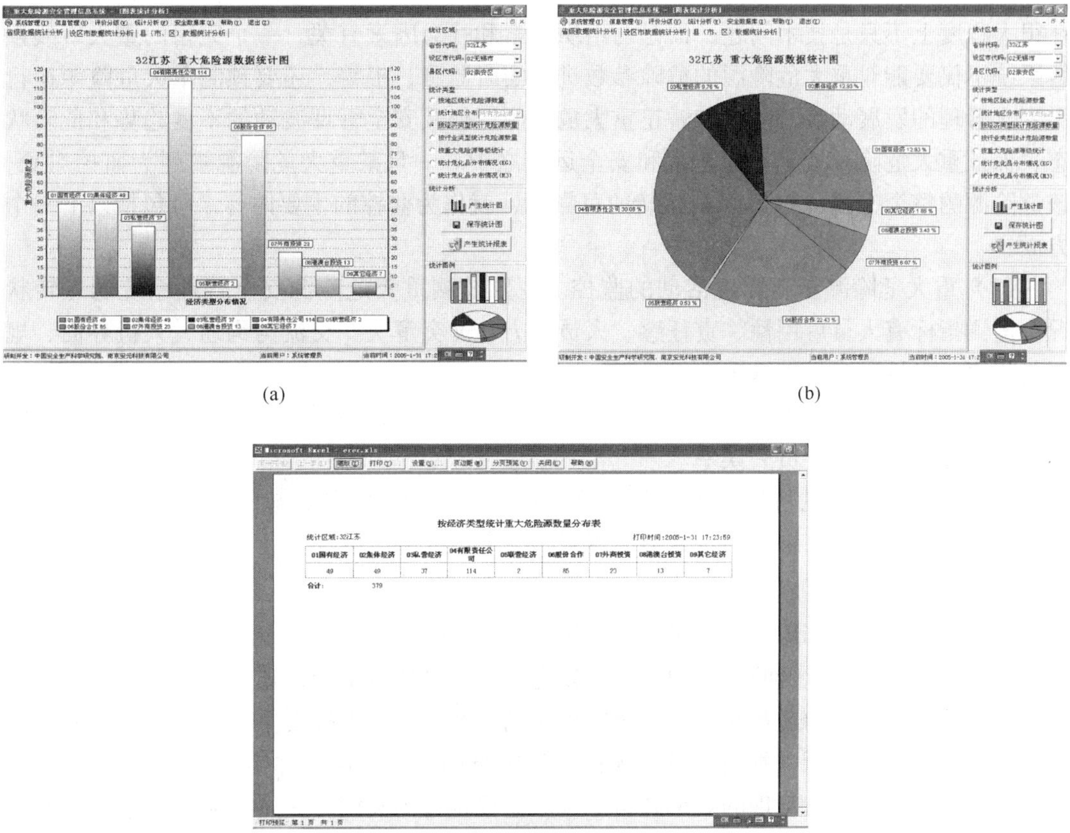


(a) (b) (c)

图8－11 重大危险源统计分析界面

（a）网直方图；（b）饼形图；（c）统计报表

## 8.1.3 重大危险源的监控和预警系统管理

重大事故的发生一般都经历一个危险因素潜伏、危险因素由量变到质变转化、危险因素引燃与迅速爆发这样一个过程。通过对国内外已发生的重大事故的分析可知，“所有的重大事故发生前都会有些征兆（早期屏障和控制的失效），这些征兆可以被当做需要提防的信号，警告现有安全管理系统不能有效地阻止事故的发生，并最终造成重大损害”。在危险化学品企业重大事故应急过程中，建立一套重大危险源监控预警系统，科学、定量、实时地监测和诊断并预警重大事故发生的可能趋势，以防患于未然，对于防止危险化学品事故的发生和防止事故后果的扩大有重要的作用。

### 8.1.3.1 重大危险源监控的内容

目前，我国在重大危险源的监控预警方面的研究取得了一定的成果，比较有代表性的有重大工业危险源（罐区）监控预警系统、重大危险监控预警多媒体计算机仿真系统，它们的功能主要是对重大危险源的危险参数（如温度、压力、浓度、液位、泄漏等）给予实时监测、报警，能够帮助人们在事发后及时采取措施，却不能帮助人们在早期采取预控措施。然而，我们已经越来越清楚地认识到，从目前国内外许多重大事故发生的根源来看，在很大程度上不只是技术问题，而是与组织因素和社会因素有关。一个完善的重大事故预警系统不仅要能对重大危险源的危险参数进行实时监测、报警，还要预测重大危险源运行和安全管理的发展动态，防止和矫正重大危险源运行及安全管理波动的不良趋势和危险状态，保证重大危险源处于功能正常和安全运转之中。一旦某重大危险源被列为监控对象，该危险源的整个人机（物）系统运转的可靠性，就作为监控的主要内容，可包括以下三个方面：

（1）重大危险源安全管理活动的监控。主要监测重大危险源安全管理系统的运转状况，监测指标有人员可用性、责任感、人员能力、冲突解决、交流与沟通、人机界面、规划与程序、备件和工具等八个方面。

（2）重大危险源系统运行状态的监控。要监测重大危险源的技术故障和人的失误，即部件失效和作业成绩人员失误率。

（3）重大危险源的特性参数（如温度、压力、浓度、液位、泄漏等）监控。重大危险源的各种特性参数如果超出正常值的界限，就向事故生成方向转化，如果不及时采取应急控制措施，就会引发火灾、爆炸及重大毒物泄漏等事故。

8.1.3.2 重大危险源监控预警系统的运转模型

危险化学品重大危险源监控预警是指以先进的信息技术平台，通过监测、预测和仿真等技术对重大危险源的运行状态、安全管理波动以及事件、事故发生态势进行有效的动态监测，做出前瞻性分析和判断，及时评估各种灾难的危害程度，并给出参考性对策建议，提高企业重大事故应急管理的效率和科学性。监控预警的关键，一是要制定相应的事件分类和分类标准，一旦捕捉到相关的事故征兆便可根据既定标准进行分析判断；二是要做到信息高度共享，从而提高对信息分析、管理和传递的科学性和效率。

危险化学品重大危险源监控预警系统是对重大危险源安全状态进行监测、诊断与预控的一种技术和组织手段，其运转模型如图 8－12 所示。

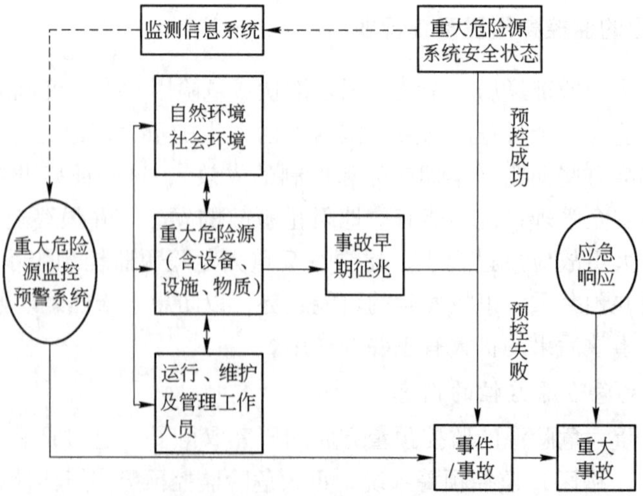


图 8－12 重大危险源监控预警系统的运转模型示意图

由图8－12可知，通过对重大危险源事故征兆的不良趋势进行监测与识别，再加以诊断，在此基础上采取预控对策，以免其陷入高风险状态。对重大危险源出现的事故早期征兆采取正确有效的预警预控使劣性趋势转变为良性趋势，而错误失败的管理过程使劣性趋势加剧而步入事故状态，如果对事件/事故的控制失效，就会使事故扩大，发生重大事故，造成重大损害。对重大危险源监控预警管理的每个过程的结果与数据，都将反馈到“监测信息系统”中，其信息分析结果将可以合理调整和优化下一循环过程的预警管理活动，使整个重大危险源预警管理活动形成一个循环，周而复始，维系与加强重大危险源系统运行的安全。

8.1.3.3　重大危险源监控预警系统的工作流程

危险化学品重大危险源监控预警系统，是对现有安全管理体系的一种整合。它同现有安全管理系统是一种职能分工和功能互补的关系。重大危险源监控与预警系统的整合并不是对原有安全管理职能的否定，而是在保障和提高原有安全管理职能的基础上，对现有安全管理体系的组织结构、职能分工进行调整和重组，而形成重大危险源安全管理的新职能，即警报职能、矫正职能和免役职能。

为了促进预警管理活动标准化，把预警管理系统的工作程序、方法和信息提供等方面的要求形象地表现出来，其工作流程如图8－13所示。

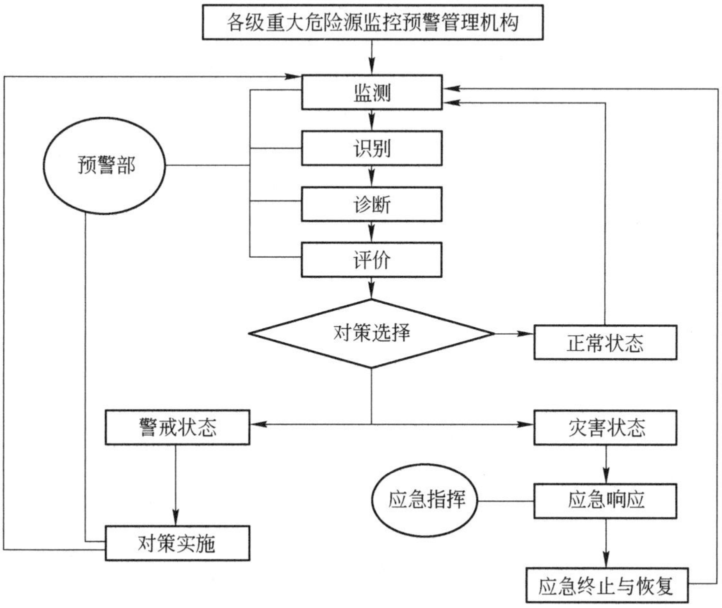


图8－13　重大危险源监控预警系统工作流程

重大危险源监控预警系统工作的开展，建立在各级监控管理部门对本领域的预警工作基础之上。各部门定期向预警部提交本部门监测指标状态报表，并上报采取了哪些预控措施。预警部通过监测、识别、诊断、评价灾害征兆现象，确认监测指标处于正常、警戒或危机状态，进一步提出预警对策并实施。当监测指标处于正常状态时，则继续进行监测，不介入预控管理阶段；当监测指标处于基本正常或低度危机状态，即警戒状态时，预警部根据具体情况提出预控对策方案，并将此方案提供给决策层再由决策层下达各职能部门执行，直至安全状态恢复正常；当监测指标进入灾害状态，应急预案启动，应急指挥中心全面负责重大事故状态下的应急管理，直至应急终止与恢复。

#### 8.1.3.4 重大危险源监控指标的预警分析

对重大危险源的监测内容主要有三项：安全管理活动，技术故障和作业人员失误率，温度、压力、浓度、液位、泄漏等特性参数。

重大危险源的温度、压力、浓度、液位、泄漏等特性参数直接反映其实际安全状况，如果这些参数超出正常值的界限，就表明重大危险源已经出现异常，监控系统发出报警信息，由操作人员采取应急处置措施或启动应急预案。

部件失效率和作业人员失误率反映了重大危险源系统安全状况的变化趋势，对重大危险源的安全管理活动、对部件的失效和人员的失误两个方面都有很大的影响，通过人员能力，人员可用性，责任感，沟通与协商，程序、规则与方法，冲突解决，人机界面，备件与工具等八个方面指标来修正它们的值。

综合风险评价模型（IRISK）对部件失效率的计算方法，将部件分为两类：持续监测部件和非持续监测部件。对非持续监测部件，它们的状态只能通过阶段性试验来揭示，它们的不可用率由四个方面组成：

（1）在试验期间由于硬件失效造成的不可用；

（2）由于修复发现的失效而造成的不可用；

（3）由于常规维修而造成的不可用；

（4）由于维修过程中人员失误造成的不可用。

非持续监测部件中，还有一些可能不进行试验，它们的不可用率用表 8－1 中（c）项表示。对持续监测部件，它的状态是可知的，它们的平均不可用率用表 8－1 中（b）和（d）项表示，分别对应于不可修复部件和可修复部件。具体计算方法见式（8－1）。

**表 8－1 各种部件的平均不可用率**

| | |
|---|---|
| （a）非持续监测阶段试验部件 | $\overline{U}=\overline{U}_1+\overline{U}_2+\overline{U}_3+\overline{U}_4$ |
| （1）在试验期间由于硬件失效造成的不可用 | $\overline{U}_1=1-(1-e^{-\lambda T})/\lambda T$<br>$\lambda$—失效率；$T$—试验时间 |
| （2）由于修复发现的失效而造成的不可用 | $\overline{U}_2=1/2\lambda T+\lambda T_R$<br>$T_R$—修理时间 |
| （3）由于常规维修而造成的不可用 | $\overline{U}_3=\overline{U}_2 f_m T_m$<br>$f_m$—维修频率；$T_m$—失效留存时间 |
| （4）由于维修过程中人员失误造成的不可用 | $\overline{U}_4=\overline{U}_3+Q_{m1}Q_{m2}$<br>$Q_{m1}$—人员犯错误的概率；$Q_{m2}$—没有发现错误的概率 |
| （b）持续监测不可修复部件 | $\overline{U}=1-(1-e^{-\lambda T_R})/\lambda T_R$<br>$\lambda$—失效率；$T_R$—失效留存时间 |
| （c）非持续监测不试验部件 | $\overline{U}=1-\exp(\lambda T_m)$<br>$\lambda$—失效率；$T_m$—工作时间 |
| （d）持续监测可修复部件 | $\overline{U}=\lambda/(\mu+\lambda)$<br>$\lambda$—失效率；$\mu$—维修率 |

人员失误是指作业人员在作业过程中没有按规程作业，而且发生这种失误后没有其他人员发现并使其改正。人员失误率用下式计算：

$$H = Q_{01} Q_{02} \tag{8-1}$$

式中 $Q_{01}$——在作业过程中没有按规程作业的概率；

$Q_{02}$——没有发现和纠正这项违章的概率。

根据上节所论述的安全管理系统运行的质量好坏来对这些参数进行修正。

$$m_j = \sum_{i=1}^{8} Y_i W_{ij} \tag{8-2}$$

式中 $m_j$——第 $j$ 项技术参数的修正系数，$0 < m_j < 10$；

$Y_i$——第 $i$ 个管理参数值；

$W_{ij}$——第 $i$ 项管理参数对第 $j$ 项技术参数产生影响的权重系数。

权重系数 $W_{ij}$ 由一组专家评分产生，表 8-2 列出了相关管理参数对技术指标影响的权重值。管理参数 $Y_i$ 来源于重大危险源管理系数的审核结果。

预警指标的计算：

$$d = \prod_{i=1}^{i} \overline{U}_i \prod_{j=1}^{j} H_j \tag{8-3}$$

式中 $\overline{U}_i$——第 $i$ 个部件的平均不可用率，按表 8-1 中给出的公式计算；

$H_j$——人员失误的概率。

**表 8-2 支配因素对基本事件参数影响的权重系数**

| 参数 | 人员可用性 | 责任感 | 交流与沟通 | 人员能力 | 冲突解决 | 冲突人机界面 | 规划与程序 | 备件与工具 |
|---|---|---|---|---|---|---|---|---|
| $Q_{01}$ | 0.06 | 0.15 | 0.07 | 0.16 | 0.18 | 0.2 | 0.18 | 0 |
| $Q_{02}$ | 0.05 | 0.14 | 0.05 | 0.21 | 0.21 | 0.2 | 0.14 | 0 |
| $Q_{m1}$ | 0.08 | 0.19 | 0.06 | 0.14 | 0.14 | 0.08 | 0.17 | 0.14 |
| $Q_{m2}$ | 0.05 | 0.13 | 0.05 | 0.22 | 0.18 | 0.18 | 0.15 | 0.04 |
| $f_m$ | 0.08 | 0.12 | 0.12 | 0.08 | 0.08 | 0.08 | 0.16 | 0.28 |
| $T$ | 0.05 | 0.24 | 0.14 | 0 | 0.28 | 0.05 | 0.19 | 0.05 |
| $\mu$ | 0.05 | 0.21 | 0.16 | 0 | 0.32 | 0.05 | 0.16 | 0.05 |
| $T_R$ | 0.12 | 0.07 | 0.21 | 0.09 | 0.1 | 0.19 | 0.1 | 0.12 |
| $T_m$ | 0.12 | 0.08 | 0.21 | 0.08 | 0.12 | 0.17 | 0.08 | 0.14 |

根据式（8-3）计算出的 $d$ 值，可以将重大危险源的安全状态分为安全状态、准安全状态和警戒状态，事故状态由温度、压力、浓度、液位、泄漏等特性参数确定。

### 8.1.4 重大危险源安全警示标志管理

根据《中华人民共和国安全生产法》规定、国家安监总局《关于规范重大危险源监督与管理工作的通知》（安监总协调字［2005］125 号）文件精神，参照《安全标志》（GB 2894—1996）要求，对所有的重大危险源现场都必须设置明显的安全警示标志。

8.1.4.1 设置安全警示牌的目的

设置重大危险源安全警示牌的目的是将构成重大危险源场所的危险物质、区域和危险性以及防护和应急处理等信息以标签或图示的形式表示出来，警示作业人员、管理人员和应急救援人员作业时进行正确预防和防护，在紧急状态下，明了现场情况，正确地进行应急作业，以达到保障安全和减少损失的目的。

8.1.4.2 安全警示牌设置范围

重大危险源单位必须设置重大危险源安全警示牌，其设置范围为：

（1）生产场所。生产场所指危险物质的生产、加工及使用等的场所，包括生产、加工及使用等过程中的中间储罐存放区及半成品、成品的周转库房。

（2）贮存区。贮存区指专门用于贮存危险物质的储罐或仓库组成的相对独立的区域。

8.1.4.3 安全警示牌形式和设置要求

重大危险源安全警示牌不小于 140cm × 120cm，内容由禁止标志、警告标志、警示用语等组合构成。重大危险源场所要根据其危险物质以及其他危险化学品的危险特性选取一个或多个禁止标志、警告标志，其所采用的安全信息标志如图形符号、安全色、几何形状等执行《安全标志》（GB 2894—1996）的规定。

重大危险源安全警示牌应采用坚固耐用的金属材料制作，与金属柱体焊接牢固连接地面，保证非人为因素致使设置的安全警示牌损坏。重大危险源安全警示牌设置在邻近且将进入重大危险源区域的道路入口处或醒目处，多个入口处或区域范围较大需设置多块重大危险源安全警示牌。

8.1.4.4 与其配套的其他安全标志牌和资料要求

（1）重大危险源危险物质安全周知牌。重大危险源场所必须设置重大危险源危险物质安全周知牌。贮存区域应在紧靠贮存场所、作业人员出入处设置尺寸不小于 140cm × 120cm 的重大危险源危险物质安全周知牌；生产场所应在操作人员岗位醒目处张贴 30cm × 45cm 的重大危险源危险物质安全周知牌（可采用金属或塑料薄板制作）。

（2）设置应急救援相关资料箱。重大危险源单位应在进入重大危险源场所主大门的醒目处（如门卫处）设置重大危险源应急救援资料箱，资料包括：

1）危险化学品事故应急救援预案。

2）厂区（贮存区域）平面布置图。图中用红线划标重大危险源区域，标注重大危险源危险物质名称、按设计能力生产或贮存的化学危险物质数量；标注其他危险化学品名称、数量；标注应急救援设备（设施）或物资位置、数量等情况。

3）工艺流程简图。描述事故状态下，防止事故扩大的工艺控制措施。

4）危险化学品的应急手册。内容包括每一危险化学品的理化特性、危险性类别、危险危害特性、应急救援行动安全事项（泄漏处理、火灾扑救、周边疏散隔离距离、个体防护要求、化学品伤害急救）。

8.1.4.5 安全警示牌挂牌时间和撤销

已构成重大危险源的场所，按照属地监管原则由所在地安监局督促单位限期设立安全警示牌挂牌。新建企业（或项目）其场所将构成重大危险源的，项目建成试生产前设立重大危险源安全警示牌。年久腐蚀、内容字体模糊的重大危险源安全警示牌须及时重新设立。

永久停止构成重大危险源的危险物质活动，或改变工艺、缩小活动规模等，现场已不构成重大危险源的，或重大危险源构成情况发生变化的，由重大危险源所在单位向所在地县（市、区）或市安监部门提出申请，经安评机构或设计单位确认后，所在地安监部门核实予以撤销或调整重大危险源安全警示牌内容。

### 8.1.5 岗位操作标准化管理

岗位操作标准化是对重大危险源有效实施监管的基础工作与重要手段。它与以“物”为管理对象的技术标准和以“事”为管理对象的管理标准不同，重大危险源岗位操作标准化是以“人”为管理对象的标准，其目的是提高人的工作质量和效率，规定从事生产（工作）岗位上的人应承担的任务和职责，以及完成该项任务的作业程序和方法（即动作标准），具体规定每个操作人员在完成该项作业中的程序、方法、动作及注意事项，并通过组织实施，以最佳的作业条件、作业质量、作业效率，达到安全、迅速、高效、轻松的作业效果。重大危险源岗位操作标准化的特点是科学性、综合性、法制性、实用性和先进性相结合。

#### 8.1.5.1 开展重大危险源岗位操作标准化的作用

推行重大危险源岗位操作标准化，对基础相对薄弱、安全管理差距较大的重大危险源单位来说，对加强安全生产“双基”工作具有现实意义。其表现如下：

（1）用先进的、标准统一的、同工种的操作程序和动作，能有效地提高重大危险源岗位操作作业效率和质量，减少或避免不必要的动作重复，用最合理的动作操作，达到轻松省力的目的。

（2）用统一的标准来组织生产作业和管理工作，便于加强班组管理和实现重大危险源岗位管理规范化；按科学、合理的作业程序和动作标准操作，可以杜绝违章作业、违章指挥，预防重大危险源引发重大事故。

（3）推行全员按标准作业（工作），可以更好地协调重大危险源场所的不同工种、工序、班次、岗位之间的各生产要素，便于组织生产。

#### 8.1.5.2 制定重大危险源岗位操作标准的方法

制定岗位操作标准是推行重大危险源安全监管的前提，而统一规定标准内容，则是制定重大危险源岗位操作标准、推行管理标准化的关键。为使重大危险源岗位各种相同的作业（工作），统一按一个先进、合理的标准执行，必须制定通用标准（即相同的工种或作业）和非通用标准（班组独有的工种或作业）。其一般方法如下：

（1）分级负责、组织专业人员编写标准初稿。通用标准，可以委托有关安管部门编写；非通用标准，可由各职能部门组织人员编写。

（2）成立编写组，分工负责。编写人员要对自己负责编写的作业进行调查分析，对现行作业方法进行分解比较，以科学技术、有关规章制度和实践经验为依据，对作业过程进行优化集中，编写出科学、合理、先进的作业程序和各个程序中的动作标准与安全要点。

（3）本着先重点后一般、先生产后辅助、先工人后干部、先易后难、逐步完善的原则，采用“行家制定、专家审定、群众鉴定、领导认定”的方法进行，确保标准科学、可行。

#### 8.1.5.3 实施重大危险源岗位操作标准化

事故致因理论表明，重大危险源发生事故大都是“人、机、环、管”四个方面中的一个或者几个原因的综合造成的，即人的不安全行为、物的不安全状态、管理的缺陷和环境的不良造成的。所以只要从这四个方面入手，使人、机、环、管按照标准加以规范，就能最大限度地避免重大危险源引发事故。

### 8.1.6 重大危险源的定期检查

重大危险源是发生重大事故的根源。由于重大危险源现场的生产装置、设备设施运行变化，岗位操作人员轮换交替工作，安全监管措施的调整变更，国家有关安全生产法规、标准的修订完善等等，必须根据安全生产相关法律、法规规定，定期对重大危险源进行安全检查、督察，以期及早发现重大危险源的装备设施运行故障与隐患，制止人员操作违章与违规，消除管理手段缺失与缺陷，确保重大危险源处于受控状态。

8.1.6.1 重大危险源单位的安全检查

（1）重大危险源单位应当按照国家有关规定，定期对重大危险源的安全设施和安全监测监控系统进行检测、检验，并进行经常性维护、保养，保证重大危险源的安全设施和安全监测监控系统有效、可靠运行。维护、保养、检测应当做好记录，并由有关人员签字。

（2）重大危险源单位应当明确重大危险源中关键装置、重点部位的责任人或者责任机构，并对重大危险源的安全生产状况进行定期检查，及时采取措施消除事故隐患。事故隐患难以立即排除的，应当及时制定治理方案，落实整改措施、责任、资金、时限和预案。

（3）重大危险源单位对重大危险源的管理和操作岗位人员进行安全操作技能检查，促使其了解重大危险源的危险特性，熟悉重大危险源安全管理规章制度和安全操作规程，掌握本岗位的安全操作技能和应急措施。

（4）重大危险源单位应当对依法制定重大危险源事故应急预案、建立的应急救援组织或者配备应急救援人员、配备的必要防护装备及应急救援器材、设备、物资进行检查，并保障其完好和方便使用。

（5）重大危险源单位应当检查对辨识确认的重大危险源是否及时、逐项登记建档。其档案应当包括下列文件、资料：

1）辨识、分级记录；

2）重大危险源基本特征表；

3）涉及的所有化学品安全技术说明书；

4）区域位置图、平面布置图、工艺流程图和主要设备一览表；

5）重大危险源安全管理规章制度及安全操作规程；

6）安全监测监控系统、措施说明、检测及检验结果；

7）重大危险源事故应急预案、评审意见、演练计划和评估报告；

8）安全评估报告或者安全评价报告；

9）重大危险源关键装置、重点部位的责任人、责任机构名称；

10）重大危险源场所安全警示标志的设置情况；

11）重大危险源单位在完成重大危险源安全评价报告后15日内，应当填写重大危险源备案申请表，连同本重大危险源档案材料，报送所在地县级人民政府安全生产监督管理部门备案。当重大危险源出现变化时，应当及时更新档案，并向所在地县级人民政府安全生产监督管理部门重新备案。

12）其他文件、资料。

8.1.6.2　安全生产监督管理部门的督查

（1）安全生产监督管理部门应当建立健全重大危险源监督检查制度，明确责任人员，并于每年1月15日前将辖区内上一年度重大危险源的汇总信息报送至设区的市级人民政府安全生产监督管理部门。设区的市级人民政府安全生产监督管理部门应当在每年1月31日前，将辖区内上一年度重大危险源的汇总信息报送至省级人民政府安全生产监督管理部门。省级人民政府安全生产监督管理部门在每年2月15日前，将辖区内上一年度重大危险源的汇总信息报送至国家安全生产监督管理总局。

（2）安全生产监督管理部门应当自收到重大危险源单位申请核销的文件、资料之日起30日内完成审查工作，符合条件的，予以核销并出具证明文书；不符合条件的，说明理由并书面告知申请单位。必要时，县级人民政府安全生产监督管理部门应当聘请有关专家进行现场核查。并应于每季度将辖区内一级、二级重大危险源的核销材料报送至设区的市级人民政府安全生产监督管理部门。设区的市级人民政府安全生产监督管理部门应当每半年将辖区内一级重大危险源的核销材料报送至省级人民政府安全生产监督管理部门。

（3）安全生产监督管理部门应当加强对存在重大危险源的危险化学品单位的监督检查，督促重大危险源单位做好重大危险源的辨识、安全评估及分级、登记建档、备案、监测监控、事故应急预案编制、核销和安全管理工作。

首次对重大危险源的监督检查应当包括下列主要内容：

1）重大危险源的运行情况、安全管理规章制度及安全操作规程制定和落实情况；

2）重大危险源的辨识、分级、安全评估、登记建档、备案情况；

3）重大危险源的监测监控情况；

4）重大危险源安全设施和安全监测监控系统的检测、检验以及维护保养情况；

5）重大危险源事故应急预案的编制、评审、备案、修订和演练情况；

6）有关从业人员的安全培训教育情况；

7）安全标志设置情况；

8）应急救援器材、设备、物资配备情况；

9）预防和控制事故措施的落实情况。

安全生产监督管理部门在监督检查中发现重大危险源存在事故隐患的，应当责令立即排除；重大事故隐患排除前或者排除过程中无法保证安全的，应当责令从危险区域内撤出作业人员，责令暂时停产停业或者停止使用；重大事故隐患排除后，经安全生产监督管理部门审查同意，方可恢复生产经营和使用。

（4）安全生产监督管理部门应当会同本级人民政府有关部门，加强对工业（化工）园区等重大危险源集中区域的监督检查，确保重大危险源与周边单位、居民区、人员密集场所等重要目标和敏感场所之间保持适当的安全距离。

### 8.1.7　重大危险源定期评价与备案

《中华人民共和国安全生产法》第二章生产经营单位的安全生产保障第33条第1款规定："生产经营单位对重大危险源应当登记建档，进行定期检测、评估、监控，并制定应急预案，告知从业人员和相关人员在紧急情况下应当采取的应急措施。”

一般而言，重大危险源的危险性在没有触发之前是潜在的，并经常不为人们所认识与重视，必须通过危险辨识与定期评价，量化其危险大小等级。通常重大危险源每 3 年进行一次安全评价。

《中华人民共和国安全生产法》第 33 条第 2 款规定：“生产经营单位应当按照国家有关规定将本单位重大危险源及有关安全措施、应急措施报有关地方人民政府负责安全生产监督管理的部门和有关部门备案。”根据以上规定，企业重大危险源应及时到当地安全生产主管部门进行备案。

## 8.2 重大事故应急预案

### 8.2.1 应急预案的作用

事故应急预案在应急系统中起着关键作用，它明确了在突发事故发生之前、发生过程中以及刚刚结束之后，谁负责做什么、何时做，以及相应的策略和资源准备等。它是针对可能发生的重大事故及其影响和后果的严重程度，为应急准备和应急响应的各个方面所预先做出的详细安排，是开展及时、有序和有效事故应急救援工作的行动指南。

8.2.1.1 事故应急预案在应急救援中的重要作用

（1）应急预案明确了应急救援的范围和体系，使应急准备和应急管理不再是无据可依、无章可循，尤其是培训和演习工作的开展。

（2）制定应急预案有利于做出及时的应急响应，降低事故的危害程度。

（3）事故应急预案成为各类突发重大事故的应急基础。通过编制基本应急预案，可保证应急预案足够灵活，对那些事先无法预料到的突发事件或事故，也可以起到基本的应急指导作用，成为开展应急救援的“底线”。在此基础上，可以针对特定危害编制专项应急预案，有针对性地制定应急措施、进行专项应急准备和演习。

（4）当发生超过应急能力的重大事故时，便于与上级应急部门的协调。

（5）有利于提高风险防范意识。

8.2.1.2 策划应急预案时应考虑的因素

应合理策划应急预案，做到重点突出，反映主要的重大事故风险，并避免预案相互孤立、交叉和矛盾。策划重大事故应急预案时应充分考虑下列因素：

（1）重大危险普查的结果，包括重大危险源的数量、种类及分布情况，重大事故隐患情况等。

（2）本地区的地质、气象、水文等不利的自然条件（如地震、洪水、台风等）及其影响。

（3）本地区以及国家和上级机构已制定的应急预案的情况。

（4）本地区以往灾难事故的发生情况。

（5）功能区布置及相互影响情况。

（6）周边重大危险可能带来的影响。

（7）国家及地方相关法律法规的要求。

### 8.2.2 应急预案的层次与结构

8.2.2.1 应急预案的层次

基于可能面临多种类型的突发重大事故或灾害，为保证各种类型预案之间的整体协调性和层次，并实现共性与个性、通用性与特殊性的结合，对应急预案合理地划分层次，是将各种类型应急预案有机组合在一起的有效方法。应急预案可分为三个层次，如图 8－14 所示。

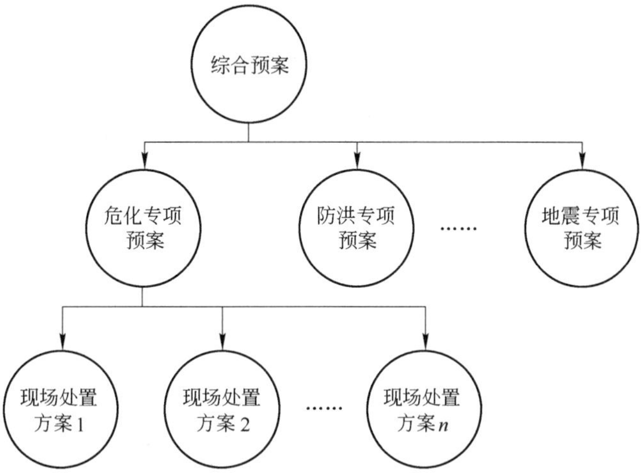


图 8－14 事故应急预案的层次

（1）综合预案。综合预案相当于总体预案，从总体上阐述预案的应急方针、政策，应急组织结构及相应的职责，应急行动的总体思路等。通过综合预案，可以很清晰地了解应急的组织体系、运行机制及预案的文件体系。更重要的是，综合预案可以作为应急救援工作的基础和“底线”，对那些没有预料的紧急情况也能起到一般的应急指导作用。

（2）专项预案。专项预案是针对某种具体的、特定类型的紧急情况，如危险物质泄漏、火灾、某一自然灾害等的应急而制定的。

专项预案是在综合预案的基础上，充分考虑了某种特定危险的特点，对应急的形势、组织机构、应急活动等进行更具体的阐述，具有较强的针对性。

（3）现场预案。现场预案是在专项预案的基础上，根据具体情况而编制的。它是针对特定的具体场所（即以现场为目标），通常是该类型事故风险较大的场所、装置或重要防护区域等所制定的预案。如危险化学品事故专项预案下编制的某重大危险源的应急预案等。现场应急预案的特点是针对某一具体场所的该类特殊危险及周边环境情况，在详细分析的基础上，对应急救援中的各个方面做出具体、周密而细致的安排，因而现场预案具有更强的针对性和对现场具体救援活动的指导性。

现场预案的另一特殊形式为单项预案。单项预案可以是针对一大型公众聚集活动（如经济、文化、体育、民俗、娱乐、集会等活动）或高风险的建设施工或维修活动（如人口高密度区建筑物的定向爆破、生命线施工维护等活动）而制定的临时性应急行动方案。随着这些活动的结束，预案的有效性也随之终结。单项预案主要是针对临时活动中可能出现的紧急情况，预先对相关应急机构的职责、任务和预防性措施做出的安排。

8.2.2.2　应急预案的结构

不同的应急预案由于各自所处的层次和适用的范围不同，在内容的详略程度和侧重点上会有所不同，但都可以采用相似的基本结构。如图 8－15 所示的“1＋4”预案编制结构，是由一个基本预案加上应急功能设置、特殊风险管理、标准操作程序和支持附件构成的。

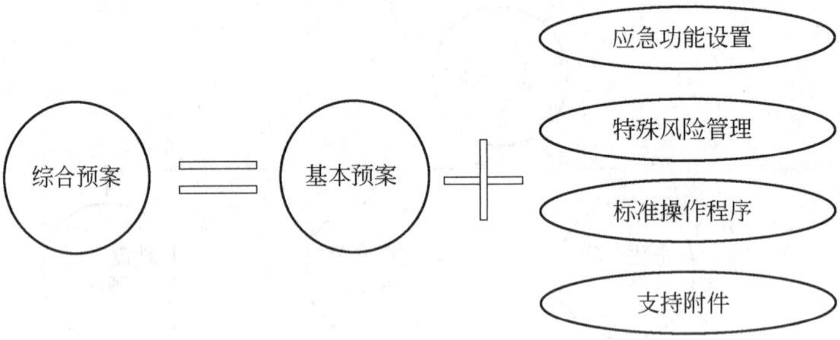


图 8－15　应急预案的基本结构

（1）基本预案。基本预案是应急预案的总体描述，主要阐述应急预案所要解决的紧急情况、应急的组织体系、方针、应急资源、应急的总体思路，并明确各应急组织在应急准备和应急行动中的职责以及应急预案的演练和管理等规定。

（2）应急功能设置。应急功能是指针对各类重大事故应急救援中通常采取的一系列的基本应急行动和任务，如指挥和控制、警报、通信、人群疏散与安置、医疗、现场管制等。因此，设置应急功能时，应针对潜在重大事故的特点综合分析并将其分配给相关部门。对每一项应急功能都应明确其针对的形势、目标、负责机构和支持机构、任务要求、应急准备和操作程序等。应急预案中包含的应急功能的数量和类型，主要取决于所针对的潜在重大事故危险的类型，以及应急的组织方式和运行机制等具体情况。

（3）特殊风险管理。特殊风险指根据某类事故灾难、灾害的典型特征，需要对其应急功能做出针对性安排的风险。应说明处置此类风险应该设置的专有应急功能或有关应急功能所需的特殊要求，明确这些应急功能的责任部门、支持部门、有限介入部门以及它们的职责和任务，为制定该类风险的专项预案提出特殊要求和指导。

（4）标准操作程序。由于基本预案、应急功能设置并不说明各项应急功能的实施细节，因此各应急功能的主要责任部门必须组织制定相应的标准操作程序，为应急组织或个人提供履行应急预案中规定职责和任务的详细指导。标准操作程序应保证与应急预案的协调和一致性，其中重要的标准操作程序可作为应急预案附件或以适当方式引用。

（5）支持附件。支持附件主要包括应急救援的有关支持保障系统的描述及有关的附图表，如危险分析附件，通信联络附件，法律法规附件，机构和应急资源附件，教育、培训、训练和演习附件，技术支持附件，协议附件，其他支持附件等。

从广义上来说，应急预案是一个由各级文件构成的文件体系，它不仅是应急预案本身，也包括针对某个特定的应急任务或功能所制定的工作程序等。一个完整的应急预案的文件体系可包括预案、程序、指导书、记录等，是一个四级文件体系。

### 8.2.3 应急预案的演练和更新

应急预案的演练是检验、评价和保持应急能力的一个重要手段。其重要作用突出体现在：可在事故真正发生前暴露预案和程序的缺陷，发现应急资源的不足（包括人力和设备等），改善各应急部门、机构、人员之间的协调，增强公众应对突发重大事故救援的信心和应急意识，提高应急人员的熟练程度和技术水平，进一步明确各自的岗位与职责，提高各级预案之间的协调性，提高整体应急反应能力。

## 8.3 应急救援装备配备要求

### 8.3.1 通用应急救援装备

#### 8.3.1.1 个体防护装备

A 头部保护装备

头部受到撞击，受伤和死亡的危险性最大。头部受到冲击，很容易引起脑震荡、颅内出血、脑膜挫伤、颅骨伤害，轻则致伤，重则致死。因此，企业员工进入生产场所必须严格佩戴头部防护装备，以免头部受到意外伤害危及生命安全与健康。

头部防护装备是为防御头部不受外来物打击和其他因素危害而配备的个人防护装备。根据防护功能要求，一般分为防护帽、防尘帽、防水帽、防寒帽、安全帽、防静电帽、防高温帽、防电磁辐射帽、防昆虫帽等几类产品。

安全帽是避免或减轻外来冲击物伤害人体头部的主要防护用品。安全帽由有一定强度的帽壳和帽衬、下颏带、后箍等组成。在帽衬与帽壳的衔接处留有一定的空间构成空间缓冲层，以承受和分散坠落物的瞬间冲击力。被缓冲层吸收的力可达 2/3 以上，余下部分经帽衬的整个面积传导给人头部，使力得到缓冲，避免或减轻头部的伤害。

B 眼面部防护装备

眼面部装备种类很多，依据防护部位和性能，分为紧急洗眼器、防护眼镜和防护面罩。

（1）洗眼器。当出现有毒有害化学液体物质或者有毒物质颗粒物喷溅到工作人员的眼部、面部、脖子或者手臂等地方的时候，使用洗眼器的洗眼系统清洗上述部位。根据美国 ANSIZ358－12004 洗眼标准，洗眼的流水量为 12～18L/min。

洗眼器的选择有如下几种方法：

1）根据现场的化学物质来选择。使用洗眼器的现场存在着氯化物、氟化物、硫酸和浓度超过 50% 的草酸等化学品物质，那么就需要选择进口 ABS 洗眼器或者选择高性能抗腐蚀系列洗眼器。因为制造洗眼器产品的材料一般情况是采用不锈钢 304。不锈钢 304 是一种通用性的不锈钢，它广泛地用于制作要求良好综合性能（耐腐蚀和成型性）的设备和机件，可以抗一般性的酸、碱、盐和油类等化学品物质的腐蚀，但是没有抗氧化物、氟化物、硫酸和浓度超过 50% 的草酸等化学品物质腐蚀的能力。

2）根据现场温度来选择。使用现场的温度主要是取决于冬天使用洗眼器的环境温度。

冬天使用洗眼器的环境温度在0℃以下、水会结冰的地区，就需要考虑使用防冻型洗眼器、电伴热洗眼器或者是电加热洗眼器，可以有效地防止洗眼器里面的积水结冰，而影响洗眼器的正常使用。

特别提醒：电伴热洗眼器只有保温防冻作用，没有办法提高洗眼和喷淋的水温，需要有效地提高洗眼和喷淋水温的，必须使用电加热洗眼器。

3）根据使用洗眼器的系统来选择。需要喷淋和洗眼的，可以选择复合式洗眼器系列产品；只需要洗眼系统的，可以选择除了复合式洗眼器以外的其他洗眼器系列产品。

4）根据现场是否有固定水源来选择。现场有固定水源的，可以选择固定式洗眼器；现场没有固定水源的，需要选择便携式洗眼器（移动式洗眼器）。

（2）防护眼镜。防护眼镜是在眼镜架内装有各种护目镜片，防止不同有害物质伤害眼睛的眼部防护具，如防冲击、辐射、化学药品等防护眼镜。

1）防护眼镜种类。防护眼镜、眼罩按照外形结构分别分为普通型、带测光板型、开放型和封闭型，如表8－3所示。

**表8－3　防护眼镜、眼罩类型及代号**

| 名　称 | 眼　　镜 | | 眼　　罩 | |
|---|---|---|---|---|
| 代号 | A－1 | A－2 | B－1 | B－2 |
| 类型 | 普通型 | 带测光板型 | 开放型 | 封闭型 |

2）化学护目镜。化学护目镜是用来保护眼部免受化学品伤害的眼镜，如防止化学品溅入人眼睛的专用眼镜。

化学护目镜一般采用聚乙烯材料，质轻，佩戴舒适。单片聚碳酸镜片，视野宽广。化学护目镜一般有防雾、不防雾两种。较为先进的是采用间接通风设计，内侧防雾，防化学飞溅、灰尘及撞击。

3）防冲击眼镜。防冲击眼镜是用来防止高速粒子对眼部的冲击伤害的，主要是大型切削、破碎、研磨、清砂、木工、建筑、开山、凿岩等各种机械的作业人员使用。

C　呼吸器官防护装备

（1）呼吸器官防护装备分类。

1）过滤式呼吸器。过滤式呼吸器是依据过滤吸收的原理，利用过滤材料过滤去除空气中的有毒、有害物质，将受污染空气转变为清洁空气供人员呼吸的一类呼吸防护用品，如防尘口罩、防毒口罩和过滤式防毒面具。

2）隔绝式呼吸器。隔绝式呼吸器是依据隔绝的原理，使人员呼吸器官、眼睛和面部与外界受污染空气隔绝，依靠自身携带的气源或靠导气管引入受污染环境以外的洁净空气，保障人员正常呼吸的呼吸防护用品，也称为隔绝式防毒面具、生氧式防毒面具、长管呼吸器及潜水呼吸器等。

（2）过滤式和隔绝式呼吸器的选择使用。过滤式呼吸防护用品的使用要受环境的限制，当环境中存在着过滤材料不能滤除的有害物质，或氧气含量低于18%，或有毒有害物质浓度较高（体积分数大于1%）时均不能使用，这种环境下应使用隔绝式呼吸防护用品。

D 躯体防护装备

在应急救援工作中，用于躯体防护的装备主要是各种类型的防护服，包括化学防护服、隔热服、避火服等。为了避免在易燃易爆气体泄漏场所，因操作人员身体摩擦产生静电引发火灾爆炸，应急救援人员必须穿着静电防护服。

防护服根据使用目的不同可以分为静电防护服、化学防护服、隔热服、避火服等。化学防护服又可根据环境不同，分为防酸、防碱、防辐射、抗油拒水等类型。

（1）防静电工作服。这是为了防止衣服的静电积聚，用防静电织物为面料缝制的工作服。防静电织物是大致等间隔地混入导电纤维（全部或部分使用金属或有机物的导电材料或亚导电材料制成的纤维的统称）或防静电合成纤维或者两者混合交织而成的织物。

防静电工作服消除人体静电的基本原理：一是通过导电纤维的电晕放电效应向空气中消散电荷，这个途径的作用非常微弱，而且要求空气的湿度较高；二是人体静电接地途径传导电荷以消除电荷，这个途径起主要作用。

防静电工作服的技术参数：

1）国家军用标准《防静电工作区技术要求》（GJB 3007—1997）对工作服的技术要求为：表面电阻及对地电阻 $1\times10^{5}\sim1\times10^{10}\Omega$。

2）国家标准《防静电工作服》（GB 12014—89）中对工作服的主要技术要求如下：

| 性能参数 | A 级 | B 级 |
|---|---|---|
| 带电量 | <0.6μC/件 | <0.6μC/件 |
| 耐洗涤时间 | >33.0h | >16.5h |

防静电服的穿用要求：

1）禁止在易燃易爆及有防静电要求的场所穿脱；

2）禁止在防静电服上附加或佩戴任何金属物件；

3）穿用防静电服时，必须与防静电鞋配套使用。

（2）化学防护服。化学防护服又称为防化服。国际上，将可以防护化学类有毒有害物质的防护服装都称为化学防护服。防化服主要是防固态、液态和气态物质。

防化服主要分四类，我们通常分三类：轻、中、重型。

1）轻型：防简单的液体喷溅；没有气密的保护；以免受到气体和液体的污染；飞溅保护；排污处理期间使用。

2）中型：没有气密的保护；结合 SCBA 使用；不能避免热辐射与火焰；呼吸设备不能保护；如果处理液化气体时，内部需要穿着厚的棉织衣物（手套、袜子）以免冻伤。

3）重型：气密型化学防护服；结合 SCBA 使用；气密；对呼吸设备的保护（或不保护）；不能避免热辐射与火焰；如果处理液化气体时，内部需要穿着厚的棉织衣物（手套、袜子）以免冻伤。

生产、搬运、倾倒、调制酸碱，修理或洗涤化学装置等职业活动中均要用到防酸工作服。其分类见表 8－4。

（3）阻燃防护服。阻燃防护服主要是采取隔热、反射、吸收、碳化隔离等屏蔽作用，保护劳动者免受明火或热源的伤害。阻燃防护服的防护性能，主要取决于面料——阻燃织物的性能。阻燃织物主要来自阻燃纤维织物、阻燃整理织物，见表 8－5。

**表8-4 防酸工作服的分类**

| 类别 | 使用场所 | 款式、品种 | 服装面料 | 接　缝 |
|---|---|---|---|---|
| 透气型 | 中、轻度酸污染场所 | 分身式防酸工作服<br>连体式防酸工作服<br>大褂式防酸工作服 | 经防酸整理剂处理的透气型面料 | 耐酸线缝合 |
| 不透气型 | 严重酸污染场所 | 连体式防酸工作服<br>分身式防酸工作服 | 橡胶涂覆织物 | 胶粘<br>缝纫<br>胶条粘接 |
| | | 防酸围裙<br>防酸套袖<br>防酸帽 | 聚氯乙烯塑料薄膜 | |

**表8-5 阻燃织物分类及来源**

| 阻燃织物 | 来　源 |
|---|---|
| 阻燃耐高温纤维织物 | 合成有机纤维织物，Nomex、Kevlar、Teflon、芳砜纶等天然无机类纤维织物：玻璃纤维、碳纤维、金属纤维等 |
| 阻燃处理纤维织物 | 在纺丝液中添加阻燃剂等办法获得 |
| 阻燃后整理织物 | 使用阻燃整理剂，通过喷漆、浸轧（或浸渍）、涂层等技术对织物进行处理后获得 |

国内化工、石油、林业、消防、冶金、电力等行业都通过各类法规，明令要求相应岗位配备阻燃防护服。《劳动防护用品配备标准（试行）》（国经贸委安全［2000］189号），对铸造工、电焊工、热力运行工、机械煤气发生炉工、炉前工及相近工种，提出了配备阻燃工作服的要求。《阻燃防护服》（GB 8965—1998）标准在制定时主要考虑普及性，突出重点和防止功能过剩，因此，对不同工种，需配备两种以上防护功能的防护服时，要求在行业标准或其他相关标准中提出。

针对不同工种及劳动者工作场所的特殊性。在配备阻燃防护时应注意以下几点：

1）易产生静电火花、有防静电要求的工作场所，属于0区、1区爆炸危险场所且可燃物的最小点火能量在0.25J以下者，应配备兼有防静电性能的阻燃工作服。

2）发散生产性粉尘的工作场所，应配备兼有防尘性能工作服。

3）铸造工、电焊工及其他存在金属熔滴飞溅的工作场所，应配备焊接工作服。

4）热力运行工、机械煤气发生护工、炉前工及其他存在明火辐射的工作场所，应配备隔热性好、具有抗热辐射的白帆布阻燃工作服或覆铝膜阻燃工作服。

5）在交流电500kV及其以下高电压设备上进行带电作业，应配备带电作业屏蔽服。

6）在高湿或存在大量可汽化液体的工作场所，应配备兼有防水功能的阻燃工作服，以免防护服吸水汽化，增加烫伤的危险。

7）工作服的颜色应与作业场所协调，保证沾染的污物明显可见，必要时应缀钉逆反射安全标识。

8）根据不同工作场所劳动者的工作性质，阻燃防护服应与头部、眼面部、手部、足部防护用品配合使用，以实现对劳动者的全面防护。

（4）抗油拒水防护服。抗油拒水防护服是指经过整理，使防护服织物纤维表面能排斥、疏远油、水类液体介质，从而达到既不妨碍透气舒适，又能有效抗拒此类液体对内衣和人体的侵蚀。抗油拒水服分为冬季和夏季两类。

E　脚部防护装备

脚部防护装备有：

（1）防护鞋（靴）。防护鞋（靴）是指防御劳动中物理、化学和生物等外界因素伤害劳动者的脚及小腿的护品。防护鞋（靴）包括：防酸碱鞋（靴）、防油鞋、防水胶鞋、防砸鞋（靴）、防刺穿鞋、防震鞋、电绝缘鞋（靴）、防静电鞋、防热阻燃鞋（靴）、电热鞋（利用电能取暖的鞋）。

（2）护腿。护腿是防御腿部遭受打击的用品。

（3）防护鞋罩。防护鞋罩指具有防热阻燃或冲击吸收或防酸碱等防护性能的鞋罩用品。

8.3.1.2　通信信息装备

快速、有效的通信是事故应急救援的重要保障。许多工业生产如石油化工、矿山开采往往是气候条件恶劣、地理条件复杂的大漠、戈壁、山区、河湖等野外场所，涉及偏远无人的公路，也涉及繁华拥挤的城市街道。无论是在城区，还是在野外，出现险情甚至发生事故之后，及时的通信报告与救援指挥，对于应急救援的及时性、准确性、高效性，都具有重要的保障作用。

根据国家安全生产应急平台体系的建设规划，应急通信以有线通信系统作为值守应急的基本通信手段，配备专用保密通信设备，以及电话调度、多路传真和数字录音等系统，确保国家安全生产应急救援指挥中心与各地区、各部门的安全生产应急管理与协调指挥机构之间联络畅通。

A　应急通信信息装备种类

应急救援通信信息装备包括通信装备与信息处理装备两大类。

（1）通信装备。通信装备包括有线、无线通信两大类：

1）有线通信装备主要包括普通固定电话机、专用防爆电话机、有线视频对讲机、专用保密通信装备。

2）无线通信装备主要包括普通对讲机、专用防爆对讲机，普通移动电话机、专用移动电话机，固定卫星站、移动卫星小站等。

（2）信息处理装备。信息处理装备是指进行信息传输与处理的装备。主要包括多路传真和数字录音系统，摄影、摄像装备，计算机，无线上网卡，等等。

B　通信信息装备的功能与使用

有些通信信息装备是普通生活中就经常用到的，如电话机、传真机、计算机等。下面着重介绍一些生活中不常用的专用通信信息装备。

（1）防爆电话机。在易燃易爆场所，因为存在易燃易爆气体、液体泄漏的可能性，如果电话不防爆，就可能成为火灾爆炸事故的促发剂。因此，在这种场所，必须使用防爆电话。

（2）无线防爆对讲机。无线电对讲机是一种只需轻按一键，便可与一人或一组人通话的设备。对讲机是应急救援指挥中一个人与一组人联络所必备的工具。

C　井下通信装备

先进的井下通信系统对于井下安全具有重要的作用。首先，当井下发生塌方、瓦斯、透水等事故前兆时，通过先进的通信系统，可及时通知其他作业地点的工作人员迅速撤离危险区域，避免人身伤亡事故发生。其次，能及时、有效地指挥组织救援工作，提高救援效率，防止事故的扩大。

煤矿井下通信系统现在开发得比较完备，有数字程控调度通信系统、模拟程控调度通信系统、综合式多媒体通信系统、程控交换机等多种类型。

8.3.1.3 消防装备

A 灭火器

灭火器是一种可由人力移动的轻便灭火器具。它能在其内部压力作用下将所充装的灭火剂喷出，用来扑灭火灾。由于它的结构简单操作方便，使用面广，对扑灭初起火灾有一定效果，因此，在工厂、企业、机关、商店、仓库，以及汽车、轮船、飞机等交通工具上几乎到处可见，已成为群众性的常规灭火武器。

灭火器的种类很多，按其移动方式可分为手提式、推车式和投掷式；按驱动灭火剂的动力来源可分为储气瓶式、储压式、化学反应式；按所充装的灭火剂则又可分为泡沫、干粉、二氧化碳、酸碱、清水、六氟丙烷灭火器等。

不同类型灭火器所充装的灭火剂不同，在灭火时，不同的灭火器可能会发生反应，导致不利于灭火的反作用。因此选用两种或两种以上类型的灭火器时应采用灭火剂相容的灭火器。不相容的灭火剂见表8－6。

**表8－6 不相容的灭火剂**

| 类　型 | 不相容的灭火剂 | |
|---|---|---|
| 干粉与干粉 | 磷酸铵盐 | 碳酸氢钠、碳酸氢钾 |
| 干粉与泡沫 | 碳酸氢钾、碳酸氢钠 | 蛋白泡沫 |
| 泡沫与泡沫 | 蛋白泡沫、氟蛋白泡沫 | 水成膜泡沫 |

灭火器类型的选择应符合下列规定：

(1) 扑救A类火灾应选用水型、泡沫、磷酸铵盐干粉、卤代烷型灭火器。

(2) 扑救B类火灾应选用干粉、泡沫、二氧化碳灭火器，灭B类火灾的水型灭火器或卤代烷灭火器。扑救极性溶剂B类火灾应选择B类烷的抗溶性灭火器。

(3) 扑救C类火灾应用干粉、卤代烷、二氧化碳型灭火器。

(4) 扑救D类火灾应选用扑灭金属烷的专用灭火器，若没有，可采用干砂或铸铁屑末来代替。

(5) 扑救E类烷应选择磷酸铵盐干粉灭火器、碳酸氢钠干粉灭火器、卤代烷灭火器或二氧化碳灭火器，但不得使用装有金属喇叭筒的二氧化碳灭火器，以免造成不必要的电击伤人或设备事故。

(6) 在同一灭火器配置场所，当选用同一类型灭火器时，宜选用操作方法相同的灭火器。

(7) 在同一灭火器配置场所，当选用两种或两种以上类型灭火器时，应采用灭火剂相同的灭火器。

(8) 在非必要配置卤代烷灭火器的场所不得选用卤代烷灭火器，宜选用磷酸铵盐干粉灭火器或轻水泡沫灭火器等其他类型灭火器。

B 消防车

消防车是消防队的主要装备。其用途是将灭火指战员及灭火剂、器材装备安全迅速地运到火场，以抢救人员，扑救火灾。不同种类的消防车各有其独特的用途。

（1）泵浦消防车。装备消防水泵和其他消防器材及乘员座位，以便将消防人员输送到火场。利用水源直接进行扑救，也可用来向火场其他灭火喷射设备供水。国产泵浦消防车多数为吉普底盘和BJ130底盘改装。适用于有水源的道路狭窄的城市和乡镇。

（2）水罐消防车。水罐消防车主要由驾驶室、消防员室、水罐、器材厢、水泵及管路系统、取力器装置、附加冷却装置、进水口、出水口等构成。车上除了装备消防水泵及器材以外，还设有较大容量的储水罐及水枪、水炮等。可将水和消防人员输送至火场独立进行扑救火灾。它也可以从水源吸水直接进行扑救，或向其他消防车和灭火喷射装置供水。在缺水地区也可作供水、输水用车，适合扑救一般性火灾，是公安消防队和企事业专职消防队常备的消防车辆。

（3）泡沫消防车。泡沫消防车一般也可分为低压泡沫消防车、中低压泡沫消防车、高低压泡沫消防车，其结构一般由相应的同类水罐消防车改装而成，加装的部分为泡沫比例混合器、泡沫混合管路、泡沫液罐等。

主要装备消防水泵、水罐、泡沫液罐、泡沫混合系统、泡沫枪、炮及其他消防器材，可以独立扑救火灾，特别适用于扑救石油及其产品等油类火灾，也可以向火场供水和泡沫液，是石油化工企业、输油码头、机场以及城市专业消防必备的消防车辆。

（4）高倍泡沫消防车。装备高倍数泡沫发生装置和消防水泵系统，可以迅速喷射发泡400～1000倍的大量高倍数空气泡沫，对燃烧物表面起到窒息和冷却作用，并能排除部分浓烟，适用于扑救地下室、仓库、船舶等封闭或半封闭建筑场所火灾。

（5）二氧化碳消防车。备有二氧化碳灭火剂的高压储气钢瓶及其成套喷射装置，有的还设有消防水泵。主要用于扑救贵重设备、精密文物和图书档案等火灾，也可扑救一般物质火灾。

（6）干粉消防车。干粉消防车一般也可分为储气瓶式干粉消防车、燃气式干粉消防车，通用汽车底盘上装备有干粉灭火剂罐、整套干粉喷射装置及其他消防器材，有的还装备了水罐和消防水泵。主要装备干粉灭火剂罐及整套干粉喷射装置、消防水泵器材等，主要使用干粉扑救可燃和易燃液体、可燃气体火灾、带电设备火灾，也可以扑救一般物质的火灾。对于大型化工管道火灾，扑救效果尤为显著，是化工企业常备的消防车。

（7）泡沫－干粉联用消防车。车上的装备和灭火剂是泡沫消防车和干粉消防车的组合，它既可以同时喷射不同的灭火剂，也可以单独使用。适用于扑救可燃气体、易燃液体、有机溶剂和电气设备以及一般物质火灾。

（8）登高平台消防车。车上设有液压升降平台，供消防人员进行登高扑救建筑、高大设施、油罐等火灾，营救被困人员。登高平台消防车是由汽车底盘和两节或多节臂组成，臂的顶端设有载人平台，它是一种全回转、折臂升降，采用液压传动的一种先进登高设备。登高平台消防车是适用于高层建筑火灾的扑救、抢险救援和高空作业的特种消防车辆，可以供提升货物和借助于照明灯为火场照明服务。在高层建筑物和大构筑物火灾时可借助于高度看清着火点及时调整作战方案，能在高空作为临时高空作战指挥部。顶部安装有带架炮或梳形喷管，在高空直接接近着火点喷水或泡沫，有效控制火情。

（9）云梯消防车。车上设有伸缩式云梯，可带有升降斗转台及灭火装置，供消防人员登高进行灭火和营救被困人员，适用于高层建筑火灾的扑救。直臂云梯消防车是由汽车底盘和两节或多节梯组成。云梯上可带载人平台，它是一种全回转、直伸梯，采用液压传动或卷扬机钢索传动的一种先进的消防登高设备。云梯消防车根据结构和举升高度的不同，又可分为不同形式的云梯消防车，如按是否带载人平台可分为有载人平台云梯消防车和无载人平台消防车。

（10）通信指挥消防车。车上设有电台、电话、扩音等通信设备，是供火场指挥员指挥灭火、救援和通信联络的专勤消防车。

（11）照明消防车。车上主要装备发电和照明设备（发电机、固定升降照明塔和移动灯具）以及通信器材。为夜间灭火、救援工作提供照明，并兼作火场临时电源供通信、广播宣传和作破拆器具的动力。

（12）抢险救援消防车。车上装备各种消防救援器材、消防员特种防护设备、消防破拆工具及火源探测器，是担负抢险救援任务的专勤消防车。

（13）排烟消防车。车上装备风机、导风管，用于火场排烟或强制通风，以便使消防队员进入着火建筑物内进行灭火和营救工作。特别适宜于扑救地下建筑和仓库等场所火灾。

（14）供水消防车。它的特点是装有大容量的储水罐，还配有消防水泵系统，用它作为火场供水的后援车辆，特别适用于干旱缺水地区，也具有一般水罐消防车的功能。

（15）供液消防车。车上的主要装备是泡沫液罐及泡沫液泵装置，是专给火场输送补给泡沫液的后援车辆。

C 消防炮

消防炮是远距离扑救火灾的重要消防设备。

（1）消防水炮。消防水炮是喷射水、远距离扑救一般固体物质火灾的消防设备。消防水炮射程远，结构简单。性能稳定可靠，操作灵活，维修方便。炮身可作水平回转，俯仰转动，并能实现可靠定位锁紧，以利消防人员撤离现场，保护消防人员的人身安全。该炮可具有直流、开花两种喷射功能，当喷射直流水柱时，可实现远距离扑救火灾；当喷射开花水雾时，可用于火场降温冷却、消防抢险。

（2）消防泡沫炮。消防泡沫炮是喷射空气泡沫，远距离扑救甲、乙、丙类液体火灾的消防设备。

（3）电动遥控水炮。电动遥控水炮也称远控消防水炮，是为了减少消防人员作业危险而设计的消防设备，它可以远距离遥控操作水炮进行火灾扑救。

D 消防栓

消防栓是用来连接消防水网与消防水龙带的固定式供水接口。在消防栓上可直接连接消防水带通过消防水枪灭火，也可通过连接消防水带为消防车补给消防水。这是消防栓的两个功能，其主要功能是直接连接消防水带通过消防水枪灭火。

E 消防泵

可供输送不含固体颗粒的清水及物理化学性质类似于水的液体，主要用于消防系统增压送水，也可用于厂矿给排水。

8.3.1.4 交通运输装备

在应急救援中，因为运送应急救援物资、紧急疏散转移人员、紧急转移事故场所的物资，都要用到各种各样的交通运输装备。使用目的主要有：

（1）转移人员。在出现有毒有害气体泄漏、洪水暴发等情形下。应及时疏散转移可能受到生命威胁的人员，为了转移迅速，最大限度地避免、减少人员伤亡，应尽可能地利用快捷的交通运输工具。

（2）运送救援物资装备。许多重大事故的处理，往往要用到大量的救援物资装备。如石油钻井发生富含硫化氢的井喷，就需要大量的泥浆来压井，同时，要运送大量的空气呼吸器、防化服、隔热等物资装备。

（3）转移生产物资装备。在厂矿、仓库、码头等场所发生火灾、爆炸、塌方等事故时，为了避免事故扩大，减少事故损失，应及时对可能受到损毁或加剧事故发展的物资装备进行转移。

8.3.1.5 医疗救护装备

医疗救护装备，是指对事故现场伤员进行现场急救、转移的专业工具，如担架、救护车、氧气袋、急救箱等工具。在相关装备如急救箱中，还要准备速效救心丸、哌替啶（杜冷丁）、普罗帕酮（心律平）、地塞米松、烫伤膏、强心针等药品。

A 普通救护车

救护车对于人员抢救是必需的。一般的救护车，都配有医生、护士等专业人员，并配有心脏起搏器、输液器、氧气袋等设备，也配有一些急救药品，可以对受伤人员进行紧急处置，然后再转移到医院。

B ICU 救护车

ICU（intensive care unit）救护车上的医疗配备就相当于一个小型的 ICU 病房和小型手术室。氧气、吸引器、心脏起搏器、呼吸机、全套监护器、药品器材、手术器械等应有尽有，万无一失。在事故发生时，第一时间内现场死亡人数是最多的。创建流动便携式 ICU 病房能有效降低危险化学品事故伤员的死亡率和伤残率。

（1）流动便携式 ICU 病房的设备配置及药品配置。流动便携式 ICU 病房的设备配置及药品配置应该根据任务的需求决定。常用 ICU 急救设备有带自备电源的多功能除颤仪（包括除颤、心电监护、血氧饱和度、血压、心电图）、便携式呼吸器、便携式吸引器、快速气管通气器械、担架、手术器械包、被褥、氧气瓶、消毒物品箱、冰盒、液体箱、杂物箱。

另外还有急救箱、应急灯、血压计、听诊器、体温表、手电筒、注射器、心内注射针、敷料盒、棉球盒、供氧器、双头吸氧管、吸痰杆，人工呼吸嘴（大、中、小各 1 个）、气管导管、手套、颈托、输液器、输血器、碘棉球、止血带等。

常备药品：肾上腺素、间羟胺、阿托品、利多卡因、尼可刹米（可拉明）、哌替啶（杜冷丁）、安定、多巴胺、普罗帕酮（心律平）、输氧康等。

（2）人员配置。根据任务的需要，有针对性地做好人员的配置。流动便携式 ICU 病房医疗救护队人员原则上由各个专业的专家组成，身体健康，应该是全天候的医疗救护队，一般为4~5人，人员精干。设队长1人，并配置强有力的医疗保障人员。

C 担架

院前急救时，专业急救人员除在现场采取相应的急救措施外，还应尽快把病人从发病现场搬至救护车，送到医院内，这个搬运过程中必须使用担架，选择合适的担架对于提高院前抢救质量和水平也是至关重要的。

担架是运送病人最常用的工具，担架的种类很多，目前常见的有帆布（软）担架、铲式担架、折叠担架椅、吊装担架、充气式担架、带轮式担架、救护车担架及自动上车担架等。

（1）帆布（软）担架。帆布（软）担架较灵活，但仅适于一些神志清楚的轻症患者，而相当大比例的重症、外伤骨折尤其是脊柱伤病人不适用，病人窝在担架中间，对昏迷或呼吸困难病人不利于保持气道通畅，而且承重性较差，适用范围较小。

（2）折叠担架椅。折叠担架椅的最大优点是适于在狭窄的走廊、电梯间和旋转楼梯搬运病人，储存空间小，但对危重病人、外伤病人不适宜，操作也较复杂，且主要是国外进口产品，价格较昂贵，不利于推广使用。

（3）充气式担架。充气式担架的主要技术特点是在气囊垫上面设有横或竖气囊脊，气囊垫一面和两侧设有吊带环，通过吊带环设有环形吊带并与抬扛相组合。体积小，重量轻，携带方便，可以折叠使用，减震效果非常明显，可使伤病员以坐、躺姿势被转移，变手抬式担架为肩扛担架，有利于远距离转运伤病员。

（4）楼梯担架。楼梯担架采用设置抬担架人员扶手的高度差，达到顺利上下楼梯的目的。但只适合受伤人员呈坐姿态，不能在人员平躺状态下使用。

（5）铲式担架。铲式担架是一种可分离型抢救担架，制作材料主要有高强度工程塑料、铝合金两种，属硬质担架，其特点是：担架两端设有铰链式离合装置，可使担架分离成两部分，在不移动病人的情况下，迅速将病人置于担架内或手术台或病床上，从病人体下抽出担架。

铲式担架具有体积小、重量轻、承重强等特点；操作非常简单、便捷、省力，有利于骨折外伤员保持肢体的固定，减轻疼痛和防止病情加重，对昏迷病人保持呼吸道通畅体位；另外担架的长度可据病人身长随意调节，适用于不同身高体重的患者，在普通居民房的楼道、走廊等狭小地方基本都能使用。铲式担架由于国内就能生产，价格较低廉。当然也有不足之处，因为中间有空隙，不能用于脊椎伤病员搬运。但只要在中间垫上硬板也能搬运，当然过于狭窄的地方（如长小于1.8m，宽小于1m）不便使用。

综上所述，铲式担架虽也有缺点，但比帆布软担架、折叠担架椅等其他担架更具优势，适合在各种急救现场、狭小楼道救护和转送各种伤病员，且价格也适中，应用范围广。

D 头部固定器

在搬运过程中，头部固定器用于固定伤患者头部，以避免颈椎再度受到伤害。此类产品还有颈托。

E 夹板

在事故中，如果伤者出现骨折或在可能出现骨折的情况下，要对受伤部位用夹板进行固定好，再行搬运，避免伤势的恶化。

夹板的种类很多，有高分子夹板、组合夹板、多功能（关节）夹板、四肢充气夹板、真空夹板等多种类型。

（1）高分子夹板由高分子平面夹板塑形成柱面体，利用柱面体的静曲撑力来稳定受伤部位，从而达到固定效果。

（2）组合夹板是根据不同骨折固定要求，进行插式组合，灵活固定。

（3）多功能夹板可多向调整角度，不须加用其他夹板。夹板胶链可在单向上做任意旋转。X 射线可完全穿透，拍片效果良好。

（4）四肢充气夹板是通过充气进行支体的一种特殊夹板。可以用于骨折的固定，也可以用来止血。

（5）真空夹板套装可满足急救所需要的各种夹板功能。真空夹板可以使身体在抽取空气后维持体位，这种设计可以很好地将病人固定，而不会压迫骨折的部位，引起不适或造成进一步的损伤。全套包括一个全身真空夹板、多个四肢真空夹板、负压气筒等。

### 8.3.2 专用应急救援装备

#### 8.3.2.1 危险物质泄漏控制设备

##### A 堵漏器材

在石油化工生产、危险化学品运输等过程中，管线、罐体、压力等设备、装置因腐蚀穿孔、高压破裂等导致泄漏的情形很常见，如果处理不及时，就可能造成中毒、火灾、爆炸等事故。因此，堵漏技术及设备在化工生产、危险化学品运输等过程中，具有重要的应急处置、保障安全生产的作用。

（1）简易堵漏器材。简易堵漏器材有木质或橡胶质的堵漏楔（锥形、楔形），用于罐壁孔洞、裂缝堵漏；下水道口堵漏袋，用于下水管道断裂堵漏；管道密封套，用于系列金属管道裂缝堵漏。管道密封套用金属制成，内衬耐热、耐酸碱的丁腈橡胶，耐热 80℃、耐压 1.6MPa，一般使用管道直径 21.3 ~ 114.3mm。

（2）内封式堵漏袋。

1）堵漏机理。将堵漏袋置于管道内，进行充气，利用圆柱形气袋充气后的膨胀力与管道之间形成的密封比压，堵住泄漏。气袋膨胀后的直径可达到原有直径的两倍。一般适用于内径 5 ~ 1400mm 的带有快速接头的输气管。短期耐热 90℃，长期耐热 85℃。

2）堵漏工具组成。

① 堵漏气袋：圆锥形或圆柱形橡胶，不同规格，可以充气。

② 压缩空气瓶：用于向气垫充气，也可用脚踏泵或手压泵供气。

③ 连接器（带减压阀、安全阀）：用于连接气瓶和气垫，并将气瓶内的高压减压。当气垫内的压力达到其操作压力时，安全阀自动打开。

（3）外封式堵漏垫。

1）堵漏的机理。将堵漏垫外覆于泄漏部位，并通过绳索拉紧，利用压紧在泄漏部位外部的气垫内部的压力对气垫下的密封垫产生的密封比压，在泄漏部位重建密封，从而达到堵漏的目的。用于密封管道、容器、油罐车或油槽车、油桶、储罐等的泄漏，管道、容器等的直径应在480mm以上。

2）堵漏工具。

① 气垫：气垫上带有充气接口和固定导向扣。气垫充气的压力不超过0.6MPa。对于需要排流的介质，气垫上可带排流管接口。气垫的规格和大小根据介质的压力和泄漏部位的大小确定。

② 固定带：用于将气垫固定压紧在泄漏部位，固定带上有棘爪，用于张紧带子。对于小型气垫可直接用带毛刺粘的捆绑带。

③ 密封垫：密封垫材料一般选用能耐温、耐介质的橡胶，如氯丁橡胶等。

④ 耐酸保护袋：用于密封垫和气垫不受酸性介质的腐蚀，一般为聚氯乙烯。

⑤ 脚踏气泵：用于向气垫充气；为保证气垫不会超压，气泵上带有安全阀。

（4）注胶堵漏器具。可广泛用于石油、化工、化肥、发电、冶金、医药、化纤、煤气、自来水、供热等各种作业流程。

1）组成。由注胶堵漏枪、63MPa液压泵、高压油路、无火花钻、各种卡具及密封胶组成。可以消除管线、法兰面、阀门填料、三通、弯头、焊缝处泄漏。适用温度为200～900℃，压力从真空到32MPa以上。

2）注胶堵漏的原理。用机械方法将密封剂挤入夹具与泄漏部位形成的空腔内或挤入泄漏处本身的空腔内，剂料在短时间内热固或冷固成新的密封圈，达到止漏的目的。

3）注胶工具。注胶工具是由注射枪和液压泵，用压力表和胶管等连接而成。液压泵一般采用手抬泵，由液压泵出来的液压油进入注射枪的油缸，推动柱塞，把注射筒中的密封剂压出来。

4）注射阀和换向阀。它是连接注射枪和夹具的工具。

5）夹具。夹具是注胶堵漏的重要组成部分，它与泄漏部位的外表面构成密封的空腔，包容注入的密封剂，承受泄漏介质的压力和注射压力，并由注射压力产生足够的密封比压，才能消除泄漏。

6）密封剂。注胶堵漏的密封剂有多种，常用的剂料有热固型和非热固型两大类，它们是用合成橡胶作基体，与填充剂、催化剂、固化剂等配制而成。

（5）真空堵漏系统。

1）用途。真空堵漏系统，可用于大直径储罐和管线的堵漏作业。

2）性能及组成。系统由真空泵、模具、连接管等部分组成。红松经蒸馏、防腐、干燥等处理，用于各种容器的点、线、裂纹产生泄漏的临时堵漏。适用温度－70～100℃，压力－1.0～0.8MPa的堵漏。

B 氯气捕消器

氯气泄漏是氯碱生产企业及造纸工业、纺织工业、自来水消毒、污水处理厂、制药、食品工业等各种使用、储存运输等用氯单位常见的事故，一旦发生泄漏事故直接威胁到人的生命安全。

氯气捕消器是氯气泄漏现场有效的抢险清除净化设备。该产品是一种干法消除泄漏氯气的设备，外观及使用方法类似于消防部门的干粉灭火器。内装8μm左右的微粉，其粉剂具有比表面积大、防潮防结块功能性强、流动性好、与氯气反应效率高的特点。

C 液体捕集器材

在化工生产事故中，经常会遇到易燃易爆、有毒有害液体泄漏的情况，此时，必须及时进行阻隔、收集，避免发生火灾、爆炸、中毒和环境污染事故。液体捕集器材主要包括专用于油类的吸油袋、吸油垫、吸油片、围油栅、挡油栅等，以及用于酸、碱类的专用吸垫，还有用于油类、酸、碱等的万能吸垫。

D 洗消器材

洗消器材主要用于对化学事故现场进行洗消处理，是降低受害人员、装备的受害程度，为救援人员提供防毒保护的重要手段，也是化学事故救援工作的重要一环。

化学洗消早已在军事领域得到了广泛的应用，对染有毒剂、放射性物质的人员、装备等进行消毒和消除，是军队作战中防化专业保障的重要内容之一。随着近年来化学事故的频繁发生，化学洗消作业已开始“军为民用”，成为消防部队完成化学事故抢险救援的重要组成部分。

（1）消防洗消任务。消防洗消任务主要是对人员的洗消。人员的洗消分为人体消毒和毒物消除。

1）人体消毒。对皮肤染毒的人员在将其撤出危险区后应立即进行消毒处理。我国对化学事故中毒人员进行抢救时，经常采取脱掉患者衣服，用酒精或清水先清洗消毒，再进行医疗处理的方法，这种方法对大多数中毒者都适用。但对于染毒较深、症状严重者达不到彻底消毒的目的。因为如果染毒时间较长单靠表面清洗，是无法将毒剂全部洗掉的。这种受害者应采用针对毒剂类型配制的专用消毒液擦拭后，再洗一次澡，以消除皮肤上残留的消毒液和生成物。对于进入现场的消防特勤人员，由于配备了相应的防护服装，在完成任务后，直接清洗皮肤即可。如不慎受到化学品灼伤，可用随车配备的敌腐特灵溶剂及时进行消毒。

2）毒物消除。人员受到放射性等毒害物沾染，则要通过消除的方法进行洗消，消除分全部消除和局部消除：现在通用的是全部消除，即利用淋浴装置进行全身各部位的消除。消除时在专门设置的人员洗消场内进行，用热水、肥皂或洗涤剂等清洗全身，将沾染在皮肤表面的放射性物质除去。清洗时按手、头、颈、躯干的顺序进行。

（2）洗消系统构成。洗消具体实施时，可分为人员洗消、装备洗消、地面洗消和服装洗消。洗消器材是用于消毒、灭菌、消除放射性沾染的各种器材的统称，主要包括各种防化洗消车，小型洗消器，洗消、排水泵，洗消帐篷热水器，排污、烘干消毒设备，洗消剂等。

1）洗消车辆。洗消车辆如淋浴车、喷洒车、洗消车和消毒车等，可对人员、装备和地面进行洗消。

2）充气帐篷。一个充气帐篷包括一个运输包（内有帐篷，放在包里的撑杆）和一个附件箱（内有一个帐篷包装袋、一个拉锁包、两个修理用包、一个充气支撑装置、塑料链和脚踏打气筒）。帐篷内有喷淋间、更衣间等场所。

3）空气加热机。其主要用于对洗消帐篷内供热或送风。有手动、恒温器自动控制。应定期检查养护，保证动力系统正常。

4）热水加热器。其主要部件有燃烧器、热交换器、排气系统、电路板和恒温器，主要用于对供入洗消帐篷内的水进行加热。

5）高压清洗机。高压清洗机由长柄带高压泵、高压水管、开关入水管、接头、捆绑带、携带手柄、喷枪、清洗剂输送管、高压出口等组成，电源启动，能喷射高压水流，必要时可以添加清洗剂。主要用于清洗各种机械、汽车、建筑物、工具上的有毒污渍，也可用于清洗地面和墙壁等。

E 输转装备

输转装备主要有污水带、有毒物质密封桶、吸附袋、液体吸附垫、有害液体抽吸泵、手动隔膜抽吸泵、水力驱动输转泵、多功能毒液抽吸泵、围油栏等。

（1）污水袋。污水等有害液体，送入专门处理场所进行净化处理，以避免造成外排污染。污水袋适用于野外或缺乏水源的地方，进行洗消的辅助设备采用特殊材料，可折叠，轻便坚固。污水袋应可清洗再用。

（2）有毒物质密封桶。其主要用于收集并转运有毒物体和污染严重的土壤。密封桶由两部分组成，并在上端预留了观察和取样窗，便于及时对转运物体进行观察和取样。一般用高分子材料制成，防酸碱，耐高温。由金属内桶、金属内桶盖子、聚乙烯外桶及聚乙烯外桶盖子组成。金属内桶由不锈钢制造，底部加强；金属内桶盖子的材质与金属内桶相同，带密封胶边及夹子；聚乙烯外桶及盖子由环保聚乙烯制造，防酸、防碱、防油，桶及盖子带螺丝式密封环。

（3）吸附袋。其用于小范围内吸附酸、碱和其他腐蚀性液体，包括吸附块、吸附纸、塑料收集袋等。最大吸附能力可达75L/套。

（4）液体吸附垫。其可快速有效地吸附酸、碱和其他腐蚀性液体。吸附能力为自重的25倍，吸附后不外渗。可围成圆形进行吸附，吸附时，不要将吸附垫直接置于泄漏物表面，应将吸附垫围于泄漏物周围。使用后的吸附垫不得乱丢，要回收做技术处理。

（5）有害液体抽吸泵。其用于迅速抽取有毒有害及黏稠液体，电动机驱动，220～380V电压，配有接地线，安全防爆型。能吸走地上的化学液体或污水，有效地防止污染扩散。

（6）手动隔膜抽吸泵（防爆）。其用于输转有毒、有害液体。手动驱动手动隔膜抽吸泵由泵体、传动杆隔膜（氯丁橡胶膜或弹性塑料膜）、活门、接口等组成。

（7）水力驱动输转泵。水力驱动输转泵安全防爆，其动力源为消防高压水流。高压水流注入泵体内，带动泵内水轮机工作，从而抽吸各种液体，特别是易燃易爆液体，如燃油、机油、废水、泥浆、易燃化工危险液体、放射性废料等。

（8）多功能毒液抽吸泵。

1）主要功能：轻便、易于操作，可自动吸干；可输送黏性极大或极小的液体、粉状物，也可输送固体粒状物（直径可达8mm）；运送物品和扁平管内部接触，有利于清洗。

2）投入使用：

① 应垂直安装泵，将泵连到管子上之前，取下泵的抽吸及传送两边的保护罩。泵罩上的安装的真空计指示抽吸一边的真空度，泵运行一会儿后，真空表开始显示数字。如真空表不指示真空度，应检查泵的密封性。

② 检查传动设备的润滑。检查邮箱内油量，如不够将之注满。

③ 确保安全装置的安装及运行。如在加压阀门关闭的情况下不能开启泵，启动传送装置，泵的输送器可用安装在泵前面的测定阀调节。

8.3.2.2 矿山事故救援装备

A 井下救援钻孔机

当矿井发生水淹或塌方，事故人员被困没有其他逃生的方法，或是其他救援方法会拖延时间，不能及时挽救生命时，先进的救援钻机就会发挥极大的作用。

（1）救援钻机的功能。救援钻机的第一功能是在井下发生透水、塌方等事故使作业人员被困的情况下进行救人。

救人作业的一般程序，先是进行精确定位，使用钻机打个小直径（一般为165mm）的探孔来确定被困人员的位置，使用井下观察扫描头、气体抽样检验设备等装备对工作面进行分析，并通过此孔向被困人员提供空气、食物、水、通信联络等基本服务。

一旦确定了被困人员的位置，立即钻一个大直径（一般为635mm或560mm）的孔，通过该孔使用救援密封舱把被困在井下的人员提升上来，同时还可以加大钻孔直径，通过表土层以便在钻孔的土质不稳定部分安装围壁。

救援钻机不仅可用来救人，还可用于井下注浆封堵水源，实现快速恢复生产，以及从地面布置钻孔进行直接灭火。

（2）救援钻机的选用。救援钻机的选用，必须考虑以下三个主要因素：

1）钻进速度。先进的救援钻孔机，要充分考虑地质条件的复杂性，特别是在岩层情况下的钻进速度，如果不考虑硬质岩层情况下的钻进速度，一旦遇到这种情况，就会大大降低救援速度。

2）防爆要求。在煤矿等矿山下，许多时候都有防火防爆要求，因此，选用钻机时，特别是在井下易燃易爆环境中的作业，钻机必须从钻具材质、动力提供等方面满足作业场所的防火防爆要求。如避免摩擦火花、冲击火花、静电火花、电气火花等引发瓦斯爆炸事故。

3）作业空间。在许多情况下，不仅需要从地表钻孔救援，还要在井下狭窄空间进行钻进作业，因此，要充分考虑到可能的作业条件进行钻机的选择，不能重视地面钻机的配备，而忽视了井下狭窄作业空间钻机的配备。

B 大功率抽水机

当煤矿发生透水、人员被困事故后，必须迅速将水排出，否则，被困人员将无法生活。要迅速排水，就必须使用大功率抽水机。大功率抽水机的功率一般超过1000kW、流量1000$m^3$/h、扬程数百米。在很多情况下，需要多台大功率抽水机同时使用，以尽可能地缩短排水时间。

C 大组排水设备

在矿山开采发生透水事故时，常要用到大功率的排水设备。这些设备功率大，而且，往往需要多台同时投入使用，对动力要求很高，应注意保证充足的动力供应。

D 矿用可移动式逃生救生舱

矿用可移动式逃生救生舱（以下简称救生舱）是一种新型的矿井下逃生避难装备。将其放置于采掘工作面附近，当矿井下突发重大事故时，井下遇险人员在不能立即升井逃生脱险的紧急情况下，可快速进入救生舱内等待救援，对改变单纯依赖外部救援的矿难应急救援模式，由被动待援到主动自救与外部救援相结合，使救援工作科学、有序、有效，将起到至关重要的作用，增加存活率。

根据舱体材质，可有硬体式救生舱和软体式救生舱之分。硬体式救生舱采用钢铁等硬质材料制成；软体式救生舱采用阻燃、耐高温帆布等软质材料制造，依靠快速自动充气膨胀架设。

紧急避险设施的建设应综合考虑所服务区域的特征和巷道布置、可能发生的灾害类型及特点、人员分布等因素，以满足突发紧急情况下所服务区域人员紧急避险需要为原则。优先采用避难硐室，也可采用避难硐室与可移动式救生舱有机结合的方式。

救生舱应具备安全防护、氧气供给保障、空气净化与温湿度调节、环境监测、通信、照明、动力供应、人员生存保障等基本功能，额定防护时间不低于96h。

在整个额定防护时间内，紧急避险设施内部环境参数符合表8－7规定，保证紧急避险设施内始终处于不低于100Pa的正压状态。

**表8－7 设施内部环境参数**

| 项　目 | $O_2$ | CO | $CO_2$ | $CH_4$ | 温度 | 湿度 |
|---|---|---|---|---|---|---|
| 指　标 | 18.5%～23.0% | ≤0.0024% | ≤1.0% | ≤1.0% | ≤35℃ | ≤85% |

#### 8.3.2.3 电气事故救援装备

##### A 电气安全用具

电气安全用具是指用以保护电气作业人员，以避免触电事故、弧光灼伤事故或高空坠落等伤害事故所必备的用具。其主要包括起绝缘作用的绝缘安全用具，如绝缘棒、绝缘鞋等；起验电作用的电压指示器，登高作业用的保安腰带以及保证检修安全的临时接地线、遮栏、标示牌等。

（1）绝缘杆。绝缘杆是绝缘基本安全用具，由工作部分、绝缘部分和握手部分组成。握手部分和绝缘部分用浸过绝缘漆的木材、硬塑料、胶木或玻璃钢制成，其间有护环分开配备不同工作部分的绝缘杆，可用来操作高压隔离开关，操作跌落式保险器，安装和拆除临时接地线，安装和拆除避雷器。以及进行测量和试验等项工作。

（2）绝缘夹钳。绝缘夹钳是绝缘基本安全用具。绝缘夹钳只用于35kV以下的电气操作。绝缘杆和绝缘夹钳都由工作部分、绝缘部分和握手部分组成。握手部分和绝缘部分用浸过绝缘漆的木材、硬塑料、胶木或玻璃钢制成，其间有护环分开。绝缘夹钳主要用来拆除和安装熔断器及其他类似工作。考虑到电力系统内部过电压的可能性，绝缘杆和绝缘夹钳的绝缘部分和握手部分的最小长度应符合要求，绝缘杆工作部分金属钩的长度，在满足工作要求的情况下，不宜超过5～8cm，以免操作时造成相间短路或接地短路。绝缘夹钳应保存好，必须按规定进行电气试验。使用时不允许装接地线。

（3）绝缘手套。其在低压操作中是基本安全用具，但在高压操作中只能作为辅助安全用具使用。使用前要进行外观检查。戴绝缘手套的长度至少应超过手腕10cm，要戴到外衣衣袖的外面。严禁用医疗或化学用的手套代替绝缘手套使用，并要按规定做电气试验。

（4）绝缘靴。作为辅助安全用具使用，绝缘靴是作为防止跨步电压的基本安全用具。

绝缘靴应采用特种橡胶制成，使用中不能用普通防雨胶靴代替绝缘靴。并应将绝缘靴放在专用的柜子里，温度一般在5～20℃，湿度在50%～70%较合适。使用前要进行外观检查，并要定期进行电气试验。

（5）绝缘垫。绝缘垫是一种辅助安全用具，铺在配电装置的地面上保证人员的对地绝缘，防止接触电压与跨步电压对人体的伤害。绝缘垫用厚度5mm以上、表面有防滑条纹的橡胶制成，其最小尺寸不宜小于0.8m×0.8m。绝缘垫厚度不应小于5mm，若有破损应禁止使用。

（6）绝缘台。绝缘台用木板或木条制成，相邻板条之间的距离不得大于2.5cm，以免鞋跟陷入；站台不得有金属零件；台面板用支持绝缘子与地面绝缘，支持绝缘子高度不得小于10cm；台面板边缘不得伸出绝缘子之外，以免站台翻倾，人员摔倒。绝缘站台最小尺寸不宜小于0.8m×0.8m，但为了便于移动和检查，最大尺寸也不宜超过1.5m×1.0m。绝缘台要放在干燥的地方，经常保持清洁，一旦发现木条松脱或瓷瓶破裂，应立即停止使用。

（7）遮栏。遮栏分为固定遮栏和临时遮栏两种，其作用是把带电体同外界隔离开来。装设遮栏应牢固，并悬挂各种不同的警告标示牌，遮栏高度不应低于1.7m。

（8）高压验电器。高压验电器主要用来检验设备对地电压在250V以上的高压电气设备。目前，广泛采用的有发光型、声光型、风车式三种类型。它们一般都是由检测部分（指示器部分或风车）、绝缘部下部分、握手部分三大部分组成。绝缘部分系指自指示器下部金属衔接螺丝起至罩护环止的部分，握手部分系指罩护环以下的部分。其中绝缘部分、握手部分根据电压等级的不同其长度也不同。

（9）低压验电器。低压验电器，一般就是生活中常用的验电笔。它是用来检验对地电压在250V及以下的低压电气设备的，也是家庭中常用的电工安全工具。它主要由工作触头、降压电阻、氖泡、弹簧等部件组成。这种验电器是利用电流通过验电器、人体、大地形成回路，其漏电电流使氖泡起辉发光而工作的。只要带电体与大地之间电位差超过一定数值（36V以下），验电器就会发出辉光，低于这个数值，就不发光，从而来判断低压电气设备是否带有电压。低压验电笔除主要用来检查低压电气设备和线路外，它还可区分相线与零线、交流电与直流电以及电压的高低。通常氖泡发光者为火线，不亮者为零线；但中性点发生位移时要注意，此时，零线同样也会使氖泡发光；对于交流电通过氖泡时，氖泡两极均发光，直流电通过的，仅有一个电极附近发亮；当用来判断电压高低时，若氖泡暗红轻微亮，电压低；若氖泡发黄红色、亮度强，电压高。

B 地下管线、电缆影像仪

地下管线、电缆影像仪是具有多组全方位天线阵组合特点的带绘图功能的竹线探测仪器，这使得它的抗干扰能力更强，探测精度更高，是一款全自动、高智能但操作却异常简单的“傻瓜型”机器。

（1）地下管线、电缆影像仪的主要特点：

1）全方位天线阵组合，抗干扰能力更强、探测精度更高。

2）管线影像实时显示和左右箭头指示功能，更方便判断管线的方向和位置。

3）连续显示管线深度和当前电流，便于区别复杂区域的目标管线。

4）强大的区间频率，使得该仪器具有强大的无源探测能力。

5）对有支管或构成网状的管线也能进行有效的检测，对地埋管线的定位和破损点检测由同一仪器同时进行。提供管线状况的全面资料，能迅速准确地检测出电缆所发生的故障。

6）操作简单、携带方便，一人可完成操作。

（2）地下管线、电缆影像仪的主要功能：

1）带电与不带电电缆的路径查找。

2）金属管线的路径查找。

3）地埋电缆的故障定位。

4）在不开挖的条件下检测，对直埋电缆的外皮破损点进行定位。

#### 8.3.2.4 建筑工程救援装备

##### A 破拆工具

破拆工具是消防人员在灭火或救人时强行地开启门窗、拆毁建筑物，开辟消防通道，清除阴燃余火及清理火场时的常用装备。破拆工具有手动、液压、机动和化学切割等类型。

（1）液压剪切器具。

1）液压剪切工具。液压剪切工具用于发生事故时，剪断门框、汽车框架结构或非金属结构，以救援被夹持或被锁于危险环境中的受害者，主要由剪切刀片、中心锁轴锁头、双向液压锁、手控双向阀及手轮、工作油缸、油缸盖、高压软管及操作手柄等部件构成。

2）液压扩张工具。液压扩张器是液压驱动的大型破拆工具，在发生事故时，用于支起重物，分离金属和非金属结构，具有扩张和闭合功能。液压扩张器主要由扩张头、扩张臂、中心锁轴锁头、双向液压锁、手控双向阀及手轮、工作油缸、油缸盖、高压软管及操作手柄等部件构成。

3）液压顶撑杆。液压顶撑杆用于支起重物，支撑力比扩张器大，但支撑对象空间应大于顶杆的闭合距离。液压顶杆主要由固定支撑、移动支撑、双向液压锁、手控双向阀、工作油缸、油缸盖、高压软管及操作手柄等部件构成。

4）机动破拆工具。机动破拆工具由发动机和切割刀具（各种刀片适用范围见表8-8和表8-9）组成。

**表8-8 磨砂刀片的适用范围**

| 刀片类型 | 用 途 |
|---|---|
| 混凝土 | 混凝土、沥青、石块、砖、铸铁、铝、铜、黄铜、电缆、橡胶等 |
| 金属 | 钢、合金钢、其他硬金属 |

**表8-9 金刚石刀片的适用范围**

| 刀片类型 | 用 途 |
|---|---|
| 金刚石 | 砖料、强化混凝土、其他非金属材料，不适合金属 |

① 无齿锯。无齿锯以汽油发动机为动力源，通过锯片的高速旋转，切割各类金属、混凝土、砖土等结构。主要用途是切割钢架、铁轨、水管、钢筋、铁板、岩石、钢筋混凝

土、石棉等。

② 机动链锯。机动链锯是由汽油发动机、链锯条、导板以及锯把等组成的带状切割器。发动机输出的动力通过离合器传给锯切机构，根据链锯上的刀片类型不同，机动链锯可分为非金属材料切割型和混凝土材料切割型。

机动链锯使用的轻型汽油发动机为单缸、二冲程、风冷式，锯切机构由导板、导轮、锯链等组成，是链锯的切割部分。锯切时启动发动机，发动机输出的动力通过离合器传给锯切机构。离合器的碟合链轮带动锯链沿导板、导轮运动，锯链则沿片状导板内的导槽作高速环状移动，从而使其上的切齿锯切木材等物。

（2）化学破拆工具。

1）丙烷切割器。其用于切割低碳钢、低合金钢构件，主要由丙烷气瓶、氧气瓶、减压器、丙烷气管、氧气管、割炬等组成。

2）氧气切割器。其单用氧气，具有体积小、重量轻、快捷安全和低噪声的特点。切割温度达5500℃。能熔化大部分物质，对生铁、不锈钢、混凝土、花岗石、镍、钛及铝同时有效。氧气切割器由氧气瓶、气压表、电池、焊条、切割枪、防护眼镜和手套等组成。

B 起重装备

（1）汽车起重机。汽车起重机是装在普通汽车底盘或特制汽车底盘上的一种起重机，其行驶驾驶室与起重操纵室分开设置。这种起重机的优点是机动性好，转移迅速。缺点是工作时须支腿，不能负荷行驶，也不适合在松软或泥泞的场地上工作。

汽车起重机的底盘性能等同于同样整车总重的载重汽车，符合公路车辆的技术要求，因而可在各类公路上通行无阻。此种起重机一般备有上、下车两个操纵室，作业时必须伸出支腿保持稳定。起重量的范围很大，为8～1000t，底盘的车轴数，为2～10根。汽车起重机是产量最大、使用最广泛的起重机类型。

在起重臂里面的下面有一个转动卷筒，上面绕钢丝绳，钢丝绳通过在下一节臂顶端上的滑轮，将上一节起重臂拉出去，依此类推。缩回时，卷筒倒转回收钢丝绳，起重臂在自重作用下回缩。这个转动卷筒采用液压马达驱动，因此能看到两根油管，但千万别当成油缸。

（2）手动葫芦。在野外施工作业及狭小的空间中，发生事故之后，吊车往往无法靠近，或难以准确操作，此时，手动葫芦会便捷、快速地完成起吊任务。

手动葫芦是一种使用简单、携带方便的手动起重机械，也称“环链葫芦”或“倒链”。它适用于小型设备和货物的短距离吊运，起重量一般不超过10t。链条葫芦具有结构紧凑、手拉力小等特点。

手动葫芦由链轮、手拉链、传动机械、起重链及上下吊钩等几部分组成。其中机械传动部分又可分为蜗轮式和齿轮式传动两种。由于蜗轮式传动的机械效率低，零件易磨损，所以现在已很少使用。

C 生命探测仪

生命探测仪是一种安全救生系统探测设备，能够比较好地解决多项困扰传统安全救生系统的问题，使搜救工作比以往更迅速、更精确，也更安全，能够敏锐地捕捉到非常微弱的运动，生命探测仪就是通过即时移动探测，可以透过混凝土、砖、雪、冰和泥浆探测运动探测遇险者的距离，在各种气候情况下都可以工作，根据不同的原理分为光学生命探测仪、热红外生命探测仪和声波生命探测仪，目前生命探测仪主要分为四种：音频、视频、红外和雷达生命探测仪。由于类型不同，各自工作原理也不同。

（1）光学生命探测仪。光学生命探测仪，又被称作“蛇眼生命探测仪”，是利用光反射进行生命探测的仪器。仪器的主体非常柔韧，像通下水道用的蛇皮管，能在瓦砾中自由扭动。仪器前面有细小的探头，可深入极微小的缝隙探测，类似摄像仪器，将信息传送回来，救援人员利用观察器就可以把瓦砾深处的情况看得清清楚楚。

（2）热红外生命探测仪。热红外生命探测仪则具有夜视功能。它的原理是通过感知温度差异来判断不同的目标，因此在黑暗中也可照常工作。热红外生命探测仪在感知人是否存活方面很擅长。它能够探测并且显示出被困者身体的热量，从而帮助救援人员很快确定被埋在废墟底下或隐藏在尘雾后面的被困者的位置。

（3）声波振动生命探测仪。声波振动生命探测仪寻找生命靠的是识别被困者发出的声音。这种仪器有3~6个“耳朵”——振动传感器，它能根据各个“耳朵”听到声音先后的微小差异，采用逼近法来判断幸存者的具体位置。说话的声音对它来说最容易识别，因为设计者充分研究了人的发声频率。如果幸存者已经不能说话，只要用手指轻轻敲击发出微小的声响，也能够被它听到。即使被埋在一块相当严实的大面积水泥楼板下，只要心脏还有微弱的跳动，探测仪也能探测出来。

#### 8.3.2.5 核事故医学应急救援装备

核事故医学应急救援所需装备与技术包括：核辐射监测、伤员体表污染洗消、医学应急救援人员自身防护、伤员医学应急救援诊治等设备和技术以及具有一定核辐射防护能力的医学救援人员与事故伤员运输、急救车辆等。

##### A 核辐射监测设备

该类设备包括个人剂量计、体表污染监测仪、生物学剂量评估系统及用于受照剂量评估的内照射分析系统等相关设备。

（1）个人剂量仪。外照射个人剂量仪是个人佩戴的、用于估计受照器官或组织的当量剂量或有效剂量的监测仪。目前常用的有热释光剂量系统（TLD）和数字式个人剂量监测系统。TLD系统由热释光读出仪、辅助计算机和若干剂量计组成，使用热风加热、条形码识别编号，可用于x、β、γ和中子的剂量监测，剂量计佩戴于工作人员胸部。测读周期一般为2个月；KZC系统由中央主计算机、剂量读出器和若干直读式电子剂量计组成。个人剂量仪用于提供某一工作人员在某一时间内进出控制区的次数、每次进出时刻、控制区内的停留时间、接受的最大剂量率和受照剂量等。

1）热释光剂量仪主要技术指标要求。

① 个人剂量计的量程：30~10μSv。

② 可同时测量x、β、γ、中子的个人外照射累积剂量。

③ 热释光探测器的能量响应：对光子的个人热释光剂量测量系统，用一定的能量范围（0.015~3.0MeV、0.03~3.0MeV）的光子辐照，评定值与剂量约定真值之差不超过30%；用最大能量（$E_{max}$）在0.1~3.0MeV范围内的B射线辐照，响应的变化不超过30%；对中子剂量计用一定能量范围（0.025eV~20MeV）的中子辐照，评定值与剂量约

定真值之差不超过30%。

2）电子剂量计主要技术指标要求。

① 剂量当量率量程：0.1 ~ 1μSv/h；剂量当量量程：1 ~ 10μSv/h。

② 能量范围在50keV ~ 3MeV内，能量响应误差不超过±30%（相对于$^{137}$Cs）。

③ 电池连续工作时间不低于400h。

④ 体积不大于100mm×60mm×30mm，质量不大于0.1kg。

⑤ 测量数据可存储在剂量计内且掉电不丢失，即时显示监测数据，设定报警阈值、超标报警，并可由红外通信方式传输至读出器和个人剂量档案管理系统。

（2）体表核素污染监测设备。个人表面污染监测仪用于人员表面α、β、γ等射线监测。主要技术指标要求为：

1）可完成人员全身放射性污染监测和手脚放射性污染监测。

2）超标报警并指示污染部位。

3）α表面污染探测下限：$4\times10^{-2}$Bq/cm$^2$，β表面污染探测下限：$4\times10^{-1}$Bq/cm$^2$。

4）应带有RS-232/RS-485通信接口，数据能通过传输网络传送到控制中心。

（3）内照射分析系统。内照射剂量监测方法有两种，即体外直接测量和通过排泄物分析的间接测量。体外直接测量是直接从体外测量那些释放的辐射能可逸出体外的放射性核素，由探测器、光电转换和数据处理等部分组成的自动扫描测量系统。其测量处理和结果分析由微机控制进行，测量方式有全身、肺和甲状腺，可用于铀、钚、镭等放射性核素的测量，其中“S2275型肺及全身扫描计数仪”是目前较为理想的可检测全身及局部器官内核素种类和沉积量的内照射监测仪器，其主要技术指标如下：

1）能量范围。对于HPGe探测器：10 ~ 2000keV；对于NaI（TI）扫描探测器：80 ~ 2000keV；对于肺部计数器：17 ~ 300keV；对于NaI（TI）扫描探测器：88 ~ 1800keV。

2）典型探测下限（LLD）。对于$^{235}$U，4 ~ 6Bq；对于$^{137}$Cs和$^{60}$Co，40 ~ 80Bq，10cm以上厚度低本底钢板屏蔽室。

间接测量法所使用的样本包括尿、粪等。主要用于对不放出1射线或仅放出低能光子辐射的放射性核素的监测，所用仪器有：尿铀分析仪、尿钚分析仪、低本底液体闪烁分析仪（尿氚分析）等。这些仪器需符合EJ/T-94核工业行业标准要求。

（4）生物学剂量评估系统。人体受照后，可在分子、细胞、器官及整体水平上产生各种生物学效应。通过检测某些效应的改变有可能推断出机体受照剂量，这就是辐射生物学剂量监测（生物剂量计）的基本原理。

外周血细胞、骨髓细胞、网织红细胞等的变化，染色体畸变分析，淋巴细胞微核分析以及新近发展起来的单细胞凝胶电泳（SCGE、彗星试验），辐射损伤相关基因（次黄嘌呤-鸟嘌呤磷酸核糖转移酶HPRT基因突变，GADD45、血型糖蛋白A基因表达变化，线粒体mtDNA4997基因缺失等）及其表达产物蛋白质等，有可能成为判断人员受照剂量的新的生物剂量计。

建立生物学剂量评估方法的重要性在于当核恐怖、核战争或核事故发生时，会在短时间内产生大量伤员流，且很可能受照人员当时未佩戴个人剂量计。此时，生物学剂量评估就成为分析人员受照剂量的重要方法。因此，有必要在“二级”或“三级”医学救治梯队中建立相应的生物学剂量分析、研究系统。

生物学剂量评估所需的主要设备有淋巴细胞微核分析系统、染色体畸变分析系统、单细胞凝胶图像分析系统、PCR 仪、双向电泳仪、质谱仪等。

B 伤员体表污染监测与洗消设备

表面污染监测设备包括表面污染监测仪、核化卫生防护监测车等。洗消装备包括小型洗消器材、洗消车辆、洗消方舱、核化伤员预处理方舱等。医学救援洗消设备主要用于事故现场洗消及局部污染的再次洗消，主要设备为高流量淋浴设备和局部冲洗设备等。

C 核事故医学应急救援人员自身防护设备

核事故医学应急救援人员必须配备相应自身防护、监测设备。这些设备包括：防护服、防护面具、过滤口罩、数字式个人剂量仪等。

D 核事故医学应急救援运输设备

核事故医学应急救援运输设备包括运送医学救援人员及护送伤员的车辆等，应具有一定的防核辐射能力或“三防”功能，如核化伤员救援车等。

E 核事故伤员医学应急救援相关临床诊断、治疗设备与药品

（1）所需设备。所需设备有核化伤员急救方舱、放射性损伤急救箱组、心电监护仪、环甲膜切开器、呼吸机、心电图机、超声仪、裂隙灯显微镜、X 射线机、血气分析仪、血细胞分析仪、生化分析仪等医学急救设备，以及后续诊治设备：CT、精子分析仪、遗传分析仪、血细胞分离机、层流病房等。伤员运输设备包括具有一定防核化功能的急救车及其附属急救设备等。

（2）所需药品。急性放射病治疗药：408 片；急性放射病防治药：523 片、500 注射液；阻放射性核素体内吸收药：碘化钾片、普鲁士蓝、褐藻酸钠；促进和加速放射性核素从体内排出体外药：喷替酸钙钠（促排灵）注射液；止吐药：舒必利（消呕宁）；造血因子类：GM－CSF 及常规急救药品（呼吸兴奋剂、强心剂、血管活性药物、止血药、抗生素）等。

### 8.3.3 应急救援装备举例

#### 8.3.3.1 矿山救援队伍的装备与设施

（1）矿山救护队必须配备能够处理矿山各种灾害事故的技术装备和救灾训练器材，主要类型包括：

1）个人防护装备；

2）处理各类灾害事故的专用装备与器材；

3）矿山空气成分、温度及其他安全检测分析仪器；

4）通信器材及信息采集与处理设备；

5）医疗及急救器材；

6）交通运输工具；

7）训练器材等。

（2）矿山使用的装备、器材、防护用品和安全检测仪器，必须符合国家标准或行业标准。

（3）矿山救护队必须不断更新装备，完善处理事故手段。各级矿山救护队、辅助救护队及救护队指战员的最低限度技术装备清单见表 8－10～表 8－14。

**表 8－10 矿山救护大队最低限度技术装备清单**

| 类别 | 装 备 名 称 | 要 求 | 单位 | 数量 | 备 注 |
|---|---|---|---|---|---|
| 车辆 | 指挥车 | 轻便、高速 | 辆 | 2～3 | 附有通信警报装置 |
| | 气体化验车 | 面包车（包括化验仪器） | 辆 | 1 | |
| | 装备车 | 4～5t 卡车 | 辆 | | |
| 通信器材 | 移动电话 | 大队指挥员每人 1 部 | 部 | 各 1 | |
| | 网络化视频指挥系统 | | 套 | 1～2 | |
| | 程控电话 | 带录音 | 部 | 2 | 值班室配备 |
| | 对讲机 | 手提式 | 套 | 1 | |
| 灭火装备 | 惰气灭火装备 | $500m^3/min$ | 套 | 1 | |
| | 高倍数泡沫灭火机 | BGP400 | 套 | 1～2 | |
| | 惰泡发射器 | | 套 | 1 | |
| | 石膏喷注机 | | 套 | 2 | |
| | 高扬程水泵 | | 台 | 2 | |
| | 脉冲灭火枪 | | 套 | 2 | |
| 检测仪表 | 气体分析化验设备 | | 套 | 1 | |
| | 红外线烟雾测温仪 | | 台 | 2 | |
| | 便携式爆炸三角形测定仪 | | 台 | 1 | |
| | 多功能气体检测仪 | | 台 | 2 | |
| 其他 | 钻机 | 直径 4in（101.6mm） | 套 | 1 | |
| | 演习巷道设施与系统 | 具备灾区环境与条件 | 套 | 1 | |
| | 多功能体育训练器械 | | 套 | 1 | |
| | 多媒体电教设备 | | 套 | 1 | |
| | 生命探测仪 | | 套 | 1～2 | |
| 信息处理设备 | 计算机 | 大队指挥员、各科室配备 | 台 | 各 1 | |
| | 传真机 | | 台 | 1 | |
| | 复印机 | | 台 | 1 | |
| | 数码摄像机 | 防爆 | 台 | 1 | |
| | 数码照相机 | 防爆 | 台 | 1 | |

**表 8－11 矿山救护中队最低限度技术装备清单**

| 类别 | 装 备 名 称 | 要 求 | 单位 | 数量 | 备 注 |
|---|---|---|---|---|---|
| 运输通信 | 矿山救护车 | 66kW 以上 | 辆 | | 每小队 1 辆 |
| | 指挥车 | | 辆 | 1 | |
| | 移动电话 | 中队指挥员每人 1 部 | 部 | | |
| | 灾区电话 | 带录音 | 套 | 2 | |
| | 程控电话 | | 部 | 1 | |
| | 引路线 | | m | 1000 | 兼做电话线 |

续表 8－11

| 类别 | 装备名称 | 要求 | 单位 | 数量 | 备注 |
|---|---|---|---|---|---|
| 个人防护 | 4h 呼吸器 | 正压 | 台 | 2 | 库存 |
| | 2h 呼吸器 | 正压 | 台 | 2 | 库存 |
| | 自动苏生器 | | 台 | 2 | 库存 |
| | 自救器 | 压缩氧 | 台 | 30 | 直属中队配备 50 台 |
| | 隔热服 | | 套 | 12 | |
| 灭火装备 | 高倍数泡沫灭火机 | BGP－400 型 | 套 | 1 | |
| | 干粉灭火器 | 8kg | 个 | 30 | |
| | 风障 | 4m×4m | 块 | 2 | |
| | 水枪 | 开花、直流 | 支 | 4 | 各 2 个 |
| | 水龙带 | 直径 2.5in 和 2in（63.5mm 和 50.8mm） | m | 400 | |
| | 脉冲灭火枪 | | 套 | 1 | |
| 检测仪器 | 呼吸器校验仪 | | 台 | 2 | 库存 |
| | 数字式氧气便携仪 | 中队指挥员每人 1 台 | 台 | | 或用数字式多功能气体检测仪代替 |
| | 数字式 CO 便携仪 | 中队指挥员每人 1 台 | 台 | | |
| | 红外线温度测定仪 | 中队指挥员每人 1 台 | 台 | | |
| | 瓦斯检定器 | 10%、100% | 台 | 4 | 库存各 2 台 |
| | 一氧化碳检定器 | | 台 | 2 | 库存 |
| | 风表 | 中、低速 | 台 | 2 | 各 1 台 |
| | 秒表 | | 块 | 4 | |
| | 干湿温度计 | | 支 | 2 | |
| 装备工具类 | 液压起重器 | | 套 | 1 | |
| | 液压剪刀 | | 把 | 1 | |
| | 防爆工具 | | 套 | 1 | 锤、斧、镐、锹、钎等 |
| | 氧气充填泵 | | 台 | 2 | |
| | 氧气瓶 | 40L | 个 | 8 | |
| | 氧气瓶 | 4h 呼吸器用 | 个 | 50 | |
| | 氧气瓶 | 2h 呼吸器用 | 个 | 10 | |
| | 大绳 | 直径 30mm、长 30m | 根 | 2 | |
| | 担架 | | 副 | 2 | 含一副负压多功能担架 |
| | 保温毯 | 棉织 | 条 | 3 | |
| | 快速接管工具 | | 套 | 2 | |
| | 手表 | | 块 | | 副小队长以上指挥员每人 1 块 |
| | 绝缘手套 | | 副 | 3 | |
| | 体育训练器材 | | 套 | 1 | |

续表 8 – 11

| 类别 | 装备名称 | 要求 | 单位 | 数量 | 备注 |
|---|---|---|---|---|---|
| 装备工具类 | 电工工具 | | 套 | 1 | 库存 |
| | 工业冰箱 | 满足中队呼吸器冷却装置用 | 台 | | |
| | 瓦工工具 | | 套 | 1 | 库存 |
| | 灾区指路器 | | 个 | 10 | 或冷光管（库存） |
| 药剂 | 氢氧化钙 | | t | 0.5 | |
| | 泡沫药剂 | | t | 1 | |

**表 8 – 12　矿山救护小队最低限度技术装备清单**

| 装备名称 | 要求 | 单位 | 数量 | 备注 |
|---|---|---|---|---|
| 正压氧气呼吸器 | 4h | 台 | 1 | 备用 |
| 正压氧气呼吸器 | 2h | 台 | 1 | |
| 自动苏生器 | | 台 | 1 | |
| 呼吸器校验仪 | | 台 | 1 | |
| 瓦斯检定器 | 10%、100% | 台 | 2 | 各 1 台 |
| 一氧化碳检定器 | | 台 | 1 | |
| 氧气检定器 | | 台 | 1 | |
| 数字式瓦斯便携仪 | | 台 | 2 | |
| 数字式 CO 便携仪 | | 台 | 1 | |
| 数字式氧气便携仪 | | 台 | 1 | |
| 温度计 | 0 ~ 100℃ | 支 | 2 | |
| 采气样工具 | | 套 | 1 | 其中球胆 8 个 |
| 灾区电话 | | 套 | 1 | |
| 引路线 | 金属芯 | m | 1000 | |
| 担架 | | 副 | 1 | |
| 保温毯 | | 条 | 1 | |
| 铜顶斧 | | 把 | 2 | |
| 矿工斧 | | 把 | 2 | |
| 刀锯 | | 把 | 2 | |
| 氧气瓶 | 4h 呼吸器用 | 个 | 2 | 备用 |
| 氧气瓶 | 2h 呼吸器用 | 个 | 1 | |
| 起钉器 | 防爆 | 把 | 2 | |
| 小锹 | 两用防爆 | 把 | 1 | |
| 小镐 | 防爆 | 把 | 1 | |
| 帆布水桶 | | 个 | 2 | |
| 帆布风障 | 4m × 4m | 块 | 1 | |

续表 8－12

| 装备名称 | 要 求 | 单位 | 数量 | 备 注 |
|---|---|---|---|---|
| 瓦工工具 | | 套 | 1 | |
| 电工工具 | | 套 | 1 | |
| 急救箱 | | 个 | 1 | 含药品和负压夹板 |
| 备件袋 | | 只 | 1 | 呼吸器易损件 |
| 记录本 | | 本 | 2 | |
| 圆珠笔 | | 支 | 2 | |
| 皮尺 | 10m | 个 | 1 | |
| 卷尺 | 2m | 个 | 1 | |
| 钉子 | 长 50mm、100mm | kg | 1 | 装在包内 |

**表 8－13 矿山救护队指战员（含辅助救护队）个人最低限度技术装备清单**

| 装备名称 | 要 求 | 单位 | 数量 | 备 注 |
|---|---|---|---|---|
| 正压氧气呼吸器 | 4h | 台 | 1 | |
| 自救器 | 压缩氧 | 台 | 1 | |
| 战斗服 | | 套 | 1 | |
| 胶靴和胶鞋 | | 双 | 1 | |
| 线手套 | | 副 | 1 | |
| 毛巾 | | 条 | 1 | |
| 安全帽 | | 顶 | 1 | |
| 矿灯 | | 盏 | 1 | |
| 灯带 | | 条 | 2 | |
| 背包 | | 个 | 1 | 装战斗服 |
| 联络绳 | 长 2m | 根 | 1 | 两端带弹簧钩 |
| 氧气呼吸器工具 | | 套 | 1 | |
| 粉笔 | | 支 | 2 | |

**表 8－14 辅助矿山救护队最低限度技术装备清单**

| 装备名称 | 要 求 | 单位 | 数量 | 备 注 |
|---|---|---|---|---|
| 正压氧气呼吸器 | 4h | 台 | | 每人 1 台 |
| 压缩氧自救器 | | 台 | | 每人 1 台 |
| 自动苏生器 | | 台 | 2 | |
| 干粉灭火器 | | 只 | 20 | |
| 风障 | 4m×4m | 块 | 1 | |
| | 6m×6m | 块 | 1 | |
| 呼吸器校验仪 | | 台 | 2 | |
| 一氧化碳检定器 | | 台 | 2 | |

续表 8 – 14

| 装备名称 | 要　求 | 单位 | 数量 | 备　注 |
|---|---|---|---|---|
| 瓦斯检定器 | 10%、100% | 台 | 2 | 各1台 |
| 防爆工具 | | 套 | 1 | 锤、钎、锹、镐等 |
| 两用锹 | | 把 | 2 | |
| 氧气充填泵 | | 台 | 1 | |
| 氧气瓶 | 40L | 个 | 5 | |
| | 2L | 个 | 30 | |
| | 1L | 个 | 10 | |
| 大绳 | | 根 | 1 | |
| 担架 | | 副 | 2 | |
| 保温毯 | 棉织 | 条 | 2 | |
| 绝缘手套 | | 副 | 1 | |
| 氧气检定器 | | 台 | 1 | |
| 温度计 | | 支 | 2 | |
| 采气样工具 | | 套 | 1 | 包括球胆4个 |
| 灾区电话 | | 台 | 1 | |
| 引路线 | | m | 1000 | |
| 铜钉斧 | | 把 | 2 | |
| 矿工斧 | | 把 | 2 | |
| 刀锯 | | 把 | 2 | |
| 起钉器 | | 把 | 2 | |
| 手表 | | 块 | | 队长每人1块 |
| 电工工具 | | 套 | 1 | |
| 氢氧化钙 | | t | 0.5 | |

（4）矿山救护队小队值班车上最低限度技术装备和进入灾区侦察时所携带的最低限度技术装备，必须符合表8－15、表8－16的规定。矿山救护小队进入灾区抢救时必须携带的技术装备，由矿山救护大队根据本区情况、事故性质作出规定。

**表8－15　矿山救护小队值班车上最低限度技术装备清单**

| 名　称 | 单　位 | 数　量 | 备　注 |
|---|---|---|---|
| 个人最低限度技术装备 | 套 | 每人1套 | |
| 矿灯 | 盏 | 2 | 备用 |
| 4h 氧气呼吸器 | 台 | 1 | 备用 |
| 2h 氧气呼吸器 | 台 | 1 | |
| 自动苏生器 | 台 | 1 | |
| 呼吸器校验仪 | 台 | 1 | |
| 瓦斯检定器 | 台 | 2 | 10%、100%各1台 |

续表 8－15

| 名　称 | 单　位 | 数　量 | 备　注 |
|---|---|---|---|
| 一氧化碳检定器 | 台 | 1 | 检定管不少于 30 支 |
| 氧气检定器 | 台 | 1 | |
| 压缩氧自救器 | 台 | 10 | |
| 担架 | 副 | 1 | |
| 风障 | 块 | 1 | 4m×4m |
| 刀锯 | 块 | 2 | |
| 铜钉斧 | 把 | 2 | |
| 帆布水桶 | 个 | 2 | |
| 瓦工工具 | 套 | 1 | |
| 电工工具 | 套 | 1 | |
| 急救箱 | 个 | 1 | |
| 铲式担架 | 副 | 1 | |
| 抗休克裤 | 条 | 1 | |
| 采气样工具 | 套 | 2 | 包括球胆 4 个 |
| 两用锹 | 把 | 1 | |
| 小镐 | 把 | 1 | |
| 矿工斧 | 把 | 2 | |
| 起钉器 | 把 | 2 | |
| 灾区电话 | 台 | 1 | |
| 引路线 | m | 1000 | 金属芯，可兼灾区电话线 |
| 灾区指路器 | 个 | 10 | |
| 保温毯 | 条 | 1 | |
| 2L 氧气瓶 | 个 | 10 | |
| 1L 氧气瓶 | 个 | 2 | |
| 灭火器 | 台 | 2 | |
| 大绳 | 根 | 1 | 直径 30mm、长 30m |
| 液压起重器 | 套 | 1 | 或千斤顶 |
| 绝缘手套 | 副 | 2 | |
| 温度计 | 支 | 2 | 0～100℃ |
| 备件袋 | 个 | 1 | |
| 皮尺 | 个 | 1 | 10m |
| 卷尺 | 个 | 1 | 2m |
| 钉子包 | 个 | 2 | 内装钉子各 1kg |
| 充气夹板 | 副 | 1 | |
| 记录本 | 本 | 2 | |
| 圆珠笔 | 支 | 2 | |

注：急救箱内装止血带、夹板、红汞、碘酒、绷带、胶布、药棉、消炎药、手术刀、镊子、剪刀以及止痛药和止泻药等。备件袋内装呼吸器易损件。

表 8-16 矿山救护小队进入灾区侦察时所携带的最低限度技术装备清单

| 名　称 | 单　位 | 数　量 | 备　注 |
|---|---|---|---|
| 个人最低限度技术装备 | 套 | 每人 1 套 | |
| 2h 氧气呼吸器 | 台 | 1 | 10%、100% 各 1 台 |
| 瓦斯检定器 | 台 | 2 | |
| 一氧化碳检定器 | 台 | 1 | |
| 氧气检定器 | 台 | 1 | |
| 自动苏生器 | 台 | 1 | 可放在井下基地 |
| 担架 | 副 | 1 | |
| 保温毯 | 条 | 1 | 可放在井下基地 |
| 2L 氧气瓶 | 个 | 2 | |
| 刀锯 | 把 | 1 | |
| 铜钉斧 | 把 | 1 | |
| 两用锹 | 把 | 1 | |
| 灾区电话 | 台 | 1 | 与井下基地联系 |
| 引路线 | m | 500 | |
| 温度计 | 支 | 1 | 0~100℃ |
| 采气样工具 | 套 | 1 | 包括球胆 4 个 |
| 灾区指路器 | 个 | 10 | 或冷光管 |
| 皮尺 | 个 | 1 | 10m |
| 急救箱 | 个 | 1 | |
| 记录本 | 本 | 2 | |
| 圆珠笔 | 支 | 2 | |
| 电工工具 | 套 | 1 | |

#### 8.3.3.2 危险化学品单位应急救援物资配备

危险化学品单位应急救援物资配备主要包括作业场所配备要求、企业应急救援队伍配备要求、其他配备要求三个方面。

A 作业场所配备要求

在危险化学品单位作业场所，应急救援物资应存放在应急救援器材专用柜或指定地点。作业场所应急物资配备标准应符合表 8-17 的要求。

表 8-17 作业场所救援物资配备标准

| 序号 | 物资名称 | 技术要求或功能要求 | 配备 | 备　注 |
|---|---|---|---|---|
| 1 | 正压式空气呼吸器 | 技术性能符合 GB/T 18664 要求 | 2 套 | |
| 2 | 化学防护服 | 技术性能符合 AQ/T 6107 要求 | 2 套 | 具有有毒腐蚀液体危险化学品的作业场所 |
| 3 | 过滤式防毒面具 | 技术性能符合 GB/T 18664 要求 | 1 个/人 | 根据有毒有害物质考虑，根据当班人数确定 |

续表 8－17

| 序号 | 物资名称 | 技术要求或功能要求 | 配备 | 备　注 |
|---|---|---|---|---|
| 4 | 气体浓度检测仪 | 检测气体浓度 | 2 台 | 根据作业场所的气体确定 |
| 5 | 手电筒 | 易燃易爆场所，防爆 | 1 个/人 | 根据当班人数确定 |
| 6 | 对讲机 | 易燃易爆场所，防爆 | 2 台 | 根据作业场所选择防护类型 |
| 7 | 急救箱或急救包 | 物资清单可参考 GBZ 1 | 1 包 | |
| 8 | 吸附材料 | 吸附泄漏的化学品 | * | 以工作介质理化性质确定具体的物资，常用吸附材料为砂土 |
| 9 | 洗消设施或清洗剂 | 洗消进入事故现场的人员 | * | 在工作地点配备 |
| 10 | 应急处置工具箱 | 工具箱内配备常用工具或专业处置工具 | * | 根据作业场所具体情况确定 |

注：表中所有“*”表示由单位根据实际需要进行配置，本标准不作强行规定。下同。

B　企业应急救援队伍配备要求

（1）个体防护装备配备标准。企业应急救援队伍应急救援人员的个体防护装备配备标准应符合表 8－18 的要求。

**表 8－18　应急救援人员个体防护装备配备标准**

| 序号 | 名　称 | 主 要 用 途 | 配备 | 备份比 | 备　注 |
|---|---|---|---|---|---|
| 1 | 消防头盔 | 头部、面部及颈部的安全防护 | 1 顶/人 | 4：1 | |
| 2 | 二级化学防护服装 | 化学灾害现场作业时的躯体防护 | 1 套/10 人 | 4：1 | 以值勤人员数量确定；至少配备 2 套 |
| 3 | 一级化学防护服装 | 重度化学灾害现场全身防护 | * | | |
| 4 | 灭火防护服 | 灭火救援作业时的身体防护 | 1 套/人 | 3：1 | 指挥员可选配消防指挥服 |
| 5 | 防静电内衣 | 可燃气体、粉尘、蒸汽等易燃易爆场所作业时的躯体内层防护 | 1 套/人 | 4：1 | |
| 6 | 防化手套 | 手部及腕部防护 | 2 副/人 | | |
| 7 | 防化靴 | 事故现场作业时的脚部和小腿部防护 | 1 双/人 | 4：1 | 易燃易爆场所应配备防静电靴 |
| 8 | 安全腰带 | 登梯作业和逃生自救 | 1 根/人 | 4：1 | |
| 9 | 正压式空气呼吸器 | 缺氧或有毒现场作业时的呼吸防护 | 1 套/人 | 5：1 | 以值勤人员数量确定；备用气瓶按照正压式空气呼吸器总量 1：1 备份 |
| 10 | 佩戴式防爆照明灯 | 单人作业照明 | 1 个/人 | 5：1 | |
| 11 | 轻型安全绳 | 救援人员的救生、自救和逃生 | 1 根/人 | 4：1 | |
| 12 | 消防腰斧 | 破拆和自救 | 1 把/人 | 5：1 | |

注：1. 表中“备份比”是指应急救援人员防护装备配备投入使用数量与备用数量之比。

2. 根据备份比计算的备份数量为非整数时应向上取整。

3. 小型危险化学品单位应急救援人员可佩戴作业场所的个体防护装备，不配备该表的装备。

（2）企业应急救援队伍抢险救援车辆配备标准。

1）企业应急救援队伍抢险救援车辆配备数量应符合表 8－19 的要求。

**表 8－19　企业应急救援队伍抢险救援车辆配备数量**

| 危险化学品单位级别 | 小型危险化学品单位 | 中型危险化学品单位 | 大型危险化学品单位 |
|---|---|---|---|
| 抢险救援车辆数 | 0～1 | 1～2 | ≥3 |

2）企业应急救援队伍抢险救援车品种，宜符合表 8－20 的要求，生产、储存剧毒或高毒危险化学品的单位宜配备气防车。

**表 8－20　企业应急救援队伍常用抢险救援车辆品种配备标准**　　辆

<table>
<tr><th>序号</th><th colspan="2">设备名称</th><th>小型危险化学品单位</th><th>中型危险化学品单位</th><th>大型危险化学品单位</th></tr>
<tr><td>1</td><td rowspan="4">灭火抢险救援车</td><td>水罐或泵浦抢险救援车</td><td rowspan="2">1</td><td rowspan="3">1</td><td rowspan="3">1</td></tr>
<tr><td>2</td><td>水罐或泡沫抢险救援车</td></tr>
<tr><td>3</td><td>干粉泡沫联用抢险救援车</td><td></td></tr>
<tr><td>4</td><td>干粉抢险救援车</td><td></td><td></td><td></td></tr>
<tr><td>5</td><td rowspan="3">举高抢险救援车</td><td>登高平台抢险救援车</td><td></td><td></td><td rowspan="3">*</td></tr>
<tr><td>6</td><td>云梯抢险救援车</td><td></td><td></td></tr>
<tr><td>7</td><td>举高喷射抢险救援车</td><td></td><td></td></tr>
<tr><td>8</td><td rowspan="5">专勤抢险救援车</td><td>多功能抢险救援车或气防车</td><td></td><td>*</td><td>1</td></tr>
<tr><td>9</td><td>排烟抢险救援车或照明抢险救援车</td><td></td><td></td><td></td></tr>
<tr><td>10</td><td>危险化学品事故抢险救援车或防化洗消抢险救援车</td><td></td><td>*</td><td>1</td></tr>
<tr><td>11</td><td>通信指挥抢险救援车</td><td></td><td></td><td></td></tr>
<tr><td>12</td><td>供气抢险救援车</td><td></td><td></td><td></td></tr>
<tr><td>13</td><td rowspan="2">后勤抢险救援车</td><td>自装卸式抢险救援车（含器材保障、生活保障、供液集装箱）</td><td></td><td></td><td></td></tr>
<tr><td>14</td><td>器材抢险救援车或供水抢险救援车</td><td></td><td></td><td>*</td></tr>
</table>

3）企业应急救援队伍主要抢险救援车辆的技术性能应符合表 8－21 的要求，气防车内应急救援物资配备标准可参考表 8－22 配置。

**表 8－21　企业应急救援队伍主要抢险救援车辆的技术性能**

<table>
<tr><th colspan="2">技术性能</th><th colspan="2">小型危险化学品单位</th><th colspan="2">中型危险化学品单位</th><th colspan="2">大型危险化学品单位</th></tr>
<tr><td colspan="2">发动机最大功率/kW</td><td colspan="2">≥132</td><td colspan="2">≥132</td><td colspan="2">≥191</td></tr>
<tr><td colspan="2">最大装载质量/$kg \cdot t^{-1}$</td><td colspan="2">≥8</td><td colspan="2">≥8</td><td colspan="2">≥10</td></tr>
<tr><td rowspan="2">水罐抢险救援车出水性能</td><td>出口压力/MPa</td><td>1</td><td>1.8</td><td>1</td><td>1.8</td><td>1</td><td>1.8</td></tr>
<tr><td>流量/$L \cdot s^{-1}$</td><td>40</td><td>20</td><td>40</td><td>20</td><td>60</td><td>30</td></tr>
<tr><td colspan="2">水罐抢险救援车出泡沫性能（类）</td><td colspan="2">B</td><td colspan="2">A、B</td><td colspan="2">A、B</td></tr>
<tr><td colspan="2">举高消防车额定工作高度/m</td><td colspan="2">≥20</td><td colspan="2">≥20</td><td colspan="2">≥30</td></tr>
<tr><td rowspan="2">抢险救援消防车</td><td>最大起吊质量/kg</td><td colspan="2">≥3000</td><td colspan="2">≥3000</td><td colspan="2">≥5000</td></tr>
<tr><td>最大牵引质量/kg</td><td colspan="2">≥10000</td><td colspan="2">≥10000</td><td colspan="2">≥10000</td></tr>
</table>

表 8－22 气防车内应急救援物资配备标准

| 序号 | 物资名称 | 主要功能或技术要求 | 必配 | 备注 |
| --- | --- | --- | --- | --- |
| 1 | 正压式空气呼吸器 | 技术性能符合 GB/T 18664 要求 | 2 套 | 配备空气瓶 1 个/套 |
| 2 | 苏生器 | 自动进行正负压人工呼吸 | 1 套 | |
| 3 | 医用氧气瓶 | 治疗中毒人员 | 2 个 | |
| 4 | 移动式长管供气系统 | 在缺氧或有毒有害气体环境中的抢险救灾人员提供长时间呼吸保护 | 1 台 | |
| 5 | 对讲机 | 易燃易爆场所应为防爆型 | 2 台 | |
| 6 | 抢险救援服 | 抢险人员躯体保护，橘红色 | 1 套/人 | 根据气防车上配备的人员确定 |
| 7 | 头戴式照明灯 | 灭火和抢险救援现场作业时的照明，易燃易爆场所应为防爆型 | 1 个/人 | 根据气防车上配备的人员确定 |
| 8 | 一级化学防护服 | 重度化学灾害现场全身防护 | 2 套 | |
| 9 | 二级化学防护服 | 化学灾害现场作业时的躯体防护 | 2 套 | |
| 10 | 隔热服 | 强热辐射场所的全身防护 | * | |
| 11 | 折叠担架 | 运送事故现场受伤人员 | 2 副 | |
| 12 | 急救包 | 盛放常规外伤和化学伤害急救所需的敷料、药品和器械等 | 1 个 | |
| 13 | 可燃气体检测仪 | 检测事故现场易燃易爆气体，可检测多种易燃易爆气体的体积浓度 | 2 台 | 根据企业是否存在可燃气体确定是否配备 |
| 14 | 有毒气体检测仪 | 具备自动识别、防水、防爆性能。能探测有毒、有害气体及氧含量 | 2 台 | 根据企业有毒有害气体的种类配备 |

（3）企业应急救援队伍抢险救援物资配备标准。

1）小型危险化学品单位应急救援队伍可使用作业场所应急救援物资作为抢险救援物资。

2）中型危险化学品单位应急救援队伍的抢险救援物资配备的种类和数量不应低于表 8－23 的要求。

3）大型危险化学品单位应急救援队伍的抢险救援物资配备的种类和数量不应低于表 8－24～表 8－34 的要求。

表 8－23 中型危险化学品单位抢险救援物资配备标准

| 序号 | 种类 | 物资名称 | 主要用途或技术要求 | 配备 | 备注 |
| --- | --- | --- | --- | --- | --- |
| 1 | 侦检 | 有毒气体探测仪 | 具备自动识别、防水、防爆性能。能探测有毒有害气体及氧含量 | 2 台 | 根据企业有毒有害气体的种类配备 |
| 2 | 侦检 | 可燃气体检测仪 | 检测事故现场易燃易爆气体，可检测多种易燃易爆气体的浓度 | 2 台 | 根据企业是否存在可燃气体确定是否配备 |
| 3 | 警戒 | 各类警示牌 | 灾害事故现场警戒警示 | 1 套 | |
| 4 | 警戒 | 隔离警示带 | 灾害事故现场警戒，双面反光 | 5 盘 | 备用 2 盘 |

续表 8-23

| 序号 | 种类 | 物资名称 | 主要用途或技术要求 | 配备 | 备注 |
|---|---|---|---|---|---|
| 5 | 灭火 | 移动式消防炮 | 扑救可燃化学品火灾 | 1个 | |
| 6 | | 水带 | 消防用水的输送 | 1200m | |
| 7 | | 常规器材工具，扳手、水枪等 | 按所配车辆技术标准要求配备 | 1套 | 扳手、水枪、分水器、接口、包布、护桥等常规器材工具 |
| 8 | 通信 | 移动电话 | 易燃易爆环境必须防爆 | 2部 | |
| 9 | | 对讲机 | 易燃易爆环境必须防爆 | 2台 | |
| 10 | 救生 | 缓降器 | 高处救人和自救。安全负荷不低于1300N，绳索防火、耐磨 | 2套 | |
| 11 | | 逃生面罩 | 灾害事故现场被救人员呼吸防护 | 10个 | 备用5个 |
| 12 | | 折叠式担架 | 运送事故现场受伤人员。为金属框架，高分子材料表面，便于洗消，承重不小于100kg | 1副 | |
| 13 | | 救援三脚架 | 金属框架，配有手摇式绞盘，牵引滑轮最大承载2500N，绳索长度不小于30m | 1个 | |
| 14 | | 救生软梯 | 登高救生作业 | 1个 | |
| 15 | | 安全绳 | 50m | 2组 | |
| 16 | | 医药急救箱 | 盛放常规外伤和化学伤害急救所需的敷料、药品和器械等 | 1个 | |
| 17 | 破拆 | 液压破拆工具组 | 灾害现场破拆作业 | 1套 | 3项根据企业实际情况选择1项 |
| 18 | | 无齿锯 | 切割金属和混凝土材料 | | |
| 19 | | 手动破拆工具组 | 灾害现场破拆作业 | | |
| 20 | 堵漏 | 木制堵漏楔 | 各类孔洞状较低压力的堵漏作业。经专门绝缘处理，防裂，不变形 | 1套 | 每套不少于28种规格 |
| 21 | | 无火花工具 | 易燃易爆事故现场的手动作业，铜制材料 | 1套 | |
| 22 | | 粘贴式堵漏工具 | 各种罐体和管道表面点状、线状泄漏的堵漏作业。无火花材料 | * | |
| 23 | | 注入式堵漏工具 | 阀门或法兰盘堵漏作业。无火花材料。配有手动液压泵，泵缸压力不小于74MPa，使用温度-100~400℃ | * | |
| 24 | 输转 | 输转泵 | 吸附、输转各种液体，安全防爆 | 1台 | |
| 25 | | 有毒物质密封桶 | 装载有毒有害物质，可防酸碱，耐高温 | 1个 | |
| 26 | | 吸附垫 | 小范围内的吸附酸、碱和其他腐蚀性液体 | 2箱 | |
| 27 | 洗消 | 洗消帐篷 | 消防人员洗消。配有电动充气泵、喷淋、照明等系统 | 1顶 | |
| 28 | 排烟照明 | 移动式排烟机 | 灾害现场的排烟和送风，配有相应口径的风管 | 1台 | |
| 29 | | 移动照明灯组 | 灾害现场的作业照明，照度符合作业要求 | 1组 | |
| 30 | | 移动发电机 | 灾害现场等的照明 | * | |
| 31 | 其他 | 水幕水带 | 阻挡或稀释有毒和易燃易爆气体或液体蒸汽 | 1套 | |

表 8-24 大型危险化学品单位侦检器材配备标准

| 序号 | 物资名称 | 主要用途或技术要求 | 配备 | 备注 |
| --- | --- | --- | --- | --- |
| 1 | 有毒气体探测仪 | 具备自动识别、防水、防爆性能。能探测有毒有害气体及氧含量 | 2台 | |
| 2 | 可燃气体检测仪 | 检测事故现场易燃易爆气体，可检测多种易燃易爆气体的浓度 | 2台 | |
| 3 | 红外测温仪 | 测量事故现场温度。可预设高、低温危险报警 | 1台 | |
| 4 | 便携式气象仪 | 测量风速、风向、温度、湿度、大气压等气象参数 | 1台 | |
| 5 | 水质分析仪 | 定性分析液体内的化学成分 | * | |
| 6 | 红外热像仪 | 事故现场黑暗、浓烟环境中的搜寻。温差分辨率不小于0.25℃，有效检测距离不小于40m | * | |

表 8-25 大型危险化学品单位警戒器材配备标准

| 序号 | 物资名称 | 主要用途或技术要求 | 配备 | 备注 |
| --- | --- | --- | --- | --- |
| 1 | 警戒标志杆 | 灾害事故现场警戒，有反光功能 | 10根 | |
| 2 | 锥形事故标志柱 | 灾害事故现场道路警戒 | 10根 | |
| 3 | 隔离警示带 | 灾害事故现场警戒。双面反光，每盘长度约500m | 10盘 | 备份2盘 |
| 4 | 出入口标志牌 | 灾害事故现场标示。图案、文字、边框均为反光材料，与标志杆配套使用，易燃易爆环境必须为无火花材料 | 2组 | |
| 5 | 危险警示牌 | 灾害事故现场警戒警示。分为有毒、易燃、泄漏、爆炸、危险等五种标志，图案为反光材料。与标志杆配套使用，易燃易爆环境必须为无火花材料 | 5块 | |
| 6 | 闪光警示灯 | 灾害事故现场警戒警示。频闪型，光线暗时自动闪亮 | 5个 | 备份2个 |
| 7 | 手持扩音器 | 灾害事故现场指挥。功率大于10W，同时应具备警报功能 | 2个 | |

表 8-26 大型危险化学品单位灭火器材配备标准

| 序号 | 物资名称 | 主要用途或技术要求 | 配备 | 备注 |
| --- | --- | --- | --- | --- |
| 1 | 机动手抬泵 | 扑救小面积化工类火灾 | 3台 | |
| 2 | 移动式消防炮 | 扑救可燃化学品火灾 | 2个 | |
| 3 | A、B类比例混合器、泡沫液桶、空气泡沫枪 | 扑救小面积化工类火灾。由储液桶、吸液管和泡沫管枪组成，操作轻便快捷 | 2套 | |
| 4 | 二节拉梯 | 登高作业 | 3个 | |
| 5 | 三节拉梯 | 登高作业 | 2个 | |
| 6 | 移动式水带卷盘或水带槽 | 清理水带 | 3个 | |
| 7 | 水带 | 消防用水的输送 | 2800m | |
| 8 | 其他 | 按所配车辆技术标准要求配备 | 1套 | 扳手、水枪、分水器、接口、包布、护桥等常规器材工具 |

**表 8－27 大型危险化学品单位通信器材配备标准**

| 序号 | 物资名称 | 主要用途或技术要求 | 配备 | 备注 |
|---|---|---|---|---|
| 1 | 移动电话 | 易燃易爆环境必须防爆 | 2 部 | 指挥员 |
| 2 | 对讲机 | 应急救援人员以及与后方指挥员间的通信，通信距离不低于 1000m，易燃易爆环境必须防爆 | 1 部/人 | 按执勤人数配备 |
| 3 | 通信指挥系统 | 符合《消防通信指挥系统设计规范》GB 50313 | 1 套 | |

**表 8－28 大型危险化学品单位救生物资配备标准**

| 序号 | 物资名称 | 主要用途或技术要求 | 配备 | 备注 |
|---|---|---|---|---|
| 1 | 缓降器 | 高处救人和自救。安全负荷不低于 1300N，绳索防火、耐磨 | 2 套 | |
| 2 | 医药急救箱 | 盛放常规外伤和化学伤害急救所需的敷料、药品和器械等 | 1 个 | |
| 3 | 逃生面罩 | 灾害事故现场被救人员呼吸防护 | 10 个 | 备份 10 个 |
| 4 | 折叠式担架 | 运送事故现场受伤人员。为金属框架，高分子材料表面质材，便于洗消，承重不小于 100kg | 1 副 | |
| 5 | 救援三脚架 | 高处、井下等救援作业。金属框架，配有手摇式绞盘，牵引滑轮，最大承载 2500N，绳索长度不小于 30m | 1 个 | |
| 6 | 救生软梯 | 登高救生作业 | 1 条 | |
| 7 | 安全绳 | 灾害事故现场救援，50m | 2 组 | |
| 8 | 救生绳 | 救人或自救工具，也可用于运送消防施救器材，50m | 2 组 | |

**表 8－29 大型危险化学品单位破拆器材配备标准**

| 序号 | 物资名称 | 主要用途或技术要求 | 配备 | 备注 |
|---|---|---|---|---|
| 1 | 液压破拆工具组 | 灾害现场破拆作业 | 1 套 | 根据企业实际情况选配 |
| 2 | 无齿锯 | 切割金属和混凝土材料 | | |
| 3 | 机动链锯 | 切割各类木质结构障碍物 | | |
| 4 | 手动破拆工具组 | 灾害现场破拆作业 | | |

**表 8－30 大型危险化学品单位堵漏器材配备标准**

| 序号 | 物资名称 | 主要用途或技术要求 | 配备 | 备注 |
|---|---|---|---|---|
| 1 | 木制堵漏楔 | 各类孔洞状较低压力的堵漏作业。经专门绝缘处理，防裂，不变形 | 1 套 | 每套不少于 28 种规格 |
| 2 | 气动吸盘式堵漏工具 | 封堵不规则孔洞。气动、负压式吸盘，可输转作业 | 1 套 | 根据企业实际情况和工艺特点，选配 1 套堵漏工具 |
| 3 | 粘贴式堵漏工具 | 各种罐体和管道表面点状、线状泄漏的堵漏作业。无火花材料 | | |
| 4 | 电磁式堵漏工具 | 各种罐体和管道表面点状、线状泄漏的堵漏作业。适用温度不大于 80℃ | | |

续表 8-30

| 序号 | 物资名称 | 主要用途或技术要求 | 配备 | 备注 |
|---|---|---|---|---|
| 5 | 注入式堵漏工具 | 阀门或法兰盘堵漏作业。无火花材料。配有手动液压泵，液压不小于74MPa，使用温度-100~400℃ | 1套 | 含注入式堵漏胶1箱 |
| 6 | 无火花工具 | 易燃易爆事故现场的手动作业，铜制材料 | 1套 | 每套不小于11种 |
| 7 | 金属堵漏套管 | 各种金属管道裂缝的密封堵漏 | 1套 | |
| 8 | 内封式堵漏袋 | 圆形容器和管道的堵漏作业。由防腐橡胶制成，工作压力0.15MPa，4种，直径（mm）分别为：10/20、20/40、30/60、50/100 | * | |
| 9 | 外封式堵漏袋 | 罐体外部堵漏作业。由防腐橡胶制成，工作压力0.15MPa，2种，尺寸（mm）为5/20、20/48 | * | |
| 10 | 捆绑式堵漏袋 | 管道断裂堵漏作业。由防腐橡胶制成，工作压力0.15MPa，尺寸（mm）为5/20、20/48 | * | |
| 11 | 阀门堵漏套具 | 阀门泄漏的堵漏作业 | * | |
| 12 | 管道黏结剂 | 小空洞或砂眼的堵漏 | * | |

**表 8-31 大型危险化学品单位输转物资配备标准**

| 序号 | 物资名称 | 主要用途或技术要求 | 配备 | 备注 |
|---|---|---|---|---|
| 1 | 输转泵 | 吸附、输转各种液体。易燃易爆化学品应安全防爆 | 1台 | |
| 2 | 有毒物质密封桶 | 装载有毒有害物质。防酸碱，耐高温 | 2个 | |
| 3 | 吸附垫、吸附棉 | 小范围内的吸附酸、碱和其他腐蚀性液体 | 2箱 | |
| 4 | 集污袋 | 装载有害液体 | 2个 | |

**表 8-32 大型危险化学品单位洗消物资配备标准**

| 序号 | 物资名称 | 主要用途或技术要求 | 配备 | 备注 |
|---|---|---|---|---|
| 1 | 强酸、碱清洗剂 | 手部或身体小面积部位的洗消 | 5瓶 | 酸碱环境下配备 |
| 2 | 强酸、碱洗消器 | 化学灼伤部位的洗消 | 2只 | 酸碱环境下配备 |
| 3 | 洗消帐篷 | 消防人员洗消。配有电动充气泵、喷淋、照明等系统 | 1套 | |
| 4 | 洗消粉 | 按比例与水混合后，对人体、物品和场地的降毒洗消 | * | |

表 8-33 大型危险化学品单位排烟照明器材配备标准

| 序号 | 物 资 名 称 | 主要用途或技术要求 | 配备 | 备注 |
|---|---|---|---|---|
| 1 | 移动式排烟机 | 灾害现场的排烟和送风，配有相应口径的风管 | 1 台 | |
| 2 | 坑道小型空气输送机 | 缺氧空间作业，排风量符合常用救灾的要求 | * | |
| 3 | 移动照明灯组 | 灾害现场的作业照明，照度符合作业要求 | 1 组 | |
| 4 | 移动发电机 | 灾害现场等的照明 | 2 台 | |

表 8-34 大型危险化学品单位其他物资配备标准

| 序号 | 物 资 名 称 | 主要用途或技术要求 | 配备 | 备注 |
|---|---|---|---|---|
| 1 | 心肺复苏人体模型 | 急救训练用 | 1 套 | |
| 2 | 空气充填泵 | 现场向气瓶内充空气 | 1 套 | |
| 3 | 校验仪 | 调试、检验空气呼吸器各部件 | 1 套 | |

C 其他配备要求

(1) 危险化学品单位，除作业场所和应急救援队伍外的其他部门应根据应急响应过程中所承担的职责配备有关的应急救援物资。

(2) 沿江河湖海的危险化学品单位应配备水上灭火抢险救援、水上泄漏物处置和防汛排涝物资。

(3) 除危险化学品单位作业场所的应急救援物资外，其他应急救援物资可与周边地区其他相关单位或应急救援机构签订互助协议，并能在接到报警后 5min 内到达现场，可作为本单位应急救援物资。

## 思 考 题

8-1 重大危险源信息系统管理的特点、功能是什么?

8-2 重大危险源监控的内容有哪些?

8-3 重大危险源监控预警系统的工作流程是什么?

8-4 如何实施重大危险源岗位操作标准化?

8-5 界定危险区域的方法有哪些?

8-6 策划应急预案时应考虑哪些因素?

8-7 应急预案的演练的类型有哪些?

8-8 应急救援装备的类型有哪些，各有何特点?

# 参考文献


[1] 吴宗之，高进东．重大危险源辨识与控制［M］．北京：冶金工业出版社，2001.
[2] 刘诗飞，詹予忠．重大危险源辨识及危害后果分析［M］．北京：化学工业出版社，2005.
[3] 崔克清．安全工程大辞典［M］．北京：化学工业出版社，1995.
[4] 王济昌．现代科学技术知识词典［M］．北京：中国科学技术出版社，2008.
[5] 罗云，等．注册安全工程师手册［M］．北京：化学工业出版社，2009.
[6] 赵雪娥，孟亦飞，刘秀玉．燃烧与爆炸理论［M］．北京：化学工业出版社，2011.
[7] 崔克清．安全工程燃烧爆炸理论与技术［M］．北京：中国计量出版社，2005.
[8] 魏新利，李惠萍，王自健．工业生产过程安全评价［M］．北京：化学工业出版社，2005.
[9] 范维澄，陈义良，洪茂玲．计算燃烧学［M］．合肥：安徽科学技术出版社，1987.
[10] 王凯全，邵辉，袁雄军．危险化学品安全评价方法（第二版）［M］．北京：中国石化出版社，2010.
[11] 吴宗之，高进东，魏利军．危险评价方法及其应用［M］．北京：冶金工业出版社，2001.
[12] 公安部人民警察干部学校编．石油和化工企业防火［M］．北京：群众出版社，1980.
[13] 马良，杨守生．石油化工生产防火防爆［M］．北京：中国石化出版社，2005.
[14] 宇德明．易燃、易爆、有毒危险品储运过程定量风险评价［M］．北京：中国铁道出版社，2000.
[15] 罗云，樊运晓，马晓春．风险分析与安全评价［M］．北京：化学工业出版社，2004.
[16] 姜威．城市危险化学品应急管理［M］．北京：化学工业出版社，2009.
[17] 吴宗之，刘茂．重大事故应急救援系统及预案导论［M］．北京：冶金工业出版社，2003.
[18] 国家安全生产监督管理中心．安全生产应急管理［M］．北京：煤炭工业出版社，2007.
[19]《应急救援系列丛书》编委会．企业、政府应急预案编制实务［M］．北京：中国石化出版社，2007.
[20] 崔维贤，等．安全评价师（国家职业资格三级）［M］．北京：中国劳动社会保障出版社，2010.
[21] 杨永杰，康元芳．化工工艺安全技术［M］．北京：化学工业出版社，2008.
[22] 马丕梁．煤矿瓦斯灾害防治技术手册［M］．北京：化学工业出版社，2007.
[23] 张国枢．通风安全学［M］．徐州：中国矿业大学出版社，2007.
[24] 何学秋．安全科学与工程［M］．徐州：中国矿业大学出版社，2008.
[25] 何学秋．中国煤矿灾害防治理论与技术［M］．徐州：中国矿业大学出版社，2006.
[26] 王福军．计算流体动力学分析［M］．北京：清华大学出版社，2004.
[27] 于勇．FLUENT 入门与进阶教程［M］．北京：北京理工大学出版社，2008.
[28] 祝效华，廖伟志，黄永安，等．CAD/CAE/CFD/VPT/SC 软件协作技术［M］．北京：中国水利水电出版社，2004.
[29] 郭宽良，孔祥谦，陈善年．计算传热学［M］．合肥：中国科学技术大学出版社，1988.
[30] 王瑞金，张凯，王刚．Fluent 技术基础与应用实例［M］．北京：清华大学出版社，2007.
[31] 刘明侯．计算流体和传热传质［M］．合肥：中国科学技术大学出版社，2003.
[32] 霍然，杨振宏，柳静献．火灾爆炸预防控制工程学［M］．北京：机械工业出版社，2007.
[33] 魏利军．重气扩散过程的数值模拟［D］．北京：北京化工大学，2000.
[34] 潘旭海．事故性泄漏动力学过程的理论与实验研究［D］．南京：南京工业大学，2004.
[35] 施志荣．化工气体泄漏事故扩散规律的实验室研究［D］．常州：江苏工业学院，2006.
[36] 王东东．基于 FLUENT 的危险性气体泄漏扩散研究［D］．天津：南开大学，2008.
[37] 郑远攀，钱新明，冯长根．重气扩散研究方法及其比较［J］．安全与环境学报，2008，8（5）.
[38] 黄琴，蒋军成．重气扩散研究综述［J］．安全与环境工程，2007，14（4）.
[39] 黄沿波，梁栋，李剑峰，等．重气扩散模型分类方法［J］．安全与环境工程，2008，15（4）.

[40] 何莎，袁宗明，喻建胜．重气效应研究进展［J］．中国测试技术，2008，34（4）．
[41] 苏宏杰．危险化学品重大危险源辨识解读［J］．劳动保护，2009（7）：44～45.
[42] 李振林，姚孝庭，等．基于 FLUENT 的高含硫天然气管道泄漏扩散模拟［J］．油气储运，2008，27（5）：38～41.
[43] 刘增苹，张有忱．有毒气体泄漏绕障碍物扩散的安全性分析［J］．装备环境工程，2010，7（1）：89～93.
[44] GB 18218—2009 危险化学品重大危险源辨识［S］．北京：中国标准出版社，
[45] 危险化学品重大危险源监督管理暂行规定（国家安全生产监督管理总局令 第40号）．
[46] 关于开展重大危险源监督管理工作的指导意见（安监管协调字［2004］56号）．
[47] 一九九三年预防重大工业事故公约（国际劳工组织第174号公约）．
[48] 欧共体指南（82/501/EEC）．
[49] 塞韦索［SEVESO］指令二［96/82/EC］．
[50] OSHA《高度危害化学品处理过程的安全管理》．
[51] EPA《预防化学泄漏事故的风险管理程序》．
[52] AQ 3035—2010 危险化学品重大危险源安全监控通用技术规范［S］．
[53] AQ 3036—2010 危险化学品重大危险源罐区现场安全监控装备设置规范［S］．